本书受国家自然科学基金重点项目"大型复杂产品研制
运作管理研究"（71332003）资助

U0610796

服务型制造
支撑理论与实用模式

顾　强　王　晶　郝金星　赵美娜◎编著

Servitization of Manufacturing:
Theory and Practices

经济管理出版社

ECONOMY & MANAGEMENT PUBLISHING HOUSE

图书在版编目（CIP）数据

服务型制造支撑理论与实用模式/顾强等编著 . —北京：经济管理出版社，2020.4
ISBN 978-7-5096-7271-6

Ⅰ. ①服…　Ⅱ. ①顾…　Ⅲ. ①制造工业—服务经济—企业发展—研究—中国
Ⅳ. ①F426.4

中国版本图书馆 CIP 数据核字（2020）第 127033 号

组稿编辑：赵亚荣
责任编辑：赵亚荣
责任印制：黄章平
责任校对：董杉册

出版发行：经济管理出版社
　　　　　（北京市海淀区北蜂窝 8 号中雅大厦 A 座 11 层　100038）
网　　址：www. E-mp. com. cn
电　　话：（010）51915602
印　　刷：北京玺诚印务有限公司
经　　销：新华书店
开　　本：720mm×1000mm/16
印　　张：16.75
字　　数：302 千字
版　　次：2020 年 8 月第 1 版　　2020 年 8 月第 1 次印刷
书　　号：ISBN 978-7-5096-7271-6
定　　价：78.00 元

前　言

　　2016 年 8 月，北京航空航天大学王晶教授受邀参加了由工业和信息化部服务型制造专家组和工业和信息化部电子第五研究所联合著作的《服务型制造典型模式解读》一书的撰写工作，并同时参与了中国服务型制造企业评价指标体系的构建。中国服务型制造联盟于 2017 年 2 月成立，其是在工业和信息化部产业政策司支持下，由工业和信息化部电子第五研究所联合相关企业、高校、科研院所、金融机构及行业协会等单位组成的非营利性社团组织。2017 年 9 月 25~26 日，由工业和信息化部、广东省人民政府、中国工程院共同指导召开的首届中国服务型制造大会在广州举行，北京航空航天大学王晶教授作为首批服务型制造企业示范遴选评审专家与参会代表进行了专题交流。在 2017 年首届中国服务型制造大会上，中国服务型制造联盟在权威解读《发展服务型制造专项行动指南》的基础上，依据王晶教授团队参与构建的服务型制造企业评价指标体系，公布了首批服务型制造示范企业（项目、平台），《服务型制造典型模式解读》一书作为了首届服务型制造大会的指定参考用书。

　　在前期的案例调研和研究基础上，我们组成了由北京航空航天大学王晶教授、华夏幸福高级副总裁顾强、北京航空航天大学郝金星教授及其博士生和硕士生组成的研究团队，继续研究服务型制造的理论支撑与实用模式等内容，旨在服务型制造的发展进程中为其提供一套理论体系和实用模式。本书呈现了服务型制造的理论基础与实用模式，希望为服务型制造企业发展提供指导，为政府机关、企业领导制定政策和企业战略提供参考依据。也希望本书能够给研究产业经济学、企业战略、企业生产与运作管理、服务创新与管理的学者提供来自企业实践的研究素材。服务型制造的理论基础主要体现为服务型制造的支撑条件，实用模式包括基于红领西服、观奇洋服、海尔整体厨房、家具定制等的定制化服务模式；基于 IBM、施耐德、陕鼓、清华同方节能等的系统解决方案；基于潍柴发动机再制造等的全生命周期管理；基于福田雷沃、远景能源、苹果信息服务平台等的信息增值服务；基于 GE、福田雷沃、潍柴、西飞巴戎航空的产品金融服务；以及基于清华同方节能、中钢邢机、陕鼓、远景能源等的产品运营服务等。

在此，我们对接受我们的调研和提供案例资料的企业及企业相关领导表示衷心感谢！对参与本书编写工作包括理论基础和支撑、企业调研、研究讨论、实用模式等工作的所有人员所做的努力和贡献表示衷心的感谢。贡献本书理论支撑和实用模式内容的作者将分别在各章中署名。对全部参考文献的作者所做的前期研究和贡献表示诚挚的敬意和感谢。

本书的理论研究部分得到了国家自然科学基金委员会管理科学部的支持（项目批准号：71172016、71332003）。在此对国家自然科学基金委员会表示衷心的感谢。

由于水平和能力有限，我们的调研和分析不免存在一些问题，希望相关专家和读者提出宝贵意见，以帮助完善我们的研究工作。

编者

于 2019 年 10 月

目　录

1 服务型制造的支撑条件

(郝金星 王 瑞，北京航空航天大学经济管理学院)

制造业变革正在由以硬实力为代表的工业技术驱动创新向以软实力为代表的用户驱动价值创造转变。以蒸汽机为主要动力的机械生产系统革命产生了第一次工业革命（Industry 1.0），制造标准化和大规模生产线革命产生了第二次工业革命（Industry 2.0）。这两次工业革命都是以硬实力为代表的。第三次工业革命（Industry 3.0）以计算机及信息化革命为特征，软硬实力开始融合。而第四次工业革命（Industry 4.0），即实体网络和虚拟网络深度融合的工业价值创造革命，则突出体现了鲜明的服务创造软实力的特征。

以通用电气旗下的飞机发动机公司（GE Aviation）为例，原来的发动机公司只做发动机，而现在它还提供运维管理、能力保障、运营优化和财务计划等解决方案。比如，该公司提供的"On-Wing Support"服务，在航班飞行的过程中就可以监控发动机的健康状况，对可能发生的故障风险进行预测；在飞机落地前就可以在相应的机场准备好维护保养所需的备件和技师等资源，从而使发动机的使用率和安全性大大提升。有了这些新的服务之后，通用电气飞机发动机公司已经不单纯是发动机制造商，而转变成了航空管理服务提供商。

《中国制造 2025》指出，服务型制造是制造与服务融合发展的新型产业形态，是在信息技术推动下制造业和服务业高度融合的一种先进制造模式，是制造业转型升级的重要方向。服务型制造的目标是通过生产性服务、制造服务和客户参与的高效协作，融合工业技术驱动的创新和用户驱动的价值创造，实现分散化服务制造资源的整合和价值链各个环节的增值。在某种程度上，服务型制造可以说是一种"互联网+制造"的具体体现，服务型制造以新一代信息技术为依托，以企业数字化转型为基础，构造出了一个全新的信息物理系统，该系统进而形成了以数据价值和服务价值为特征的企业全新资产①。

　　本章第 1 节首先概述服务型制造的支撑系统，在此基础上第 2 节阐述服务型制造的支撑技术条件，第 3 节讨论服务型制造的数字化转型所带来的智能服务条件，第 4 节以陕鼓动力"能源互联岛"为案例综合展示服务型制造支撑条件在制造业服务化转型中的具体体现和实施效果。

1.1　概述

1.1.1　服务型制造的支撑系统：信息物理系统

　　服务型制造是信息技术、制造技术和服务技术交互作用的结果，服务型制造的支撑系统离不开信息技术、制造技术和服务技术的发展。图 1-1 展示了三者之间的交互关系。在信息技术、制造技术和服务技术的共同作用下，信息物理系统（Cyber-Physical System，CPS）实现了服务型制造所必需的实体联网（Internet of Things）、数据联网（Internet of Data）和服务联网（Internet of Services）的深度融合。三者中，信息技术的快速发展是服务型制造的核心驱动力：物联网、云计算、移动通信、人工智能等新一代信息技术加速和制造技术、服务技术相融合，服务型制造不断产生新的生力点，不断产生出传统制造业所不能提供的新的商业模式、业务流程和工作方式。

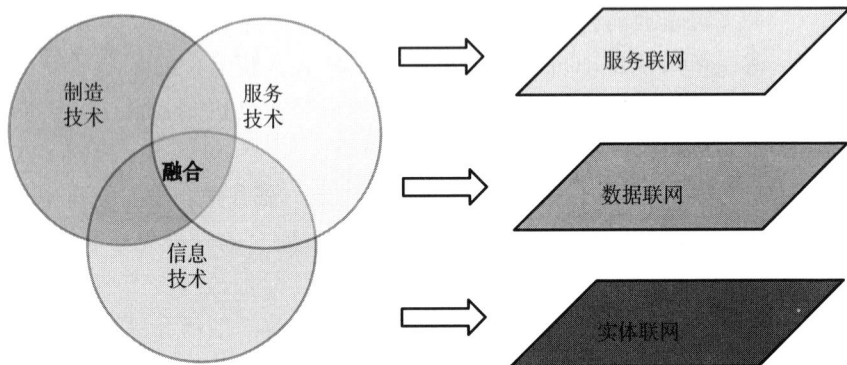

图 1-1　服务型制造支撑系统

---

　　①　国家制造强国建设战略咨询委员会，中国工程院战略咨询中心. 服务型制造［M］. 北京：电子工业出版社，2016：1-17.

人们对 CPS 的研究可以追溯到 1948 年 Norbert Wiener 提出的控制论 （Cybernetcis）。2004 年，美国国家基金委员会 Helen Gill 女士在高可信软件 和系统研讨会上正式提出了 CPS 的概念。2006 年，CPS 被列为重点支持的 研究课题。2007 年，美国总统科学技术顾问委员会报告将其列为八大关键 信息技术之首。2013 年，德国发布的工业 4.0 报告中将其定位为工业 4.0 的标志性技术，成为世界各国政府、研究机构和企业的研究热点[1]。

随着人工智能和网络技术的不断发展，人们对 CPS 的认识不断深化。 2008 年，加利福尼亚大学伯克利分校 Edward A. Lee 教授将 CPS 视为计算过 程和物理过程的整合集成，通过嵌入式计算机和网络监测控制物理过程； 该系统通常具有物理过程影响计算，计算也影响物理过程的反馈循环[2]。 CPS 的最终目标是实现信息世界和物理世界的完全融合。相对于传统物理系 统而言，CPS 强调对物的实时、动态的信息控制和信息服务，通过将物理设 备连接到互联网，使物理设备具有计算、通信、精确控制、远程协调和自 治五大功能；相对于传统信息系统而言，CPS 的目标是协调物理进程，强调 信息处理和物理控制的实时性、可靠性、安全性、私密性和可适应性。

德国工业 4.0 报告进一步将 CPS 拓展到了服务领域，认为 "CPS 可以将 资源、信息、对象和人都联网起来，建立一个实体和服务的互联网" （Internet of Things and Services）。因此，我们从系统论的角度将 CPS 作为 "实体、数据 和服务" 深度融合系统。图 1-2 展示了 CPS 的功能，实体网络通过物联网等 技术确保安全连接，数据网络通过互联网服务平台紧密耦合实体网络和服务 网络，服务网络将应用和业务流程紧密结合，为各个领域提供服务。

CPS 通过整合现有系统和平台，如制造执行系统（Manufacturing Execu- tion System，MES）、企业资源计划系统（Enterprise Resources Planning，ERP） 和客户关系管理系统（Customer Relationship Management，CRM），能够有效管 理复杂服务系统，为服务型制造各个领域提供服务功能。整合的过程需要实 体联网、数据联网和服务联网的各种方法和技术，其中包括物联网技术、 大数据分析技术、服务计算技术等。

---

① 彭俊松. 工业 4.0 驱动下的制造业数字化转型 [M]. 北京：机械工业出版社，2017：27.

② E. A. Lee. Cyber Physical Systems：Design Challenges [EB/OL]. Technical Report No UCB/EE-CS-2008-8，http：//www. eecs. berkeley. edu/Pubs/TechRpts/2008/EECS-2008-8. html.

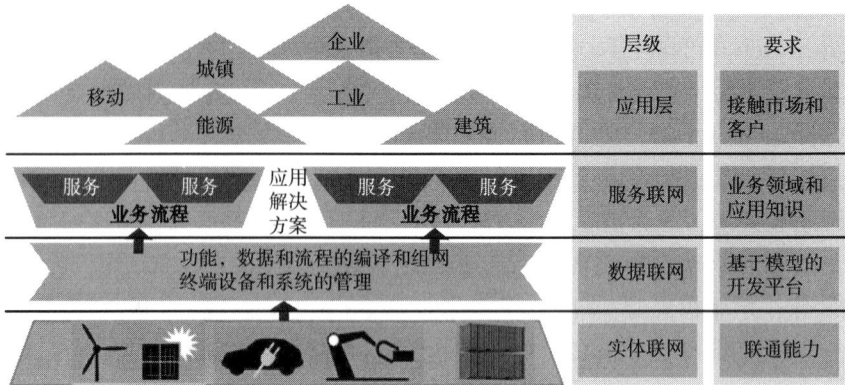

图 1-2　CPS 功能

1.1.2　信息物理系统架构

虽然大家对信息物理系统有不同的理解，但一般来说，CPS 具有两个核心功能：

·无缝互联：能够确保实时从物理世界获取数据，以及从虚拟世界获得信息反馈。

·高级分析：能够进行智能数据管理、分析和计算，从而构建出一个智能的网络空间。

美国辛辛那提大学李杰（2015）教授提出的五层级结构进一步具体化了 CPS，为在服务型制造行业中开发和部署 CPS 提供了指南①。该五层体系结构称为 CPS 的 5C 架构，如图 1-3 所示。这五层分别是智能连接层（Smart Connection）、数据信息转换层（Data-to-Information Conversion）、网络层（Cyber）、知识认知层（Cognition）和配置服务层（Configuration）。

（1）智能连接层。智能连接层的主要功能是从机器和其零部件中准确、可靠地获取数据。数据可以直接由传感器测量或者从企业管理系统中获得。这些系统包括企业资源计划系统、制造执行系统、供应链管理系统或者客户关系管理系统等。本层着重考虑两方面的因素：一是由于设备类型的多向性，因此需要采用无缝非接触式数据获取程序和方法将数据传输到中央数据库；二是要选择合适的传感器类型和规格。

---

① Lee J., Bagheri B., Kao H. A Cyber-Physical Systems Architecture for Industry 4.0-based Manufacturing Systems [J]. Manufacturing Letters, 2015 (3)：18-23.

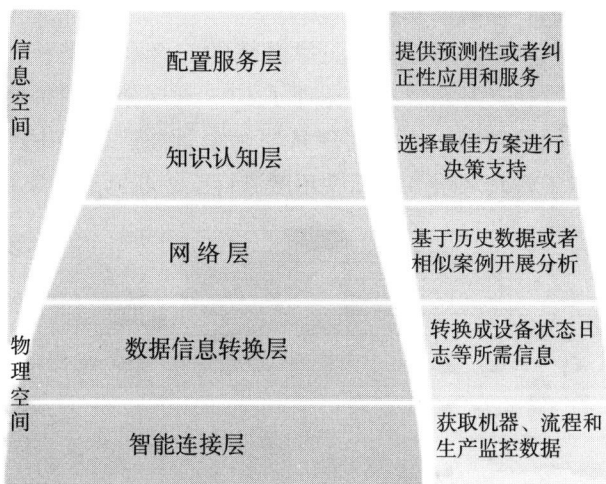

图 1-3　CPS 的 5C 架构

（2）数据信息转换层。数据信息转换层的主要功能是将从机器及其零部件中采集到的数据转换成有意义的信息。目前已经有一些工具和方法可以进行数据信息转换。近年来，人们越来越关注包括设备诊断和健康管理信息在内的各种诊断算法，从而有效地计算设备的健康度，预测设备的剩余寿命，进而为设备带来"自我感知"的能力。

（3）网络层。网络层在该架构中发挥中心信息枢纽作用。该中心接收机器网络中的每台互联设备推送的信息。需要通过各种分析方法和技术来抽取收集到的海量信息中的有用信息，从而获得关于每台设备状态的知识和洞察。这些分析方法和技术赋予机器"自我比较"的能力：一方面，可以实现单个机器和整个机器网络中其他类似机器的性能比较；另一方面，机器的性能和历史信息间的相似度也可以用来测量和预测机器的未来行为。

（4）知识认知层。知识认知层会对整个监测系统产生全面的知识，通过将网络层获取到的信息和知识准确地呈现给专家，以进行正确的决策。由于我们可以获得每台设备的状态信息及比较信息，因此我们可以在此基础上决定任务的优先级，优化维护流程。知识认知层还需要产生合适的图表信息以确保向用户传递完整的知识。

（5）配置服务层。配置服务层是网络空间对物理空间的反馈，其作用是监管控制，让设备"自我配置"和"自我适应"。该层承担着复原控制器的作用，针对受监管的系统执行知识认知层做出的纠正和预防措施，从而可靠、高效地提供各类制造服务。

CPS 的 5C 架构和服务型制造支撑系统的三级联网是一脉相承的。图 1-4 展示了两者的对应关系。左侧梳理了 CPS 五层架构中每层的应用和服务。每层具有不同的功能,逐级实现从原始海量制造数据中产生洞察和知识。右侧则展示了将其从服务和互联角度进行三级联网的抽象结果。

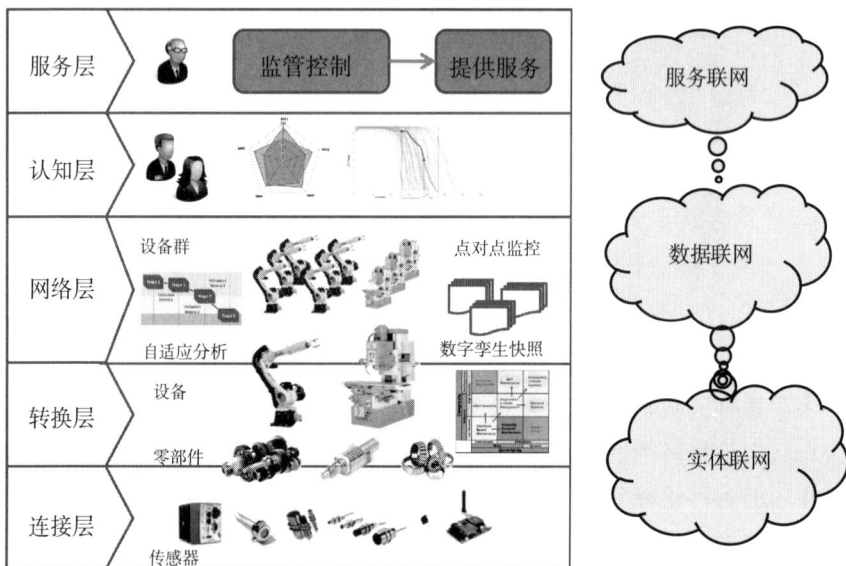

图 1-4　CPS 架构和三级联网

从服务和互联的角度我们认为,CPS 是一个典型的面向服务的架构。各层之间服务提供和服务接收是一种松散耦合的体系结构。如图 1-4 所示,服务联网由一系列可以虚拟化的服务对象构成,驻留在虚拟空间通过互联网对外提供服务。物理世界的实体通过物联网等实体联网技术实现实时联网,同时通过数字孪生技术在虚拟世界建立数字业务对象,持续地向虚拟世界传递数据和信息。连接实体联网和服务联网的是数据联网,通过不断地接收实体联网的数据和信息,进行智能分析和综合,向服务联网的各个业务对象提供智能化的决策和服务。

1.2　服务型制造的支撑技术条件

　　CPS作为服务型制造的核心支撑系统离不开新一代信息技术的快速发展。依托这些信息技术，服务型制造所必需的实体联网、数据联网和服务联网实现了深度融合。制造技术和信息技术的融合很早就已经开始，从早期的数控机床、计算机辅助设计，到计算机集成制造系统，再到智能制造系统，这些技术都为服务型制造的实体联网奠定了基础。近年来，随着物联网、云计算等新一代信息技术的产生，制造技术和信息技术加速融合发展，制造实体加速实现网络化和智能化。这些技术包括物联网（Internet of Things，IoT）、数字孪生（Digital Twin）、软件定义网络（Software Defined Network，SDN）、云制造（Cloud Manufacture）、工业机器人（Industrial Robotics）、虚拟现实和增强现实（Virtual Reality/Augmented Reality）等。

　　服务型制造的数据联网更离不开新一代信息技术的发展。一方面，工业大数据、人工智能、内存计算等技术的飞速发展，大大提升了服务型制造的智能化水平；另一方面，区块链等分布式可信数据存储的发展，也提升了服务型制造数据的安全水平。

　　服务型制造的服务联网的目的是提供可靠高效的各类服务和应用。服务型制造在实体联网、数据联网的基础上，需要通过服务管理和服务计算等服务联网技术和方法来实现价值创造。

　　本节首先着重介绍物联网、数字孪生、增强现实、工业大数据、人工智能和工业机器人、区块链和服务计算等服务型制造关键支撑技术，然后在此基础上介绍整体实现信息物理系统的典型工业互联网平台。

1.2.1　关键支撑技术

1.2.1.1　物联网和工业物联网

　　通常认为，物联网起源于人们对无线射频识别技术（Radio Frequent Identification，RFID）的研究。随着信息技术的不断发展，物联网的内涵和外延都发生了较大的拓展。物联网一般指在互联网的基础上，利用RFID、传感器、GPS、无线通信技术等，将万事万物连接起来，从而进行智能化的识别、定位、跟踪、监控等。图1-5展示了物联网的体系结构。

图1-5　物联网体系结构

　　传感层的主要功能是感知识别实体层的各个物体，以及捕获采集信息。主要技术包括二维码标签和识读器、RFID标签和读写器、摄像头、全球定位系统（Global Positioning System，GPS）、传感器及机器到机器（Machine to Machine，M2M）终端等。

　　网络层为物联网成为泛在服务提供基础设施，这既包括互联网和各种通信网络形成的融合网络，如近场通信（Near Field Communication，NFC）等短距离无线传输网络、基于蜂窝的窄带物联网（Narrow Band Internet of Things，NB-IoT）等远距离无线传输网络、有线网络、移动通信网络等，还包括物联网管理中心、安全中心、云计算平台等对海量信息进行智能处理的部分。

　　应用层将物联网技术与行业专业领域技术相结合，实现广泛智能化应用和服务解决方案，如智能工业、智慧物流、智能电网等。物联网通过应用层最终实现信息技术与行业专业技术的深度融合，对国民经济和社会发展具有广泛影响。

工业物联网是物联网技术和工业系统紧密融合、数字世界和机器世界无缝互联的产物。工业物联网提出了比普通物联网更高的技术要求和挑战，包括实体节点的自主控制和分布式控制、网络规模可扩展性、工业级的实时性、工业级的可靠性、工业级的信息安全、工业级的容错能力等。

不仅如此，工业物联网还可以在有效连接实体节点、加强监控实体设备的同时，耦合工业大数据和服务计算等技术，帮助工业企业优化业务流程，实现新的业务模型。包括通用电器在内的国内外知名公司提出了工业互联网（Industrial Internet）概念，拓展了普通物联网的边界，提出了以智能设备、智能系统和智能决策为核心，以设备优化、设备组优化、设施优化、系统网络优化为目的的数字世界和工业世界无缝融合的全方位应用体系，如图1-6所示。

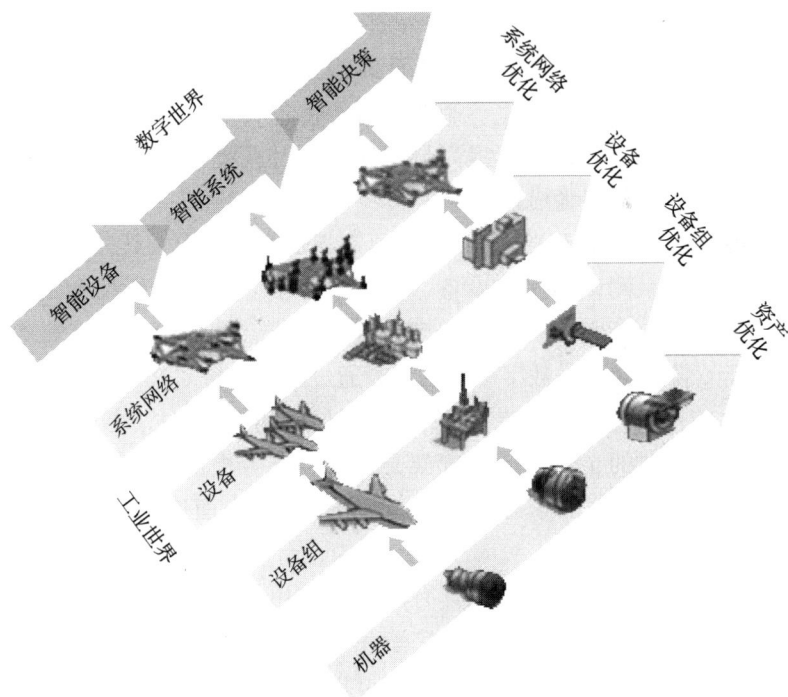

图1-6 GE提出的工业互联网应用体系

在某种程度上，工业互联网已经成为整合服务型制造所需的实体联网技术、数据联网技术和服务联网技术的代名词。为了满足工业企业服务化转型的一揽子解决方案的需要，工业互联网加速实现平台化，国内外知名企业纷纷推出了工业互联网平台，包括 PTC 公司的 ThingWrox 平台、GE 的 Predix 平台、SAP 的 SAP HANA 平台、三一重工的树根互联平台、海尔的 COSMOPlat 平台。

1.2.1.2　数字孪生

数字孪生是物理实体的数字化映像，包括物理实体的模型、数据和虚拟对象的一一映射及对该实体监控的能力，它是物联网技术在服务型制造领域的重要发展趋势，国际著名的 IT 战略公司 Gartner 将其列为十大战略信息技术之一。

数字孪生在服务型制造领域的重要结果是产品数字孪生模型，它是指产品物理实体的工作状态和工作进展在信息空间的全要素重建及数字化映射。产品数字孪生模型是一个集成的、多物理、多尺度、超写实、动态概率仿真模型，可用来模拟、监控、诊断、预测、控制产品的物理实体在现实环境中的形成过程、状态和行为。产品数字孪生模型是产品设计阶段生成的产品模型，并在随后的生产制造和服务阶段，通过与产品的物理实体之间的数据和信息交互，不断提高自身完整性和精确度，最终完成对产品的物理实体的完全和精确描述。

数字孪生技术产生于美国 NASA 航天制造研究过程中，其最终目标是在虚拟环境中建立、测试和制造设备。实现数字孪生需要多种跨领域、跨专业的关键技术，包括多物理尺度和多物理量建模、结构化的健康管理、高性能计算等。除此之外，数字孪生还需要通过数字纽带（Digital Thread）集成和融合这些技术，从而对装备的健康状况进行有效评估。数字纽带是一种可扩展、可配置的企业级分析框架，为数字孪生提供访问、整合和转换能力，其目标是贯通产品生命周期和价值链，实现全面追溯、双向共享/交互信息和价值链协同。

数字孪生在服务型制造领域具有广阔的应用前景。服务型制造企业通过搭建整合制造流程的生产系统数字孪生模型，能实现从产品设计、生产计划到制造执行的全过程数字化，进而可以拓展到客户需求提取、客户使用仿真、客户定制化生产、客户培训反馈等产品全生命周期数字化，再进一步拓展到包括上下游企业在内的全价值链数字化。西门子公司运用数字孪生技术帮助意大利汽车品牌玛莎拉蒂生产制造了全新一代的 Ghibli 跑车。通过对软件里的数字化模型进行设计和测试，玛莎拉蒂缩短了 30% 的新款车型设计开发时间，将跑车上市的时间缩短了 16 个月。当数字孪生和生产执行系统（MES）整合后，Ghibli 跑车在保持品质不变的情况下，产量提升了 3 倍。

通用电器公司利用数字孪生技术创建了突破性的"数字风电厂"项目。数字孪生技术使 GE 工程师可以在云端虚拟风电厂环境中，从 20 种不同的配置方案中为每个物理风电厂配置最优的风力涡轮机组合。当安装物理风力涡轮机时，数字孪生模型可以进行手机和物理实体的数据分析，提出改进建议。通过应用该项技术，风电厂提升了 20% 的能效，在风力涡轮机的生命周期中带来近 1 亿美元的额外收入①。

1.2.1.3 云计算和云制造

云计算（Cloud Computing）是一种基于互联网的计算方式。通过这种方式，共享的软硬件资源和信息可以按照需求提供给计算机和其他设备。云计算使用户不再需要了解"云"的细节，提供了一种新的 IT 增值、使用和交付的模式。

云计算通常有三种部署模式：公有云（Public Cloud）、私有云（Private Cloud）和混合云（Hybrid Cloud）。根据云计算提供的服务内容，云计算提供多种"X 即服务"，X 可以是计算（Computing）、数据（Data）、数据库（Database）、桌面（Desktop）、硬件（Hardware）、基础设施（Infrastructure）、信息技术（IT）、平台（Platform）、安全（Security）、软件（Software）、存储（Storage）、测试（Testing）等。其中最常见的是：软件即服务（Software as a Service），作用是将应用作为云服务提供给用户；平台即服务（Platform as a Service），作用是将软件开发平台作为服务提供给用户；基础设施即服务（Infrastructure as a Service），作用是将虚拟机或者其他资源作为服务提供给用户。

云制造是云计算在制造业的延伸和发展，它拓展了云计算的资源共享内容、技术和服务理念。云制造在"制造即服务"理念的基础上，将云的思想渗透到制造全生命周期，支持制造业在泛在网络资源环境下，为产品提供高附加值、低成本和全球化的制造服务。

在云制造环境下，越来越多的制造企业可以跨越不同的地点和公司边

---

① Kellner T. Wind in the Cloud? How the Digital Wind Farm Will Make Wind Power 20 Percent More Efficient［EB/OL］. https：//www. ge. com/reports/post/119300678660/wind-in-the-cloud-how-the-digital-wind-farm-will-2/，2015.

界提供数据共享，同时改善云计算的性能，到达几毫秒的响应速度。同时，越来越多的机器数据和功能被部署到云端，为生产系统提供更多的数据驱动服务。

李伯虎等（2010）提出了面向服务的云制造层次体系结构，如图1-7所示[①]。

应用层		复杂产品虚拟样机	复杂问题求解	大规模仿真	…	新产品开发	
		云终端、云用户界面、云接口					
		门户	移动终端	PC终端	…	专业终端	

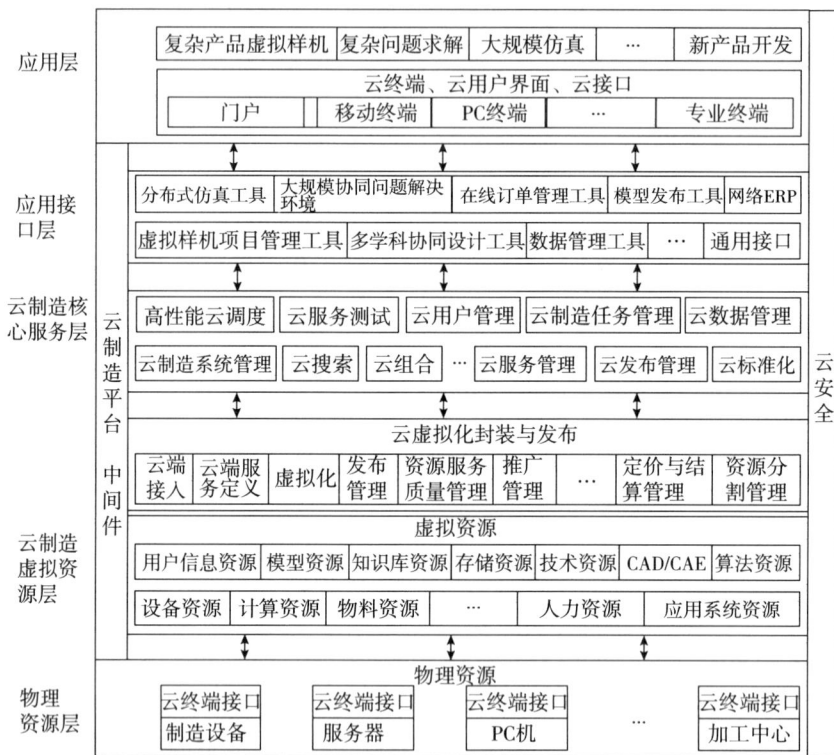

图 1-7 云制造平台体系架构

该架构主要包括如下五个层次：

（1）物理资源层。该层是云制造平台的基础设施层，主要通过各种物联网硬件设备为服务平台提供硬件支持，将各类物理资源接入网络中，实现制造物理资源的全面互联，为云制造虚拟资源封装和云制造资源调用提供接口支持。

---

① 李伯虎等. 云制造——面向服务的网络化制造新模式 [J]. 计算机集成制造系统，2010，16 (1)：1-7.

（2）云制造虚拟资源层。该层主要是将接入网络中的各类制造资源汇聚成虚拟制造资源，并通过云制造服务定义工具、虚拟化工具等，将虚拟制造资源封装成云服务，发布到云层中的云制造服务中心。该层提供的主要功能包括云端接入技术、云端服务定义、虚拟化、云端服务发布管理、资源质量管理、资源提供商定价与结算管理和资源分割管理等。

（3）云制造核心服务层。该层主要面向云制造用户，为制造云服务的综合管理提供各种核心服务和功能，是客户获得所需服务的窗口，是交付装备必须提供给客户的交付产品。

（4）应用接口层。该层主要面向特定制造应用领域，提供不同的专业应用接口，如数据管理、仿真工具、协同设计工具等，以及用户注册、验证等通用管理接口。

（5）应用层。该层面向制造业的各个领域和行业提供各类应用。不同行业用户只需要通过云制造门户网站、各种用户界面（包括移动终端、PC终端、专用终端等）就可以访问和使用云制造系统的各类云服务。

云制造平台在服务型制造领域有着广阔的应用前景。航天科工二院与北京航空航天大学等单位合作，共同搭建了面向航天类复杂产品的"航天云网"云制造服务平台。该平台旨在解决航天产品投入成本高、研发周期长、牵涉学科多、资源分布广等难题，使原本孤立的、基于物理样机的传统研制模式实现了向协同的、基于虚拟样机的新型数字化模式的转变，大大提升了集团资源利用率和信息化程度。

北京恩维协同科技有限公司研发的 BISWIT 云制造服务平台已经为 500多家中小企业提供了企业管理云服务。用户可在 BISWIT 平台上获得制造资源注册、资源需求发布、资源供需搜索、资源能力评估、协同制造管理和交易结算管理等一系列的工具支持。

1.2.1.4 虚拟现实和增强现实

虚拟现实（Virtual Reality，VR）是一种可以创建和体验虚拟世界的计算机仿真技术，它利用计算机模拟产生三维空间的虚拟世界，响应用户的视觉、触觉等多信息源融合交互，让用户产生沉浸式体验。增强现实（Augmented Reality，AR）技术进一步把虚拟世界中的物体、图片、视频、声音等融合在现实环境中，将现实世界丰富起来。VR/AR 技术集成了电脑图形、电脑仿真、人工智能、感应、可视化及网络并行处理等技术的最新发展成果，在服务型制造的各个环节都有广泛的应用前景。

在研发环节使用 VR/AR 技术，可实现立体、精准的虚拟结构设计。虚拟现实技术可以展现产品的立体面貌，使研发人员能够全方位构思产品的外形、结构、模具及零部件的使用方案。特别是在飞机、汽车等大型装备产品的研制过程中，运用虚拟现实技术能大幅提升对空气动力学的把握和产品性能的精准性。波音公司将虚拟现实技术应用于 777 型和 787 型飞机的设计上，通过虚拟现实的投射和动作捕捉技术，完成了对飞机外形、结构、性能的设计，所得到的方案与实际飞机的偏差小于 0.001 英寸。据统计，采用虚拟现实技术设计的波音 777 飞机设计错误修改量减少了 90%，研发周期缩短了 50%，成本降低了 60%。

在装配环节使用 VR/AR 技术，实现精密加工的虚拟装配操作。在装配环节，虚拟现实技术目前主要应用于精密加工和大型装备产品制造领域，通过高精度设备、精密测量、精密伺服系统与虚拟现实技术的协同，能够实现细致均匀的工件材质、恒温恒湿洁净防震的加工环境，以及系统误差和随机误差极低的加工系统间的精准配合，从而提高装备效率和质量。一拖集团应用本土企业"曼恒数字"研发的"数字化虚拟现实显示系统"，打造出虚拟装配车间，可实现 360 度内部全景漫游，既能多角度观察每个装配工位，又能精准跟踪装配工件的生产工艺流程，为我国大型农业装备制造行业发展注入了新鲜血液和强大力量。

在检修环节使用 VR/AR 技术，实现远程实时的虚拟检测维修。将虚拟现实技术应用于复杂系统的检修工作中，能够实现从出厂前到销售后的全流程检测，并突破空间限制，缩短时间需要，提高服务效率，拓展服务内容，提升服务质量，将制造业服务化推向新的阶段。例如，美国福特公司联合克莱斯勒公司与 IBM 合作开发了应用于汽车制造的虚拟现实环境，在汽车出厂前就可检验其存在的设计缺陷，并辅助修正，大大缩短了新车研发周期。未来，通过远程数据传输，虚拟现实技术将实现实时、远程、预判性的监测维修服务。

在培训环节使用 VR/AR 技术，实现直观高效的虚拟培训体验。在复杂的、高精度的制造环境中采用虚拟现实技术培训，能够立体展现制造场景，帮助学员通过全方位的感知体验，获取高仿真的、可重复的、低风险的制造工艺学习体验。与航空业利用虚拟现实技术设计模拟驾驶室训练宇航员的经历相似，利用虚拟现实技术建立虚拟培训基地，有利于制造业从业人员提前熟悉制造场景，提升应用技能。当前，已有许多国内外企业运用虚拟现实技术开展培训工作。例如，英国皇家装甲公司采用虚拟现实技术，对14.5吨的新型车辆进行车辆训练模拟，实现了对专用车型驾驶员的操作培训。

1.2.1.5 工业大数据

工业大数据是指在工业领域中，从客户需求到销售、订单、计划、研发、设计、工艺、制造、采购、供应、库存、发货和交付、售后服务、运维、报废或回收、流程再制造等整个产品全生命周期各个环节所产生的各类数据及相关技术和应用的总称，是大数据技术在工业领域的应用和拓展。

工业大数据的目标是使设备数据、活动数据、环境数据、服务数据、公司数据、市场数据和上下游产业链数据等能够在统一的平台环境中流通，这些数据将原本孤立的系统相互连接，形成数据联网，使设备之间可以通信和交流，使生产过程变得透明，也使工业系统、工业产品具备描述、诊断、预测、决策、控制等智能化功能模式和结果。

如图1-8所示，一般的工业大数据技术架构共有五个部分，分别为数据采集层、数据存储与集成层、数据建模层、数据处理层、数据交互应用层。

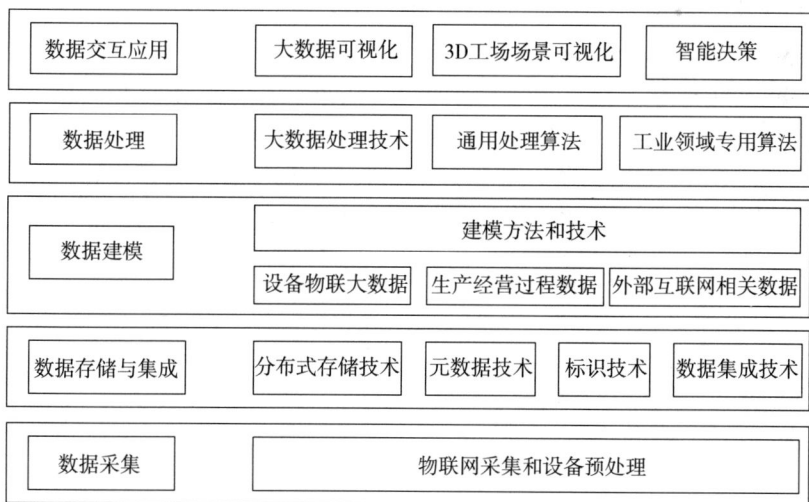

图1-8　工业大数据技术架构

工业大数据和普通互联网大数据有着重要的区别。工业大数据具有更强的专业性、关联性、流通性、持续性和解析性等特点，这些特点都是传统的互联网大数据处理手段不具备的。工业大数据的核心是要解决重要的

"3B"问题①。

（1）隐匿性（Below Surface），即需要洞悉特征背后的意义。与互联网大数据相比，工业大数据注重特征背后的物理意义及特征之间的关联性的机理逻辑。

（2）碎片化（Broken），即避免断续、注重实效性。相对于互联网大数据的"量"，工业大数据更注重数据的"全"，即面向应用要求尽可能全面地使用样本，覆盖工业过程中的各种变化条件，保障从数据中能够提取出反映真实状态的全面信息。然而从实际来看，尽管工业数据量大，但是由于传感器的多样性和无序性，产生的大数据呈现出遗漏、分散、断续等特点，给数据清洗工作带来巨大挑战。与此同时，工业大数据的价值又具有很强的时效性，即当前时刻产生的数据，如果不迅速转变为可以支持决策的信息，其价值就会随时间流逝而迅速衰减。

（3）低质性（Bad Quality），即需要提高数据质量，满足低容错性。数据碎片化挑战也带来了对于数据质量的担忧，数据的"量"无法保障数据的"质"，进而导致数据的可用率低。工业大数据对预测和分析结果的容错率远远低于互联网大数据。在工业环境中，如果仅仅通过统计的显著性给出分析结果，哪怕仅仅一次的失误，都可能造成严重的后果。

这些区别决定了工业大数据不能简单照搬互联网大数据的分析手段。工业大数据分析并不仅仅依靠算法和工具，而是更加注重逻辑清晰的分析流程和与分析流程相匹配的技术体系。

工业大数据可以帮助工业企业不断进行价值创造。通过嵌在产品中的传感器，企业能够实时监测产品的运行状态；通过商务平台，企业能够获得产品的销售数据和客户数据；通过对这些数据的分析和预测，企业能够开展故障预警、远程监控、远程运维、质量诊断等个性化、在线化、便捷化的增值服务，扩展产品价值空间，从以实体产品为核心的经营模式向"制造+服务"的模式转变。

保利协鑫是中国首家年产万吨级以上多晶硅光伏切片企业。在光伏切片的生产过程中，有数千个生产参数会影响到切片良品率。保利协鑫仅切片厂就有1000多台智能装备，每天产生大量的数据。但是以前这些数据存在于"孤岛"之上，并没有实现互联互通；企业对生产过程中的数据分析

① 李杰.工业大数据：工业4.0时代的工业转型与价值创造［M］.北京：机械工业出版社，2016.

大多依靠人工分析，很难把握这些数据的关联性，而得出科学的结果。2016年，保利协鑫开始与阿里云合作，阿里云 ET 工业大脑入驻保利协鑫生产车间。通过对接口数据标准化、装备数据云端化，利用智能算法深度学习计算所有关联参数，精准分析出了与良品率最相关的 60 个关键变量。通过在生产过程中实时监测和控制这些变量，大幅提高了光伏切片的良品率，每年节省上亿元成本。

2014 年，美国电子商务平台亚马逊创新性地提出了预测性物流，这使亚马逊可以比用户更了解自身，在客户还没有下单的时候，用户计划购买的商品就已经出货了。亚马逊通过海量用户数据来判断用户接下来的购物行为，当预测到某一用户将要购买商品时，就将货发往托运中心；当客户开始下单时，只需要从托运中心运到用户家里，这样极大地缩短了客户的等待时间。尽管预测性物流可能存在预测性错误等问题，但是亚马逊采取了一系列方法使其预测错误率降低，包括通过促销策略加速用户购买等。通过大数据预测消费者需求已经成为行业的趋势。

1.2.1.6 人工智能和工业机器人

人工智能是以现代计算机技术为基础，以模仿人类智能为手段的一门学科。人工智能的主要目标是使机器能够胜任通常需要人类智能才能完成的任务，或者完成人类智能也无法解决的更加复杂的工作[1]。图 1-9 列出了人工智能技术体系架构[2]。常见的人工智能技术包括模糊数学、专家系统、启发式算法、遗传算法、蚁群算法、人工神经网络算法等。

人工智能技术已经广泛应用在服务型制造的智能产品设计与加工、智能工艺规划、智能任务调度、智能测量装置与系统、智能人机协作和智能企业管理等各个领域，有效地提升了产品生产率和服务质量。

工业机器人和人工智能密不可分。人类对工业机器人的开发与研究由来已久。1958 年被誉为工业机器人之父的约瑟夫·英格·伯格创建了世界上第一家机器人公司，并参与设计了第一台 Unimate 机器人，用于压铸作业；与此同时，美国 AMF 公司也研制出了 Versatran 机器人，用于机器之间的物料运输。在随后的研究开发与应用历程中，人们对机器人的概念逐渐趋于一致。国际标准化组织采纳了美国机器人工业协会的定义，认为"机器人是一种可编程、多功能的操作机器，为执行不同任务而具有可用电脑

① 吕瑞强，侯志霞. 人工智能与智能制造［J］. 航空制造技术，2015（13）：60-64.
② 徐贵宝. 人工智能技术体系架构探讨［J］. 电信网技术，2016（12）：1-6.

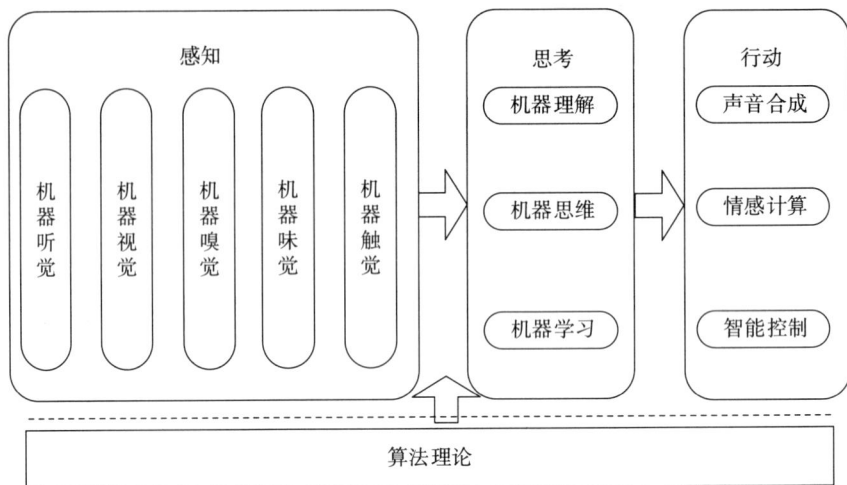

图 1-9 人工智能技术体系架构

改变和可编程动作的专门系统"。工业机器人则是集机械电子、控制、计算机传感器、人工智能等多学科先进技术于一体的重要的现代制造业自动化装备。

世界各国都重视机器人研发和应用,机器人技术被认为是引领全球经济变革的颠覆性技术之一。美国、欧盟、日本、韩国等都发布了专门的机器人研发计划。我国政府也发布了《中国制造 2025》《机器人产业"十三五"发展规划》等规划我国机器人产业的战略发展。

业内通常将工业机器人分为日系和欧系。日系的主要代表有安川(Yaskawa)、OTC、松下(Panasonic)、发那科(FANUC)、不二越(NA-CHI)、川崎(KHI)等公司,欧系的主要有德国库卡、克鲁斯(CLOOS)、瑞典 ABB、意大利科马、奥地利 AGM 等公司。如今,工业机器人在制造业的应用范围越来越广泛,其标准化、模块化、网络化和智能化程度将越来越高,功能也越发强大。毫无疑问,在柔性制造系统、智能工厂、计算机集成制造系统等领域,采用工业机器人已成为自动化装备的主流及未来的发展方向。

位于萨尔茨吉特的大众汽车发动机制造厂随处可见人工智能驱动的机械手臂,工人和机器人互为同事。过去生产发动机时,工人们必须辛苦地弯着腰,把电热塞插进几乎看不见的缸盖钻孔中。现在,这一任务被一排整齐的六轴 UR5 轻型机器人接管。凭借一套特殊设计的人工智能系统,

UR5机器人能够小心翼翼地抓取小巧的电热塞，并将它丝毫不差地放入人工难以到达的状况中，当UR5完成一系列动作后，站在他旁边的同事——一名普通工人负责固定电热塞，并对缸盖进行隔热处理，为下一道工序做好准备。放眼发动机工厂车间，一个个小型的"变形金刚"在富有节奏的机械声中大显身手；寥寥数名工人，与这些机器人相互配合，彼此之间虽然没有言语交流，分工协作却完成得相当流畅。机器人的广泛应用，帮助大众萨尔茨吉特工厂增强了生产流程的柔性，缩短了交付时间，促进了工厂的可持续发展。由机器人主导的批量生产，不仅使制造成本得到有效降低，能耗与污染排放也得到了有效改善，平均生产每台发动机所消耗的能量和污染排放分别降低了67%和70%。

在服务型制造领域，未来机器人将沿着人性化、智能化的道路逐渐协调人与机器的联系，人工智能与人机一体化智能系统成为发展趋势。人工智能就是让机器拥有人的思考和判断能力，通过赋予机器这种人的能力，使人在生产制造等繁重的工作中起到的作用越来越小，从而把人解放出来。人机一体化是一种混合系统，这个系统融合了机器的先进科技能力与人的顿悟等思维创造能力，从而避免了很多机器零部件及程序只能搭配特定机器的"自动化孤岛"问题。新型传感技术、模块化设计、先进的控制技术和加工技术、故障诊断技术等都会促进人机一体化系统的快速发展。

1.2.1.7 区块链

区块链本质上是一种去中心化的数据库，它是分布式数据存储、点对点传输、共识机制、加密算法等信息技术在互联网时代的一种创新应用，其体系架构如图1-10所示。区块链一度被认为是继大型机、个人电脑、互联网之后计算模式的颠覆式创新[①]。

现阶段，互联网通过TCP/IP等一系列协议，使网络上设备间的沟通都遵循相同的信息传输规范，实现了全球范围内信息的有效传递。但是现阶段互联网无法解决可信信息的有效传输问题。第一代互联网的中心认证模式中的数据可能被随意篡改，进而无法保证数据安全，解决信息的信用问题。没有信用就没有价值，而区块链技术重点突破了去中心化的全球信用体系建设问题，进而让价值也能像信息一样有效传输。

区块链技术根据应用场景和设计体系的不同，一般分为公有链、联盟

---

① 中国区块链技术和产业发展论坛. 中国区块链技术和应用发展白皮书2016 ［R］. 2016.

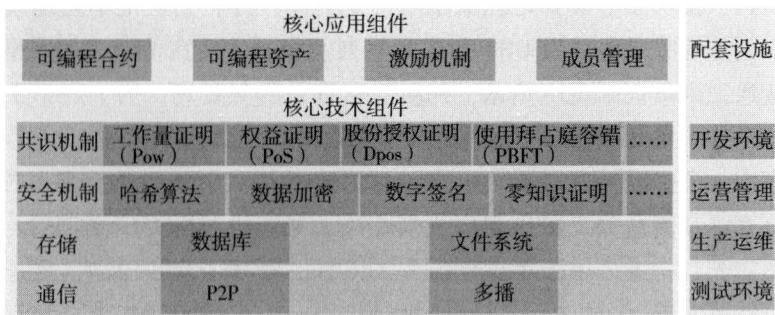

图 1-10　区块链的技术架构

链和专有链。其中，公有链的各个节点可以自由加入和退出网络，并参与链上数据的读写，运行时以扁平的拓扑结构互联互通，网络中不存在任何中心化的服务端节点。联盟链的各个节点通常有与之对应的实体机构组织，通过授权后才能加入或退出网络。各机构组织组成利益相关的联盟，共同维护区块链的健康运转。专有链的各个节点的写入权限收归内部控制，而读取权限可视需求有选择性地对外开放。专有链仍然具备区块链多节点运行的通用结构，适用于特定机构的内部数据管理与审计①。

目前，区块链的应用集中于金融和知识产权保护领域，包括数字货币、金融支付、交易清结算、知识产权保护、数字内容确权、软件传播溯源等。未来区块链具有广阔的应用领域，图 1-11 列出了区块链的潜在应用领域。

区块链技术在服务型制造领域具有巨大的潜在应用。区块链技术可以确保机器与机器间的可信通信，有效解决物联网通信系统的巨大安全隐患。区块链通过采用去中心化的点对点通信模式，可以高效处理设备间的大量交易信息，显著地降低安装维护大型数据中心的成本，同时还可以将计算和存储需求分散到组成物联网网络的各个设备中。这能有效地阻止网络中的任何单一节点或传输通道被黑客攻破，导致整个网络崩溃的情况发生，保护整个信息物理系统的安全。

区块链技术还可以实现机器的自我维护。在区块链定义的规则下，机器可以被授权查找可用的软件升级、确认对方的可信度并且为资源和服务进行支付。进一步地，机器可以在区块链技术的支持下自动执行数字合约，而不再需要人为甄别真伪，实现真正的智能设备。

———————————

① 中国区块链技术和产业发展论坛. 中国区块链技术和应用发展白皮书 2016［R］. 2016.

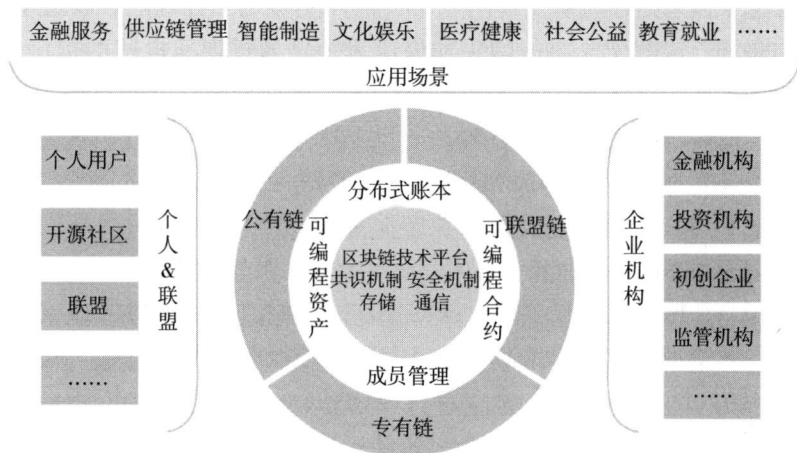

图 1-11 区块链的应用领域

智能设备间自动交易的能力会催生全新的服务型制造模式,使信息物理系统中的每一个设备都可以充当独立的商业主体。它们可以以很低的交易成本与其他设备分享自己的能力、资源和服务,进一步促使物理世界像数字世界一样个性化和高效地流动起来[①]。

IBM 倡导了基于区块链技术的自治分散对等网络遥测(ADEPT)计划。IBM、三星和微软跨界合作,利用区块链技术为下一代的物联网系统建立起一个概念证明型平台。ADEPT 平台由三个要素组成:以太坊、Telehash 和 BitTorrent。通过该平台,ADEPT 计划验证实现了能自动检测问题、自动更新、不需要任何人为操作的智能设备。

物付宝 Tilepay 为现有的物联网行业提供一种人到机器或者机器到机器的支付解决方案。该公司基于比特币的区块链开发了一个去中心化的微支付平台,所有物联网内的设备都会拥有一个独一无二的令牌,并可以通过区块链技术发起或者接收支付。Tilepay 还计划建立一个物联网数据交易市场,使大家可以直接购买物联网中各种设备和传感器上的数据。

澳大利亚的创业公司 Power Ledger 利用区块链技术制作了一个小型的分布式发电系统,实现了家庭发电与供电管理。与目前由供电机构集中供电不同,Power Ledger 利用区块链技术,让居民能够自行发电并在网络上售

---

① 阚雷. 区块链+制造业:工业 4.0 下的数字革命 [J]. 中国工业评论, 2016 (12).

卖。在这个体系内，所有交易均有唯一的网络签名，并且顾客购买了电量后无法否认。这就使电力的购买和供应无须再通过国家电网的信用背书，可以由用户之间点对点自行安全地完成。

1.2.1.8 服务计算

服务计算是指以计算和信息技术来打造贯穿整个服务生命周期的解决方案的科学与技术总称，是桥接业务服务和 IT 服务的新兴交叉技术。自 2003 年首届 IEEE Web 服务计算大会召开至今，服务计算经历了十余年的研究与应用，在见证现代服务产业蓬勃发展的同时，支撑了现代服务业的服务模式创新、服务系统开发、服务咨询管理等重要环节和过程。服务计算的代表性技术包括面向服务的体系架构（Service Oriented Architecture，SOA）、微服务、Web 服务等。

SOA 是一个组件模型，它将应用程序的不同功能单元（称为服务）通过这些服务之间定义良好的接口和契约联系起来。接口是采用中立的方式进行定义的，它应该独立于实现服务的硬件平台、操作系统和编程语言。这使构建在各种各样的系统中的服务可以以一种统一和通用的方式进行交互[①]。

图 1-12 SOA 框架

SOA 的整体框架如图 1-12 所示，SOA 由五部分组成，分别是基础设施服务、企业服务总线、关键服务组件、开发工具、管理工具。SOA 基础设

---

① SOA［EB/OL］. 360 百科 . https：//baike. so. com/doc/5399617-7584548. html.

施是为整个 SOA 组件和框架提供一个可靠的运行环境，它的核心组件是应用服务器等基础软件支撑设施。企业服务总线是实现 SOA 治理的重要支撑平台，它提供可靠消息传输、服务接入、协议转换、数据格式转换、基于内容的路由等功能，屏蔽了服务的物理位置、协议和数据格式。企业级的关键服务组件通常包括交互服务、流程服务、信息服务、伙伴服务、企业应用服务和接入服务。这些服务可能是服务组件，也可能是企业应用系统（如 ERP）所公开的服务接口。①

微服务是细化的 SOA，是 Web 领域一种先进的架构风格，它把复杂的应用分解为多个微小的服务，这些服务运行在各自的进程中，使用与语言无关的轻量级通信机制相互协调。每个服务围绕各自的业务进行构建，可使用不同的编程语言和数据存储技术，并能通过自动化机制独立部署，这些服务应使用最低限度的集中式服务管理机制。②

Web 服务是一个平台独立的、低耦合的、自包含的、可编程的 Web 应用程序，可使用开放的标准来描述、发布、发现、协调和配置这些应用程序，用于开发分布式的互操作的应用程序。Web Service 技术使运行在不同机器上的不同应用无须借助附加的、专门的第三方软件或硬件就可相互交换数据或集成。

在服务型制造相关技术日趋复杂的今天，服务计算将在打破系统边界，整合消息、流程、应用乃至整个生态系统方面发挥越来越重要的作用。基于 SOA 架构，IBM 提出了制造业整合总线服务包（IBM Integration Bus Manufacturing Pack）来整合企业的各个业务平台，并在此基础上提出了 API 经济理念。API 经济指企业通过 API 形式（比如 Web 服务）向用户、开发者和合作伙伴等构成的生态系统公开其内部业务资产或者服务，旨在借力生态系统，通过建立新的资产开拓新的商业价值。这种 API 经济开拓了新的创新技术、新的收入来源及业务渠道。上汽通用就是 API 经济的一大受益者。上汽通用旗下拥有雪佛兰、别克、凯迪拉克三大品牌。其通过 API 管理打通对外服务通道，实现了对旗下各品牌汽车 B2C 服务平台的整合管理，包括服务于车主的手机应用、微信及各类自助服务门户。同时，上汽通用

---

① 架构设计之 SOA 架构介绍［EB/OL］.今日头条 . http：//www.toutiao.com/i6417291410130600450/，2017-05-07.

② 邓杰文，曹彩凤 . 微服务若干关键问题研究［J］. 五邑大学学报（自然科学版），2016，30（2）：49-54.

还通过 API 管理整合了不同合作伙伴，打造了一个完整的 API 生态系统①。

1.2.2 典型工业互联网平台

自 2013 年通用电气提出工业互联网战略以来，工业互联网平台的理念和重要性逐渐被产业界所认识②。包括装备自动化工业和信息科技巨头等在内的全球各类产业主体积极布局，已经有超过 150 家企业推出了工业物联网平台产品。通过各方积极投入工业物联网平台创新与服务提供，初步形成了以平台提供商为核心，以服务创新与生态构建为主要方向，多方共同参与的产业体系。表 1-1 列出了典型的工业物联网平台③。

表 1-1 典型的工业物联网平台

推出年份	企业	工业物联网平台
2013	GE（通用电气）	Predix
2013	Zebra（斑马）	Zatar
2014	Ayla（艾拉）	Ayla IoT Platform
2014	IBM	Bluemix
2014	Intel（英特尔）	The Intel IoT Platform
2015	Amazon（亚马逊）	AWS IoT
2015	Bosch（博世）	Bosch IoT Suite
2015	Microsoft（微软）	Azure IoT Suite
2015	PTC	ThingWorx IoT Platform
2015	SAP	SAP HANA for IoT
2015	Verizon	Verzon ThingSpace IoT Plaftform
2015	航天云网	航天云网
2016	Emerson（艾默生）	PlantWeb 数字生态系统
2016	IBM	Watson IoT

---

① 张贝贝. 探索 API 经济转型 上海通用内外开花 [J]. 软件和集成电路，2015 (11)：24-27.

② 国务院. 国务院关于深化"互联网+先进制造业"发展工业互联网的指导意见 [EB/OL]. http：//www.gov. cn/zhengce/content/2017-11/27/content_ 5242582. htm.

③ 工业互联网产业联盟. 工业互联网平台白皮书 [EB/OL]. http：//news. sciencenet. cn/html-news/2017/11/395001. shtm.

续表

推出年份	企业	工业物联网平台
2016	Oracle（甲骨文）	Oracle IoT Cloud Service
2016	Siemens（西门子）	MindShpere
2016	Schneider（施耐德）	EcoStruxure
2016	海尔	COSMOPlat
2016	用友	IUAP 平台
2016	沈阳机床	iSESOL 云平台
2016	华为	OceanConnect 平台
2016	发那科	FIELDsystem
2017	ABB	ABB Ability
2017	三一重工	根云平台
2017	和利时	HiaCloud 平台
2017	普奥	ProudThink

虽然从平台数量上看，工业物联网平台已经进入爆发期，但总体上工业物联网尚处于商业化前期，绝大部分平台尚处于探索阶段。除了 PTC、通用电气、IBM、SAP 等布局较早的企业外，大部分平台目前还只是推出平台产品，服务体系尚不完善，也还未获得广泛的市场化应用。就我国而言，工业物联网平台起步较晚。我国企业在 2015 年之后开始积极布局，航天云网、三一重工、海尔等企业依托自身制造能力和规模优势，率先推出各自的工业物联网平台，并逐步实现由企业内部应用到企业外部服务的拓展；和利时、用友、沈阳机床等企业基于自身在自动化系统、工业软件与制造装备领域的积累，也尝试构建工业物联网平台。但与国外相比，我国企业在平台功能、商业化程度、生态体系等方面还存在一定差距。

尽管这些工业物联网平台有着各自的特征，但我们认为其本质是通过有效的实体联网、数据联网和服务联网，实现了工业实体监控及海量异构行为数据感知、集成与分析，工业经验知识软件化与模块化，以及工业创新服务的开发和应用。工业物联网平台通过提供满足客户实际需求的各类智能服务，形成服务型制造活动的智能化闭环，不断推动工业物联网平台生态体系的构建。

在本节，我们着重介绍 GE Predix、PTC ThingWorx、SAP HANA、三一重工的根云和海尔的 COSMOPlat 几种工业物联网平台。

1.2.2.1 GE Predix 平台

GE Predix 是全球工业物联网领域最具影响力的平台。该平台将机器、数据、人员和其他资产连接起来，利用分布式计算、大数据分析、资产数据管理及机器到机器的通信技术，帮助制造企业实现智能化和服务化转型。Predix 平台的四大核心功能是设备安全监控、工业数据管理、工业数据分析、移动应用和云服务。Predix 最强大的功能是将各类数据按照统一的标准进行规范化的梳理，并提供随时调取和分析的能力。Predix 平台体系架构分为三层，即边缘连接服务层、基础设施云服务层和应用服务层，如图 1–13 所示。

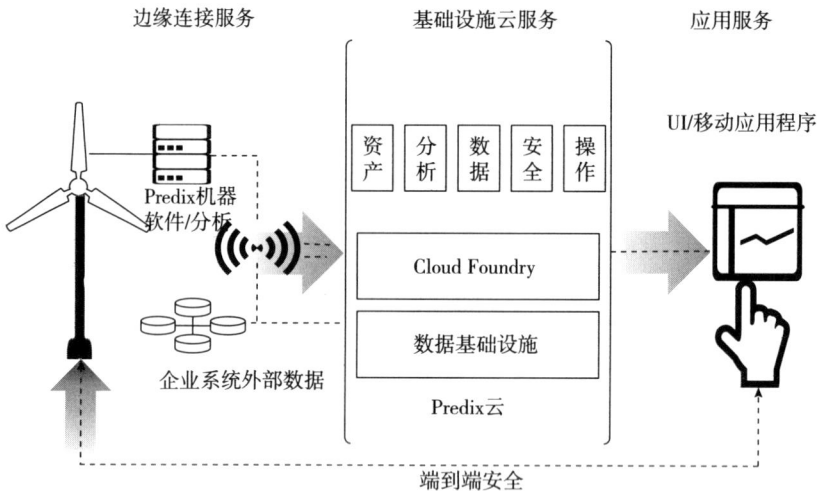

图 1–13　Predix 体系架构

边缘连接服务层负责进行实体联网，收集设备实体数据并传输到云端。其中，Predix Machine 是负责与工业设备资产及 Predix 云通信的软件层，同时运行边缘分析程序，该组件可以安装在网关、工业控制器或者传感器上；Predix Connectivity 实现设备通过移动电话、固定线路和卫星技术组成的虚拟网络与 Predix 云进行会话。

基础设施云服务层在全球范围内提供安全的云基础架构，满足日常的工作负载和监督需求。其中，Predix Cloud 为工作负载优化和处理大规模工业数据提供云基础设施。在数据分析方面，Predix Cloud 还提供了包括设备服务（Asset Services）、数据服务（Data Services）、分析服务（Analytics Services）在内的一系列服务。

应用服务层负责提供工业微服务和各种服务交互的框架，主要包含 Predix Services 和 Predix for Developers 两个核心要素。其中，Predix Services 帮助开发者建立、测试、运行和发布工业互联网应用程序；Predix for Developers 为开发者提供可以与各种服务进行交流的框架，实现 Web 端和移动应用程序的统一。

GE 希望将 Predix 打造成全球范围内的工业互联网标准，成为各个合作伙伴都愿意参与的生态系统。GE 在 2015 年对外推出 Predix 2.0，目前已在全球建成四个云计算中心（北美 2 个，英国、日本各 1 个），每天监测和分析来自全球各地部署的 1000 万个传感器中的 5000 万项数据。

1.2.2.2　PTC ThingWorx 平台

PTC 作为全球知名的工业研发设计软件提供商，于 2013 年推出工业物联网平台 ThingWorx。ThingWorx 本质上是一个 PaaS 平台，其功能定位是为工业互联网应用开发商或工业 SaaS 运营商提供现代化的快速应用开发工具和服务运营能力。ThingWorx 的基本理念就是链接，从而让企业的其他应用可以直接得到来自物联网的各种数据，让企业 IT 与物联网形成真正的闭环。

PTC ThingWorx 平台主要包括 ThingWorx 物联网应用程序开发平台、ThingWorx Converge 物联网应用程序融合平台等核心技术平台产品。图 1-14 展示了 ThingWorx Converge 平台的体系架构。

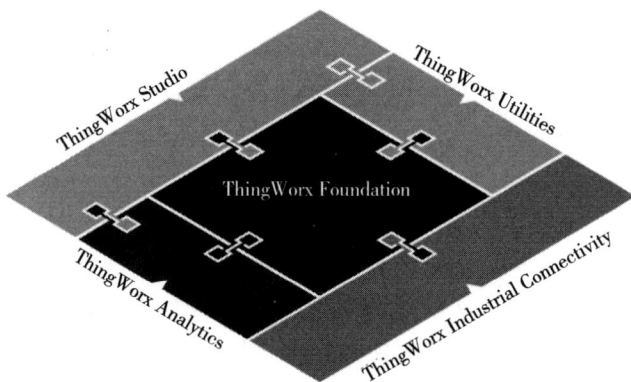

图 1-14　ThingWorx 物联网平台体系架构

该体系结构整体分为三层：底层是基于 ThingWorx Industrial Connectivity 的远程资产管理解决方案，负责通过传感器等收集工业设备实体数据实现实体联网。中间层是 ThingWorx Foundation 平台实现 PaaS 的核心功能，其中包括基于机器学习的 ThingWorx Analytics 大数据分析服务。最上层提供基于 CAD 产品数字模型和 Vuforia 技术集成的图形化的 ThingWorx Studio 增强现实开发环境和网络体验服务及数字化映射服务（Digital Twin）等。2017 年，PTC 自己也开始推出 APP 和微服务，如面向控制工程师的 Controls Advisor 应用服务模块、面向车间管理者的 Production Advisor 应用服务模块、面向设备维护人员的 Asset Advisor 应用服务模块、面向产品开发环节的 Navigate 开发管理服务模块等。

IoT Analytics 的研究报告显示，PTC ThingWorx 平台已经占据物联网平台市场 18% 的份额，近两年收入增速保持在 50% 左右的较高水平。Thing-Worx 典型的行业合作伙伴包括航空航天、卓越工厂、工程装备、农业机械和电子高科技等全球领先企业。目前，平台上大约有 21 个企业级应用、142 个插件、77 个认证产品。

1.2.2.3 SAP HANA 平台

SAP 作为全球最知名的企业资源计划（ERP）管理软件供应商，基于自身在企业资源计划、供应链管理、客户关系管理和商务智能等软件产品方面的技术和市场积累，一方面加快将软件向云端迁移，提升软件在数据分析处理方面的能力，另一方面积极借助工业互联网平台的底层数据集成能力，强化对生产现场数据和远程设备运行数据的采集能力，并将这些数据与管理软件深度对接，提升软件的智能精准分析能力。

SAP 的工业物联网平台运行在 SAP HANA 平台上，其平台架构可以分为四个部分，即设备集成、流程集成、物联网应用、大数据分析，如图 1-15 所示。设备集成实现物联网设备的集成；流程集成实现 SAP 业务套件的集成；物联网应用提供 SAP 和合作伙伴开发的各类物联网应用；大数据分析提供物联网应用所需的数据存储和处理能力。

SAP HANA 平台可以实现产品全生命周期的无缝衔接和管理，实现监控、分析和自动化，改善业务流程，实现基于工业 4.0 的智能服务。在智能工厂中，由每一张单独的客户订单来决定制造流程和相应的供应链。智能工厂生产出来的产品是智能产品，它们是智能的、联网的对象。不仅是智能产品，所有生产智能产品的机器工厂，也都被互联网连接到 SAP HANA 物联网平台上，其运作数据可以从任何一个地方访问。SAP HANA 物联网平台既可以被制造工厂访问，也可以被服务提供商访问，在这个数字化平台

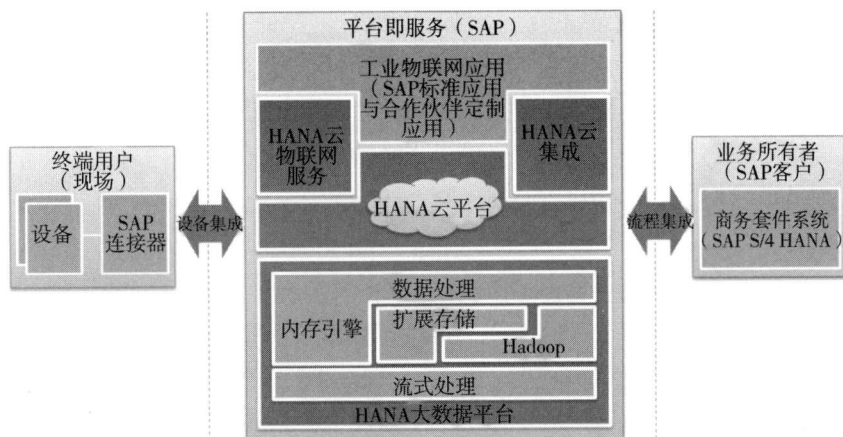

图 1-15 SAP HANA 物联网平台体系架构

上，各方可以提供各种智能服务，也可以得到各种智能服务。

从本质上说，SAP HANA 是一个基于大数据和混合云计算的应用服务平台，它体现了数据、流程、平台的集中与统一。首先，平台能够对整条价值链上的各个环节进行大数据采集和处理；其次，所采集的大数据不仅仅用于进行事后的产品和质量分析，更重要的是能够实时地驱动业务流程指导每位员工的工作；再次，平台是对合作伙伴开放的平台，相关方都可以在平台上进行开发和部署；最后，鉴于现时 IT 环境的复杂性，平台是一个可以支持独立部署和云端部署的灵活的混合云计算平台。

SAP HANA 物联网平台从水平和垂直两个维度，实现了工业 4.0 和智能服务环节上的效率提升和业务模式创新。该平台可以覆盖整个价值网络上下游各个环节，以及从传感器设备一直向上到企业管理的各个层次进行充分的集成，如图 1-16 所示。以 SAP HANA 平台为数字化核心，使制造业企业的价值链重塑为集成的价值网络，围绕着产品、营销、制造、供应、物流和服务六大领域在重塑商业模型、重塑业务流程、重塑工作方式三个方面进行数字化创新。目前，HANA 平台用户数已超过 3000 家。

1.2.2.4 三一重工根云平台

三一重工已经借助根云平台实现了商业模式的成功转型，从过去单纯的制造型企业转变成制造与服务并重的综合型服务制造企业，为机械行业企业深化工业物联网应用打造了标杆。

根云平台致力于构建开放、共享、合作、共赢的工业互联网生态，开

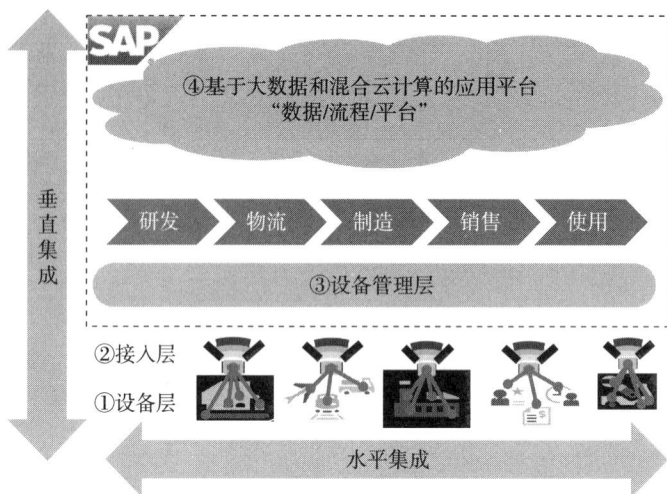

图1-16　SAP HANA物联网平台在水平和垂直两个维度对智能服务的支持

放自身在工业物联网领域的最佳实践和行业积淀，聚合上下游产业合作伙伴和解决方案供应商能力，与合作伙伴合力打造端到端的工业物联网产品，实现面向最终客户的一站式价值输出，打造中国本土的工业互联网生态。

根云平台主要划分为三个层次，分别为连接层、计算层和服务层，如图1-17所示。在整个体系架构中，树根互联为根云设计和开发了一系列功能模块，包括根—云盒、根—云通、根—云联、根—云擎、根—云坊、根—云像等，通过这些独立性的功能模块为制造企业提供基于工业物联网的应用及服务支撑。

（1）连接层。在连接层，根云提供一站式物联接入的核心产品和服务，支撑全行业各种类型设备的物联入网。根云平台在设备接入、互联和管理控制方面主要包含三个产品，分别是根—云盒、根—云通、根—云联。

·根—云盒（RC-Box）：工业级物联接入与边缘计算智能硬件，全面覆盖从可移动的机器设备到企业现场生产线设备的接入。从通信模块到物联盒子到工业现场网关再到各种专业工业控制器的对接硬件，都能提供对应的产品或解决方案。

·根—云通（RC-Comm）：集成全球各大运营商的物联通信服务，提供稳定、低成本乃至全球互联的物联能力。

·根—云联（RC-Pivot）：智能便捷、一站式的机器间通信服务，集成兼容各类工业设备间的通信协议，从工程机械到工程车辆到现场设备再到

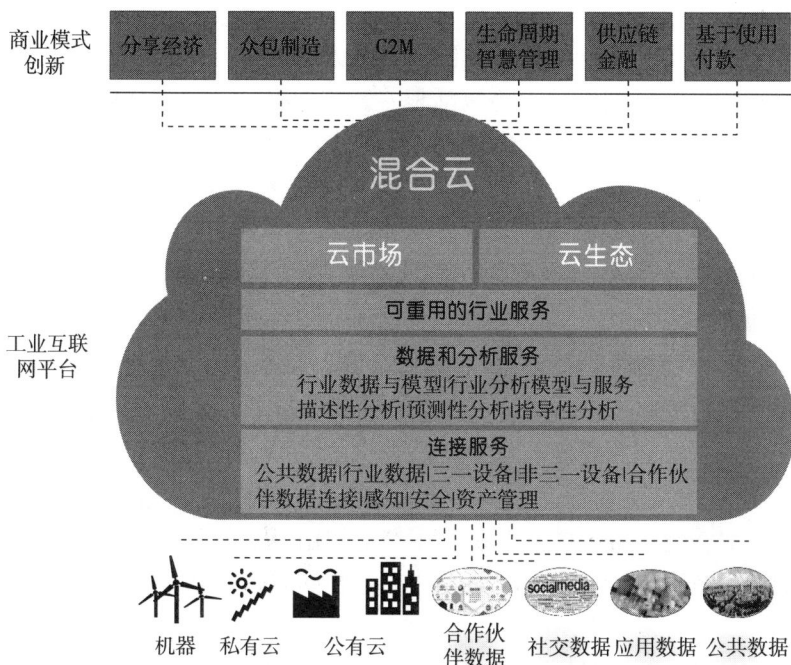

图 1-17   三一重工根云平台体系架构

新能源设备等，都一一打通，同时提供二次开发的解决方案和 SDK。

（2）计算层。计算层依据连接层手机的数据，为服务层提供工业大数据分析支持，主要包括根—云擎、根—云坊和根—云像三个产品。

·根—云擎（RC-Engine）：稳定可扩展的云计算与大数据平台，通过和国内外最领先的云计算和大数据服务商合作，结合工业领域应用开发与数据处理的个性需求，是目前国内最领先的工业云和大数据产品。

·根—云坊（RC-Studio）：结合工业领域专业知识与工具（传感器技术、信号处理、机理分析、台架实验等），加上大数据关键的数据清洗、元数据管理、数据治理、隐私安全管理等工具模块，从而构成便捷、高效面向工业数据处理、分析的工作台。

·根—云像（RC-Machine）：全生命周期的机器画像，通过对工业企业各类业务数据（ERP、CRM、PLM、WMS、BOM、研发设计数据等）进行加工处理并添加机器设备的工况物联数据，从而构建对机器设备最全面的数字化镜像描述，从而为机器全生命周期管理、机器健康度诊断模型、故障分析与预测、UBI 保险、物联信用贷等工业资产和金融服务的增值应用提供智力支撑。

（3）服务层。服务层对外提供四大服务功能，包括资产管理、智能服务、物联监控和机械猫，主要包括根—云宝、根云—物联监控、根云—智能服务及根云—资产管理等创新服务。

·根—云宝（RC-Treasure）：提供泛金融创新产品与服务需要的物联数据服务。

·ECC（根云—物联监控）：向机器的制造厂商和机器的设备所有者提供机器的工作状态信息，呈现真实的机器状态。

·iCSM（根云—智能服务）：针对服务提供者，提供针对机器的售后服务过程管理与绩效呈现。

·ASM（根云—资产管理）：针对机器的资产安全和运营能力提供监控。

·机器金融产品：基于物联网技术按使用付费的 UBI 定价保险，基于物联网和大数据的车辆延保保险，基于物联网和供应链大数据的金融信贷产品等。

·"找设备"：机械设备租赁平台，依托"根云"平台的物联网大数据技术，提供设备管理、同城租赁、机手聘请、维修保养、保险金融等服务，是最方便的一站式设备管家，实现了机器共享，使机器间相互协同，提升企业资产运营效率和资产利用率。

目前，根云平台在机械行业、物流行业得到了初步应用，并取得了良好的效果。在机械行业，星邦重工利用根云平台提供了高空作业车端到端的一体化流程，对设备资产、服务管理及数据分析价值进行利用，更契合地完善星邦后期的业务拓展。山东祥光集团园区货车物联项目就是利用根云平台实现对所有进场物流车辆移动定位数据的采集。通过预设物流路径，监控车辆运行轨迹，对入门、称重、配货、出厂等环节进行全程监控，进一步提升物流效率和安全，同时覆盖业务流程的软件功能及与 SAP 系统的接口实现。

1.2.2.5 海尔 COSMOPlat 平台

作为中国领先的制造企业，海尔集团积极满足用户定制化需求，研制了 COSMOPlat 工业物联网平台，打通了生产与计划资源，实现了工厂与供应链对用户需求的快速响应。借助该平台，服务型制造企业可以实现三方面的服务创新：

·实现与用户的无缝对接，通过用户交互及用户行为分析，形成满足用户需求的个性化定制方案。

·实现生产过程、供应链、物流和销售等环节，通过信息互联互通，提升工厂的柔性生产能力，提升管理和资源调度的灵活性，使整个制造系统能够适应和满足用户定制需求。

·实现产品设计、生产和交付的全过程透明可跟踪，提升用户体验。

图 1-18 展示了海尔 COSMOPlat 的体系架构。从平台架构看，COS-MOPlat 与主流的 Predix、根云平台等以数据采集、分析为主的平台有所不同，COSMOPlat 重心在于通过对业务资源和信息化资源的整合，为上层应用提供服务。通过整合硬件资源，包括实现智能装备的互联、软硬件系统的集成形成一套可供分配的制造资源池，根据客户的业务需求，利用 COS-MOPlat 平台实现对硬件资源、业务资源、软件资源和服务资源的调度。目前，COSMOPlat 平台能支撑的业务需求包括交互、设计、采购、制造、物流、体验和迭代等功能。COSMOPlat 最终要实现的是整合上游的需求和下游的生产能力，通过汇聚大量的个性化需求实现大批量的定制生产，解决制造业面临的大规模生产与个性化定制之间的矛盾。

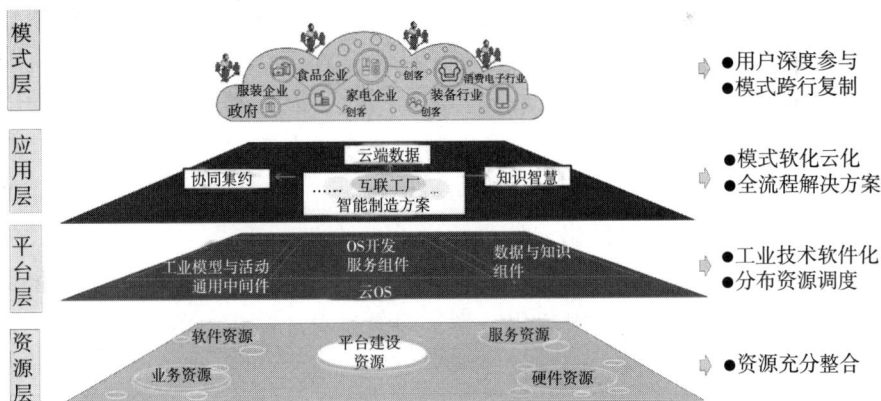

图 1-18 海尔 COSMOPlat 体系架构

COSMOPlat 平台共分四层：第一层是资源层，开放聚合全球业务资源、服务资源、硬件资源及软件资源，实现各类资源的分布式调度，实现协同制造的最优匹配。第二层是平台层，支持工业应用的快速开发、部署、运行、集成，支撑实现工业技术的软件化。第三层是应用层，将个性化定制过程软件化、云端化，形成全流程的应用解决方案，为企业提供具体的互联工厂等应用服务。第四层是模式层，依托互联工厂应用服务实现模式创新和资源共享。

目前，平台已打通交互定制、开放研发、数字营销、模块采购、智能生产、智慧物流、智慧服务七大业务环节，使用户参与到产品设计、生产制造、产品服务等过程中，不断满足用户个性化需求，实现用户的终身价值。

1.3 服务型制造的智能服务条件

从服务科学和服务计算的角度看，服务型制造就是以用户为中心，以价值网络中的利益相关方的价值增值为目标，通过对生产组织形式、运营管理方式和商业模式的优化升级和协同创新，不断提升产品服务化和过程服务化在制造投入和产出中的比重，实现新的价值创造，打造新的竞争优势。

在工业互联网平台等技术的支撑下，服务型制造日益展现出四方面发展趋势：一是智能化生产，即通过企业内部业务集成，实现从单个机器到生产线、生产车间乃至整个工厂的智能决策和动态优化，显著提升全流程生产效率，提升质量，降低成本。二是网络化协调，即通过企业价值网络间的业务集成，形成协同设计、协同制造、众包众筹、垂直电商等一系列新模式，形成企业对产品全生命周期的优化。三是新型个性化定制，即以客户为中心，客户通过网络向制造企业提出个性化需求，企业通过智能、灵活、柔性地组织设计、制造资源和生产流程，实现生产过程的透明化及低成本大规模定制。四是服务化转型，即通过对产品运行的实时检测，提供远程维护、故障预测、性能优化等一系列服务，并反馈优化产品设计，实现企业服务化转型。

为此，孔翰宁教授在领衔发布的工业4.0最新工作报告中提出了基于工业4.0的智能服务愿景。智能服务是建立在制造业企业正在进行的数字化转型的基础上，通过工厂内外部的水平集成和垂直集成形成服务价值网络，应用物联网、大数据等信息技术，引领企业的商业模式从产品驱动转变为数据驱动，从销售产品转变为销售服务或产出，从而实现工业服务创新甚至革命。

1.3.1 智能服务价值网络

随着服务型制造企业数字化转型的不断深入，新的商业模式和服务模式不断涌现，突破了原有的工厂边界，推动了价值网络的形成。借鉴德国工业4.0的双重战略的发展思路，价值网络可以从纵向和横向两个维度推进制造业的服务化进程。纵向整合是指企业内部"端到端的数字化融合"，实现从最底层的传感器信息到最高层的企业资产管理系统的无缝连接，目的是建立灵活的可配置的制造系统，如图1-19所示。在未来的服务型制造企业中，制造结构将不再是固定的预定义的；与之相反，我们可以通过SDN等技术定义一组配置规则，针对不同的状态，就事论事地自动建立特定的拓扑结构，以及相应的模型、数据和算法。

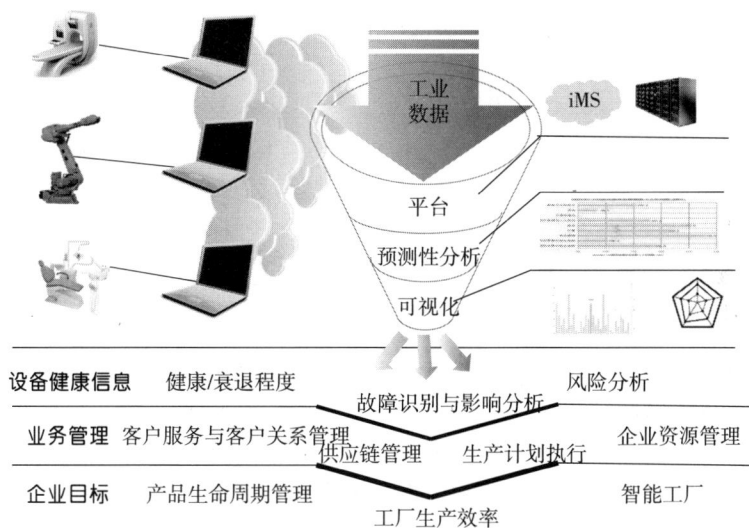

图1-19 面向企业内部的纵向服务整合

横向整合主要指企业之间和产业链上下游信息和服务的融合，实现整个产业链的价值链整合和协同优化，面向全产业的全价值链提供智能化服务。如图1-20所示，在该过程中需要将应用在制造和业务不同阶段的各种IT系统集成起来，这包括整个价值网络中的物料、能源和信息的交换（如物流、生产、营销等）。

通过横向和纵向的整合，可以为服务型制造带来以下几方面的价值创造：

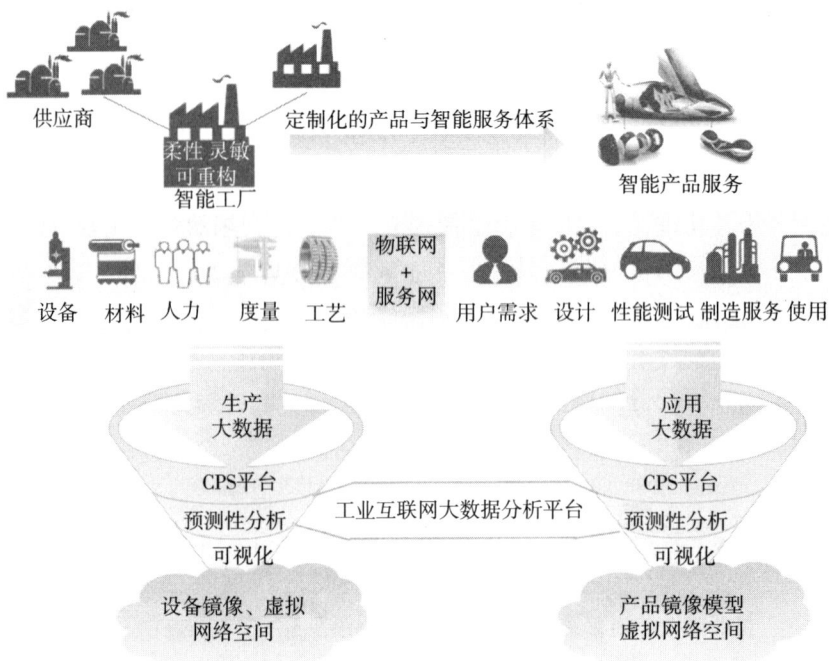

图 1-20   面向企业间的横向服务整合

·以较低成本满足用户个性化定制需求。

·使制造过程的信息透明化，提升效率和质量，降低成本和资源消耗，实现更有效的管理。

·提供设备全生命周期的信息管理和服务，使设备的使用高效、节能、持久，减少运维环节中的浪费和成本，提高设备的可用率。

·使人的工作更加简单，甚至部分取代人的工作，在提高生产率的同时降低工作量。

·实现全产业链的信息整合，使整个生产系统协同优化；让生产系统变得更加动态和灵活，进一步提高生产效率并降低生产成本。

1.3.2　智能服务创新

服务型制造对制造业带来的核心转变之一是对服务的再定义。从服务系统方面考虑，服务范围被扩大，既可以是服务流程、服务供应链，还可以是服务生态系统。从服务观念方面考虑，服务不再是产品的附属品，而认为产品是服务交付的载体，服务是生产的最终目的。从客户行为与决策方面考虑，即时、移动通信等使服务交互与服务接触（连接）的模式发生了根本性改变，服务交互与接触方式的数量大大增加且可以动态切换，社交媒体等使客户的选择与决策相互影响。从服务资源组织与整合方面考虑，强调社会服务资源协同地满足社会服务需求，服务系统是开放系统，而不是单个企业孤立地满足若干细分市场的需求。

数字化是服务型制造价值网络的核心，为企业提供了无限的价值创造机会。在这个互联的世界里，每一家服务型制造企业都变成了技术公司，智能制造、智能产品和智能服务重新定义了企业的核心业务，融合了行业的分界线。

图 1-21 描述了服务型制造企业的数字化转型机会。传统的串行价值链将被重塑为集成的价值网络，围绕着供应、制造、产品、营销、服务和物流六大领域，在物联网、云计算、大数据等数字化技术的支撑下，为企业带来三种服务创新机会，分别是商业模型创新、业务流程创新和工作方式创新[①]。

1.3.2.1　商业模型创新

商业模型创新主要包括基于结果的商业模式（Outcome Based Business Model）、拓展到新的行业（Expand to New Industries）、数字化渠道和商业平台（Digital Channel and Business Platform）、竞争即生态系统（Compete as an Ecosystem）、共享经济（Sharing Economy），以及产品或服务的数字化（Digitalization of Product and Service）。

（1）基于结果的商业模式是企业从销售产品转向交付可衡量的服务结果，其主要特点如下：

·提供新的服务种类，帮助客户快速获得价值、降低总体拥有成本和按照期望进行交付。

·按照产出对客户进行收费，而不是按照传统方式以产品或服务来进行收费。

·机器和产品都是互联的，可以进行远程管理和收费。

比如日本的工程机械企业小松集团，针对大型的采矿业客户，改变了其商业模式，开始按照客户开采量的吨数来收费。采矿设备的所有权属于

---

① 彭俊松. 工业 4.0 驱动下的制造业数字化转型 [M]. 北京：机械工业出版社，2017：27.

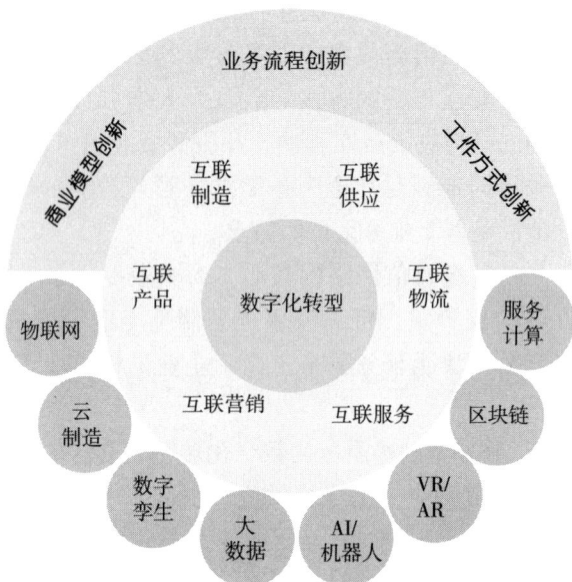

图 1-21 数字化转型带来的智能服务创新机会

小松集团，小松集团可以通过卫星与采矿设备进行数字连接，并进行远程设备监控。英国的罗尔斯罗伊斯航空发动机公司除了销售飞机发动机的传统业务之外，还提出了按照飞行时间向航空公司收费的商业模式，与此同时，罗尔斯罗伊斯公司还负责对发动机的保养和维修。

（2）拓展到新的行业是指企业从原来所从事的行业拓展到其他的行业。这种拓展基于自然吻合规律，并且企业有能力在其他行业的市场中驱动颠覆性的创新。比如，谷歌凭借其搜索引擎而闻名于世。但是最近谷歌已经将业务扩展到了服务型制造行业，包括 Google Next 扩展到了家庭自动化行业、Google 自动驾驶汽车、Google 机器人和人工智能行业等。

（3）数字化渠道和商业平台是指企业可以成为以下服务的提供商：

·成为其他合作伙伴销售产品或服务的渠道。

·给消费者和企业提供进行信息交换、产品与服务销售的平台。

这种商业模式的成功与否取决于是否可以有效利用网络效应。美国的运动装备企业安德玛（Under Armor）通过收购健康应用 APP 公司 Endomondo 和食品跟踪 APP 公司 MyFitnessPal，成功地进入运动社交社区领域。现在安德玛社区有 1.4 亿用户，并且还在持续快速增长。庞大的用户群体已经成为公司的核心竞争力之一。利用该社区及嵌入在产品中的传感器，安德玛公司可以获取社区成员的健康和饮食习惯,进而可以为其他公司提供精准营销服务。

(4) 竞争即生态系统是指企业利用其他企业的知识资产数据和市场准入,来提高自己对当前客户和新客户的价值定位。这样,企业可集中自身的核心竞争力,并借助生态系统扩展自身的能力;同时,企业还可以将非核心的业务外包给那些在这些领域可以高质量、低成本做同样工作的企业。

美国的电动车生产商特斯拉(Tesla)与 Mobileye 合作,推出了无人驾驶汽车。Mobileye 的碰撞避免技术通过使用复杂的视觉算法,可以对驾驶场景进行实时解读,并根据分析结果立即提供给驾驶员进行决策。特斯拉利用这项技术完善了自身汽车上的高级驾驶员辅助系统。

(5) 共享经济是指基于对等的方式,通过在线社区服务进行协调,实现对商品和服务的共享使用。对于企业来说,其并不需要拥有资产,但是可以通过数字化平台进行访问和整合。为了实现共享经济,企业往往需要建立一种数字化平台让其他参与方来提供服务。共享经济包括由不同的人或组织分享的商品,以及服务创建、生产、分配、贸易、消费等不同方式。

全球即时用车软件优步(Uber)重新定义了运输和物流服务。优步只有很少的实体资产,但通过共享经济,它的司机数量已经超过了 UPS,并在持续扩张。房屋租赁社区 Airbnb 虽然不拥有任何物业,但是正在成为全球最大的提供住宿的公司,它在全球 190 个国家和地区提供 2.4 万多处物业的租赁。

(6) 产品或服务的数字化是指企业为了减少销售实体产品的制造、物流、仓储等方面成本消耗,而将整个产品数字化,或者通过打造产品的数字化 DNA,使用创新的 3D 打印技术,在需要的时间和地点生产出实体产品的商业模式。

美国的苹果公司是实体资产数字化的领导者。苹果以数字化的格式交付大多数软件和客户服务。最近苹果又通过 Apple Pay 对货币进行数字化变革。美国物流企业 UPS 最新提供的 3D 打印业务不运输任何产品,而是使用数字化的产品信息来加快关键设备配件的制造和交付。

1.3.2.2 业务流程创新

服务型制造业的数字化转型提供了完全不同以往的业务流程数字化环境,以工业物联网平台为代表的集成平台往往把分析数据和交易数据实时地融合在一起,从而推动业务流程发生前所未有的改变。我们这里介绍六种业务流程创新：实时流程、预测流程、协同流程、精益流程、内容丰富的业务流程、自学习流程。

（1）实时流程。实时流程可以在高强度运行大量交易的同时，对业务进行优化。其主要特点如下：

·企业可以对整条供应链有实时的了解和掌握（如库存水平、运输提前期等）。

·通过相互连接的供应链和财务系统进行实时的利润分析。

·对个体用户的个性化提供实时的基于情境的数据。

·在同一个平台上进行交易和分析，实现实时的交易分析。

·在极短时间（秒级）对海量的数据进行内存计算和处理。

美国的摩托车制造商哈雷·戴维森（Harley Davison）通过实施 SAP HANA 的互联制造解决方案，实现了对产品需求的感知和生产现场物联网数据的集成，将其生产的个性化定制摩托车的交货提前期从 21 天缩短到了只有 6 个小时。德国啤酒厂商 Weissbeerger 通过互联酒吧解决方案，给啤酒商和酒吧提供了一个实时理解市场的手段，以优化酒类的定价和库存管理。

（2）预测流程。预测流程与交易系统集成起来，可以帮助企业做智能的决策。其主要特点如下：

·企业使用来自传感器、社交、天气等数据，推动智能的设备启动业务流程，不需要或很少需要人的干预。

·客户的需求信号被获取和分析，用于实时营销。

·企业能够从被动响应转为主动预测。

·完美的洞察+完美的交易=完美的业务。

德国的凯撒压缩机公司使用 SAP 的预测性维护解决方案，对其压缩空气站进行监测，从已销售产品的业务模式转为按照产出收费的业务模式。格力中央空调对其销售的风冷多联机空调系列运用大数据技术开展预测性维护，在用户还未发觉之前就有效地进行了问题诊断和故障排查，有效提升了中央空调的安装水平和产品质量。

（3）协同流程。协同流程可以将人力、供应商和商业网络以一种无缝方式更好地服务客户。常见的协同流程的例子包括：

·多个员工同时使用来自不同源头的数据进行协同。

·通过让生态系统主体实时协同，消除了流程中不必要的步骤。

·消除了需要将文件从一个部门移动到另一个部门的情况。

Al-Futtain 汽车集团部署了 Airba 的采购寻源解决方案，实现了开支透明，鼓励通过在线招标进行竞价，每年节省了 1600 万美元。Dole 食品公司在其拉丁美洲公司使用 Airba 的采购到付款的解决方案，将花在采购订单上的时间从 16 天压缩到只有几个小时。

（4）精益流程。精益流程是一种基于流程的系统化管理方法，通过构建层级式和端到端的流程性组织，使组织的战略、绩效、指标体系和 IT 系统与流程相关联，形成系统和动态的管理循环。精益流程可以完全或者几乎完全自动化，常见的手段包括：

· 通过工作流和相互连接的交易系统实现流程步骤的自动化。

· 通过机器—机器的环境，消除一些不必要的流程步骤。

· 通过机器人来工作。

GAF 公司通过一套数字化解决方案可以做到不用人工干预就能将电子发票匹配到目录采购订单的合同上。这么做的好处包括减少欺诈损失、提高合同合规性及降低成本。

（5）内容丰富的业务流程。内容丰富的业务流程使用来自多个源头的数据和上下文信息以自动化、优化业务流程。其特点是：

· 这些内容不是从标准的 ERP 系统中获得，而是需要从外部输入或加载。

· 系统使用开放 API 来导入内容，让流程变得更加符合情境、具有相关性。

· 内容来自第三方购买。

对于奥地利的水晶制造商施华洛世奇来说，传统的营销材料已经不能够展示出水晶产品的多样性和吸引力。通过在移动平台上打造水晶收藏应用，从而可以在手机屏幕上将施华洛世奇所有的水晶展示品展示在客户的面前。EDF 能源通过第三方的数据，如态度数据、生活方式数据和人口学数据等，可以更加个性化地为客户提供产品和服务。

（6）自学习流程。自学习流程通过不断地采集和分析数据，借助机器的力量将系统变得更加聪明。这一流程有如下特点：

· 对客户的行为模式进行分析，自动生成给客户的报价。

· 在每季度对员工的工作模式进行识别，对行为异常员工给出建议。

· 实现新一代的网络安全，通过对异常行为的自动报警，辨识出潜在的系统风险，并建议如何终止和处理。

Woodside 的工程师总结他们在管理液化石油气设施中 30 多年的经验，对机器进行训练，让机器"学习"不同的方案。这套系统可以为员工提供建议服务，帮助他们更快地解决问题，改进业务流程和取得更好的产出。谷歌将机器学习技术用在建造超级智能服务器群上，从过往的表现中进行学习，通过分析服务器内外部在任何一个时间点上的空气温度及相关数据，提高它们在未来的能耗表现。

1.3.2.3　工作方式创新

数字化的技术可以让人们的工作方式发生根本性的变化，工作中的数字化趋势也开始变得越发明显，主要包括自组织、人机协同、实时协作等。

比如，通过将手工的工作数字化，消除不必要的工作（如发票和付款处理）；通过让员工在任何设备上都能够在正确的时间访问到正确的信息，提高企业的生产率和利润；使用预测和自学习软件，加强机器和机器之间的协作，优化业务决策；使用交互式技术，改善用户体验，包括使用声音识别、可视化和游戏的技术。

在未来的智能工厂里，从表面上看是机器取代人的一些工作，但是从本质上看，我们正在不断向自组织工厂目标迈进。机器可以在很大程度上进行自我组织，供应链可以自动地将上下游联系起来，订单可以直接转化为指导生产工艺的制造信息，这些都将帮助企业生产出更加个性化的产品。

但是这一切并不意味着未来的智能工厂里不需要人了，他们只是改变了角色，由体力劳动者转变为技术工作者。虽然机器提供的力量和能力是人类所不能及的，但它们是人类技能的补充而不是替代。机器不断提高的机动性对工作场所来说是一个激励，它们不仅提高了人类工作的适应性，而且这些数字化的工作伙伴可以通过人机协同和实时协作，和人们一起共同提升企业绩效。

在数字化时代，人是比机器和技术更加重要的因素。企业在数字化世界中取得成功所面临的挑战不是通过简单地使用越来越多的机器能够解决的。企业必须要把人的因素带动起来，包括消费者、员工和生态环境中的合作伙伴。同时，企业必须要建立新的企业文化和工作方式，使技术能够促进人们不断适应和学习、打破现状和持续创造。

1.4 综合案例——陕鼓动力"能源互联岛"

1.4.1 公司介绍

西安陕鼓动力股份有限公司（以下简称"陕鼓动力"）是陕西鼓风机（集团）有限公司的控股子公司。2005 年，陕鼓动力开始进行市场化管理机制变革，重塑文化，持续转型，成功从传统制造业转型为服务型制造企业，得到政府和社会各界的广泛认可。

陕鼓动力的核心产品和服务包括轴流压缩机、工业流程能量回收装置等产品，以及围绕核心产品进行的机组成套、工程总承包、金融、运营等围绕客户需求的系统解决方案服务。陕鼓动力的产品和服务广泛应用于石油、化工、冶金、能源、城建、环保、制药、筑路等国民经济的支柱产业领域。国内市场已经覆盖了西藏和台湾之外的全部省份，海外市场则覆盖了包括美国、俄罗斯在内的 40 多个国家和地区。

1.4.2 陕鼓能源互联岛

陕鼓动力以传统制造业向服务业转型为契机，运用物联网、大数据、云计算等新一代信息技术，正在进行基于"能源互联岛"示范应用的工业企业能源运营平台，引领工业企业服务型制造全面升级。

该平台的目标是以陕鼓能源互联岛为示范，以陕鼓运营的分布式能源项目、提供给客户的能源设备为依托，逐步拓展第三方客户，构建工业企业能源管理运营平台，探索互联网模式下能源管理、智慧运营、智能服务新模式，为第三方工业企业提供能源管理及运营管理的咨询服务、远程故障诊断服务、全生命周期运营管理服务，满足客户能源管理安全高效节能的需求。

该平台建设内容包括三个层次，如图 1-22 所示。

1.4.2.1 建设陕鼓能源互联岛，进行能源设备实体联网

通过建设能源互联岛，实现区域能源供能侧和用能侧多种能源设备的智能综合利用、智能调节和优化管理。主要工作内容是将包括多源联合供热制冷设备、站级低压微电网设备、压缩空气设备、废固处理设备、污水

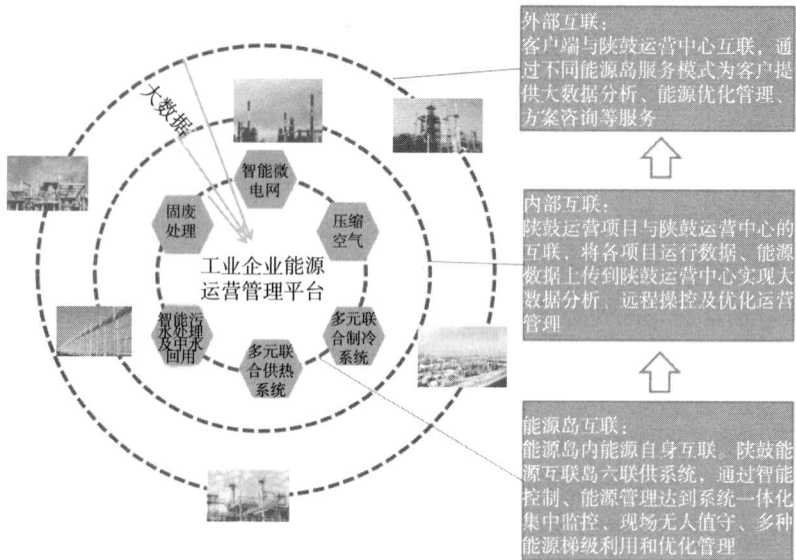

外部互联：
客户端与陕鼓运营中心互联，通过不同能源岛服务模式为客户提供大数据分析、能源优化管理、方案咨询等服务

内部互联：
陕鼓运营项目与陕鼓运营中心的互联，将各项目运行数据、能源数据上传到陕鼓运营中心实现大数据分析、远程操控及优化运营管理

能源岛互联：
能源岛内能源自身互联。陕鼓能源互联岛六联供系统，通过智能控制、能源管理达到系统一体化集中监控、现场无人值守、多种能源梯级利用和优化管理

图 1-22 能源互联岛平台体系架构

处理及中水回用设备等，与市政电网、天然气管网等多种类型网络互联互通；同时将能源接入、转化进行协同调控，覆盖电网、气网、热网、冷网等实体网络的协同控制基础设施；最终打造成为多种能源形态协同转化、集中式与分布式能源协同运行的综合能源网络。该能源网络可以满足综合供能需求，提升清洁、可再生能源利用率，实现区域内绿色能源发展；同时增加区域内能源种类，实现多源互补供应，满足供能的可靠性指标，减少单一能源峰值负荷。

进一步通过对接区域排放和供给需求，能源互联岛方案创造性地将污水处理、热、冷、电、压缩空气、固废六种能源供应及处理系统集约在一个能源站，统筹平衡，物料循环利用，能量梯级利用，实现了土地集约、功能集约、设备集约和运营集约。通过智能管理平台实现了对区域内各车间的供水、供电、供气、供热、制冷等信息集中监控及移动端监控，实现了能源站供能系统无人值守，提高了系统的反应速度和处理能力。与原有的分散布置方案相比，土地可以节省 23%，工作人员减少 35%，较原有系统节能 21.6%~30%，运营成本减少 35.6%。

1.4.2.2 进行陕鼓内部运营项目的互联，实现数据联网

主要工作内容包括：①构建能源管理、安全管理及运营管理的网络架

构，构建数据传输网络，建立能源管理、安全监控、运营管理软硬件平台，实现大数据收集及分析管理；②敷设各类传感器等测量设备，通过互联网及外部云收集气体、水、热、电等项目及陕鼓提供客户能源设备的安全、能源及运营等数据，开展数据监控；③对收集的大数据进行趋势分析、多变量关联分析等，体验不同类型项目不同参数下的规律，提炼总结管理经验；④基于管理经验，构建不同数学模型，提炼优化算法及应用软件，如关键能源设备的智能运维服务系统，设备、单元及系统的能效监测分析，安全及运营数据趋势预测系统等。

主要实现的系统包括能源智能管理及运营系统、透平设备全生命周期健康监测诊断系统及在线校准平台及智能服务支持系统、智能化全托式服务系统、能效监测分析与评估系统、能效运营数据趋势预测系统等。

（1）能源智能管理及运营系统利用先进能源管控系统，包括控制系统、控制算法，实现能源系统的自动控制及负荷的智能调配，达到现场无人值守。运用能源管理系统进行能耗数据分析、预测用能负荷需求，对系统进行能源综合调度、用能管理。通过对实时数据的统计分析与运行优化，提高系统效率，实现节能增效。对系统设备进行诊断、报警，跟踪设备运行状态，减少事故发生，提高设备使用效率。利用互联网技术，用户终端通过互联网及手机 App 实现对运营状况的远程监控、信息共享。该系统架构如图 1-23 所示，主要分为数据采集层、应用服务层和可视化展示层。

（2）透平设备全生命周期健康监测诊断系统及在线校准平台及智能服务支持系统实现对现有监控一体化、数字化维修、零库存管理等平台的数据集成，在向用户提供解决方案的基础上赋予大数据挖掘引擎、大数据处理等功能。

（3）智能化全托式服务系统将分散性的动力设备群进行集中管控，并通过大数据分析计算，全面掌握能源设备的运行状态，进行预测性维修与备件零库存管理，提高能源供给和使用的有效性与可靠性，提高设备运维效率，实现安全绿色生产。其核心业务流程如图 1-24 所示。

（4）能效监测分析与评估系统对生产设备及工艺装置进行实时的在线能效监测、分析和评估，指导工业设备及装置的能效优化。能效分析与评估包括：①对动静设备、工艺流程系统进行数学建模，运用数理统计、统计过程控制、数据挖掘等方法，发现工艺过程中的关键信息，优化生产规律和知识；②采用机理建模或经验数据建模，对动静设备开发标准化能效

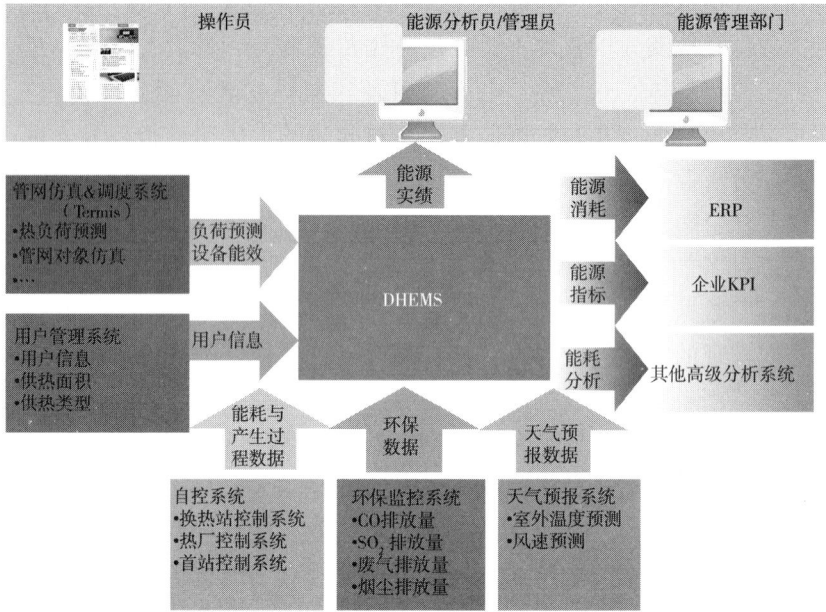

图 1-23 能源智能管理及运营系统架构

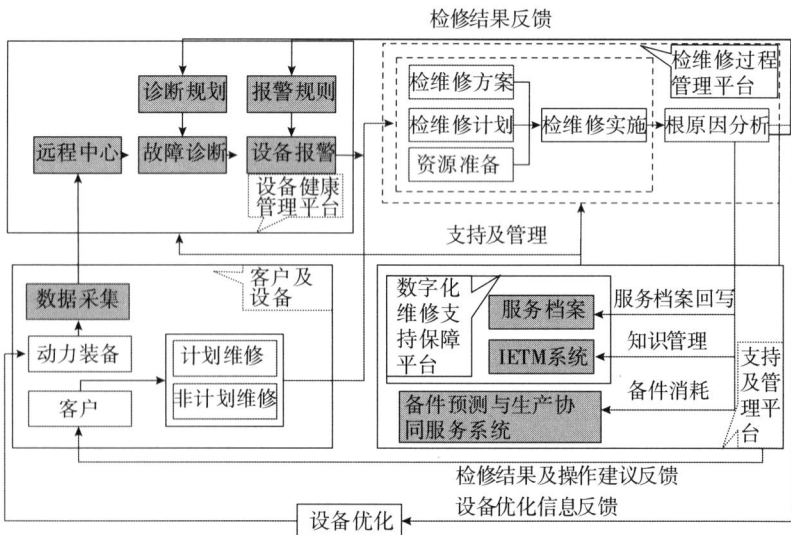

图 1-24 全托式服务业务流程

计算分析模块，实现动静设备能效实时运算。

（5）能效运营数据趋势预测系统利用相似性建模、主元分析、支持向量机、基于核回归等多种机器诊断方法，发现设备运行数据中存在的异常状态，从而实现能源运营过程中的故障提前预测及预警。

1.4.2.3 服务外部客户项目互联，开展服务联网

主要工作内容是将陕鼓提供客户的能源设备纳入管理平台，开展日常安全监测、能源监测、运营检测及远程操控，服务外部客户能源设备的健康管理；同时积极创新运营方式和商业模式，为其他类似工业企业提供能源管理及运营管理咨询服务、诊断服务、运营服务、全托式维保服务、能源融资服务等，满足客户全方位的能源管理、安全、高效节能需求。

（1）创新商业模式。陕鼓动力突破单纯依赖制造业的发展瓶颈，探索出一条差异化的转型和发展之路，走出了一条服务转型和向客户提供系统解决方案的创新之路。

陕鼓动力积极投入基于结果的商业模式转型，创新了工程总承包商业模式，以关联技术、系统技术为纽带，运用系统设计和项目管理方式，把相关企业生产的产品和"单一服务"有机串联整合，形成完整功能提供给客户，紧紧把握市场终端，建立市场链主导地位，组建了陕鼓工程公司和陕鼓工程设计研究院。陕鼓总承包以机组为圆心，模块化动力岛，放大总承包边界。优势是更加熟悉设备的运转性能，提供更为专业的单元工程服务；更专业的设备选型与工艺搭配，提供更加高效的系统方案；跨行业、多领域的跨界思维模式，将不同行业的经验相互融合，更容易形成单一产业的技术与模式创新。特色是双核，围绕核心动力设备提供单元工程总承包服务；主副一站式，即围绕主工艺流程，提供动力岛及水处理一站式服务；资源整合，即工艺包+设备+施工，项目建设到运行全生命周期供应商管理；增值服务，即围绕能量流、物质流、价值流变化持续设备升级，提供工程外的附加价值；2.0 交钥匙版本，即 EPC+F 系统解决方案，提供从产品规划到装置建设的一站式服务。截至 2016 年 12 月底，累计实施 266 项工程总承包项目，合同总额 149.84 亿元；累计完成项目合同履约率 100%，一次开车成功率 96%，达产率 98%。

陕鼓动力积极拓展到新的行业，创新了服务融资模式。通过与金融单位、关联配套企业密切合作，将产业服务与金融服务有机结合，探索出买方信贷、融资信贷、信托贷款、垫资+买方信贷、电子汇票+买方信贷、委托租赁、融资租赁+信托、产业基金等 14 种融资销售服务模式。通过服务融资模式，陕鼓动力拉动上游配套供应商市场，组建了包含国内外行业一

流厂商的陕鼓动力供应商协作网，并制定合格供应商准入和退出机制，确保为客户提供性价比最高的产品；搭建了陕鼓节能环保产品金融平台，合作伙伴有中信银行等 12 家金融机构，为符合陕鼓目标市场的客户项目提供融资服务。截至 2016 年 12 月，为 84 家客户 166 个项目提供了融资服务支持，累计实现市场订货 135.5 亿元。

陕鼓动力创新了海外融资模式，主要通过引入海外低成本资金，为产业发展提供金融支持。在获得金融机构授信额度 190 亿元的基础上，为在全球范围内寻找更有竞争力的金融资本，陕鼓动力积极拓展海外融资渠道，通过在中国香港和卢森堡设立 SPV 公司，建立海外融资平台。陕鼓动力利用香港分公司在 2015 年和 2016 年从中国银行获得一年期 5000 万欧元的低成本融资，利率仅为 1%~1.5%，节约的自有资金用于增值管理。同时融资方案及时落地，确保了海外 EKOL 公司的顺利并购和交割，成功助力企业向海外拓展业务和延伸产业链。

陕鼓动力还积极创新资本运营模式，积极稳妥地进行产业与资本运作相结合的运营模式研究与实践，搭建陕鼓投资平台，主要投资陕鼓关联产业、能给陕鼓带来协同效应的产业，引进外部资本，为企业资源整合、产业发展、体制改革、战略布局等提供支持。目前的投资模式有"基金+EPC/设备项目"模式、"PE+EPC/设备项目"模式、"技术+EPC/设备项目"模式等。陕鼓动力围绕主导产业进行资本运营，投资中冶赛迪和宝信国际，除获取投资收益外，与参股企业双方在产业、市场营销上进行合作，支持陕鼓产业发展。

为了对陕鼓动力工业总集成、总承包服务形成有效支持，实现整个动力装备维护生态系统信息的高效互联互通，陕鼓动力进行了产品服务数字化商业模式创新，构建了面向动力装备的故障预示与健康管理云服务平台，实现装备设计、制造、运行、维护、配件、备件、知识与技术等全方位信息的互联互通，形成了以工业物联网为基础，以设备全生命周期管理服务为主线，以数字化服务技术为支撑的设备健康信息管理及服务体系，如图 1-25 所示。

围绕动力装备的全生命周期健康管理信息服务，陕鼓动力提出了基于 CDP 三重循环及闭环控制的制造服务模式及保障体系结构。针对 C 循环（基于故障闭环方面），通过对动力装备数据智能采集，监测诊断系统，融合装备出厂前高速动平衡信息、试车信息，集成装备领域专家运行维护经

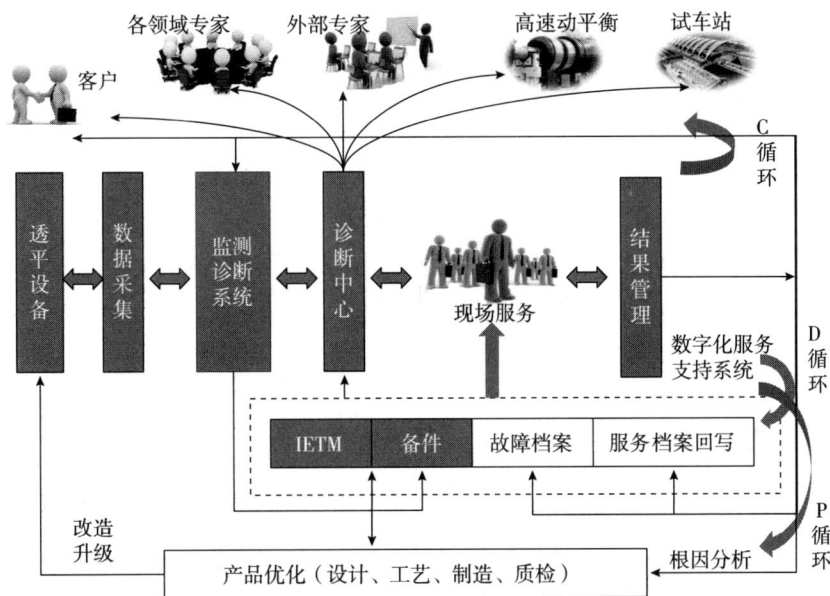

图1-25　设备全生命周期智能健康信息管理及服务体系

验和外部专家信息构建动力装备远程维护和运营中心。针对 D 循环，以远程维护和运行中心数据为驱动，针对动力装备的现场服务提供融合设计、制造及运行全信息，实现快速平衡服务支持、数字化维修手册支持与远程可视化维修服务支持。P 循环主要依靠多维信息融合技术、大数据分析挖掘，从同等类型、同等故障、同等服务环境等多个方面研究设备的设计、加工、制造缺陷，为新设备的设计制造环节完善提供直接证据。

依托该平台，陕鼓已经为千余台机组提供了基于全生命周期健康管理服务，有 305 位技术专家在中心为包括法液空在内的 200 家客户提供 24 小时在线服务。该技术使设备现场故障率降低 80%，达到国际先进水平。

在制造业服务化的过程中，陕鼓动力一方面积极完善相关远程监测和故障诊断应用技术，另一方面有目的地针对流程工业用户及装备服务企业，积极开展有关云服务的需求调查和技术储备，注重地方、全国乃至全球企事业单位的资源整合、技术创新和信息共享，打造了以动力装备服务业务为核心的产业价值网络和生态系统，如图 1-26 所示。

（2）创新业务流程和工作方式。陕鼓以"打造工业服务产业"为目标，以全部产品及关联产业为基础纽带，依托能源转换设备系统解决方案，借

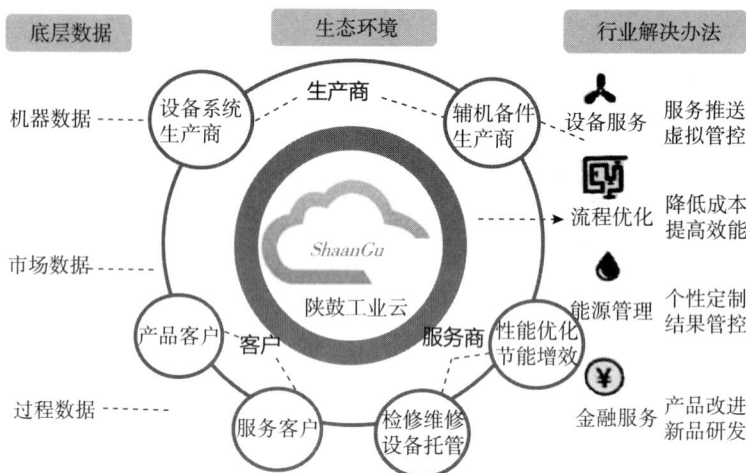

图 1-26　基于透平工业生态圈的设备全生命周期云服务架构

助"互联网+"智能服务平台，整合全球资源，逐渐形成了全托式维保服务、备件零库存服务、TS 模式、在制造服务、旋转设备简况状态监测及准段服务、EAOC 能效优化服务、安装调试服务、检修维修服务、设备专用油液体服务、第三方设备 IMO 能效提升服务等 13 种系统服务模式和业务流程，择要简介如下。

全托式维保服务是一种贴近用户、立足用户实际需求，为用户提供专业化、差异化的"保姆式"维护保养服务的模式。公司从组织机构上组建了宝钢湛江、中煤平塑、沙钢、鞍钢、唐山地区等多个全托式维保服务团队，成立了专家团队并整合外部资源，吸收 GE 服务体系，提高陕鼓动力系统解决能力。

备件零库存服务是一种集约化共享式备件服务平台。用户和陕鼓共同出资生产储存关键、高价值备件，在陕鼓备件库统一储存、管理，多客户共享使用，根据行业需求，分别建立了常规备品备件服务、硝酸备件联盟、空分备件联盟等，通过备件零库存服务，缩短了备件周期，实现了备件"零等待"。

TS 模式是面向冶金等成熟领域的一套行之有效的新服务模式。它基于客户需求，通过战略合作、高层互动、深度挖掘、资源整合，利用陕鼓服务核心专长和优势资源的集成，在用户设备管理领域进行潜在价值的深度挖掘，向客户提供一体化系统解决方案，为用户创造价值，提升用户竞争力。从用户工业全流程功能、用能的角度出发，对用户工业全流程进行能耗评估，挖掘出远程故障诊断解决方案、工业循环水系统能效分析及节能项目、烧结尾气余热回收利用技术等 12 项客户需求。通过 TS 模式实现了从单一客户向纵深挖掘的拓展，将合同额从最初的 180 万元拓展到 7183.1 万元，累计挖掘并推广客户 38 家，涉及金额 55 亿元。

陕鼓作为面向客户需求的产品服务系统提供商，还致力于为客户提供集产品和咨询设计服务于一体的全面解决方案，提升项目设计和项目承接能力。陕鼓还积极开拓能源基础设施运营服务，进行工业气体运营、污水处理运营。

1.4.3　建设成效

陕鼓动力"能源互联岛"实践充分展示了服务型制造的支撑条件在传统制造业向服务型制造转型过程中的巨大贡献，创造了陕鼓服务型制造转型的创新之路，实现了一个同心圆的放大效应，分两个阶段，如图 1-27 所示。

第一阶段是以产品设备为圆心，将同心圆放大，带动了机组成套、服务、EPC、金融、运营等业务，为客户提供能量转换设备的系统解决方案。第二阶段是以分布式能源系统解决方案为圆心，带动机组设备、EPC、服务、金融、运营五大产品加品牌，实现从客户的系统需求角度考虑解决客户全部问题。

陕鼓的同心圆放大效应带来了丰厚的经济效益和社会效益。经济效益方面，陕鼓服务业务订货占比逐年上升，由 2010 年的 25.2%上升到 2016 年的 67.1%；行业龙头地位进一步凸显，2015 年陕鼓产值占全国风机行业总产值的 12.7%，利润占比达 19.3%，人均利润 14.6 万元，是行业平均人均利润的 3.5 倍；与国际同行相比差距明显缩小，2001 年德国 MAN 透平的人均销售收入和利润分别是陕鼓的 20.2 倍和 22.3 倍，2015 年则大幅降至 1.74 倍和 0.13 倍，陕鼓的人均利润已经超过德国 MAN 集团、西门子集团。

陕鼓的服务化转型还获得了巨大的社会效益。2006 年 3 月，陕鼓受邀参加了由捷克总统和习近平主席共同出席的国宴级圆桌会议，得到了习主席的赞扬与肯定。工信部部长苗圩来陕鼓调研时认为陕鼓的商业模式思路非常好，定位很准。陕西省将陕鼓作为省内企业服务化转型升级的标杆，在省内装备制造企业中推广陕鼓模式。2016 年，陕西省政府工作报告中提

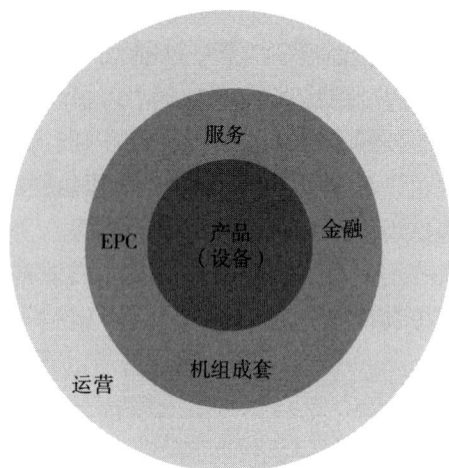

第一阶段

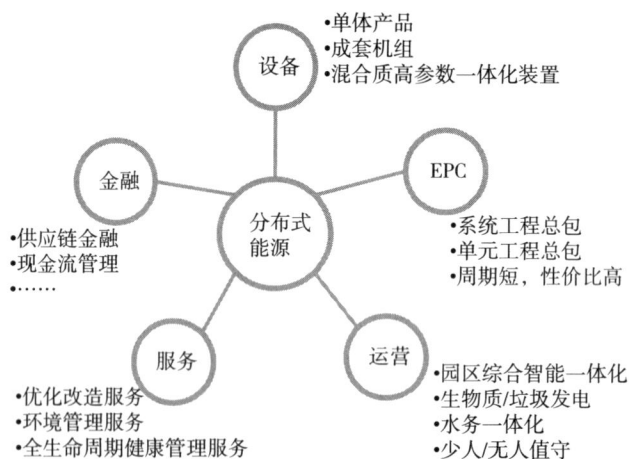

第二阶段

图 1-27　陕鼓动力服务化转型的同心圆放大效应

出，积极推广陕鼓服务模式。已发布的《中国制造 2025 陕西实施意见》中提出推广陕鼓"服务型制造"；《陕西省国民经济和社会发展第十三个五年规划纲要》提出推进制造业服务化，推广"陕鼓服务"模式。近年来，陕鼓动力已经接待 5 万余人次到陕鼓学习服务型制造先进经验。

2 定制化服务模式

(程丽娟　首都经济贸易大学工商管理学院)

2.1　社会环境的变化与生产模式的变迁

2.1.1　社会环境的变化

改革开放以来，凭借惊人的生产制造能力和不断涌现的新产品，"中国制造"迅速崛起，成为全球经济不可或缺的一部分。但是，"中国制造"的崛起更多依赖于低廉的劳动力成本优势，很多制造企业都处于产业链低端环节。随着成本上升、人民币持续升值、国外贸易壁垒日渐增多，"中国制造"也遭遇发展"瓶颈"，大量制造企业面临生存困境。与此同时，随着制造业的成熟和消费者需求的升级，全球经济逐渐由产品经济向服务经济转变，服务业与制造业的界限也日益模糊，制造业的比重呈下降趋势，而服务业的比重则不断提高。顺应这一趋势，国际上一些大型的传统制造企业积极发展各类与产品相关的服务业务，向服务业渗透和转型，服务业务成为新的增长点和利润来源，为这些传统制造企业赢得了持续的竞争优势。在这种形势下，我国也提出要尽快使服务业成为国民经济的主导产业，走出一条服务业与工农业相互结合、相互促进、共同发展的新型工业化道路。对于面临转型和升级压力的中国制造企业来说，把握全球制造业与服务业相互融合的趋势，以市场需求为导向，积极探索和发展相关服务业务，不失为突破当前发展困境、获得竞争优势的战略选择。

现代的企业营销理念经历了从"以产定销"到"以销定产"的转变，在传统的"以产定销"阶段，企业进行生产的依据是顾客的"需要"；在如今的"以销定产"阶段，企业进行生产的依据则是顾客"需要的产品"。在这一营销理念的转换过程中，最显著的变化是顾客由过往的被动接受产品过渡到现在的主动选择产品；与此相对应，企业的生产方式也由按照需求预测生产过渡到按照顾客需要定制，定制的概念应运而生。当前，随着顾客个性化需求的日益凸显，定制化的产品开始备受消费者青睐，而各企业为了在日趋激烈的市场竞争中突出重围，纷纷开始将目光投向了定制化生产模式。同时，随着新兴的互联网技术、通信技术、物流技术、工业设计方法和先进的制造技术等迅速普及与发展，定制化生产模式逐渐从理想变为现实，开始在电子产品制造业、汽车制造业、软件服务、电信服务、旅游服务等众多行业推广开来。越来越多的中国企业也紧跟时代潮流，开始探索实施定制化战略。在这一背景下，关于定制化的研究也日益受到企业界和学术界的关注。

定制化产品之所以受到顾客的广泛欢迎，主要原因可以归纳为以下几点：定制的产品属性与顾客的偏好高度匹配、参与定制过程可以提供过程体验和创作自豪感、定制的个性产品可以传递独特的身份识别信息等。Franke 和 Schreier（2008）通过研究验证得出，与标准化的产品相比，顾客对于定制化产品的感知价值和满意度都会更高。对于企业而言，定制化模式不仅能有效改善产品的市场表现，提升销售绩效，同时在促进基于顾客参与的产品创新、培养顾客忠诚、形成差异化竞争优势等方面都具有很重要的战略意义。

2.1.2 生产模式的变迁

工业经济快速发展建设，社会生产力显著提高，有效改善了产品市场短缺的状况。随着经济社会的发展和消费理念的转变，传统大批量、流水线生产和销售方式面临市场多样、资源短缺、成本居高等方面的严峻压力，难以成为企业利润的增长点和发展的竞争点。同时，全球制造业正在呈现新的发展态势和特征，强调重振本土先进制造业，再造高附加值的制造环节成为发达国家制造业的战略重心和政策焦点；智能制造、互联网、大数据等对制造业产业形态、产业结构、产业分工和组织方式的影响加快显现；制造业创新载体由单个企业向跨领域多主体的融合创新网络演进，协同化、互联化的创新平台重塑制造业创新体系。信息技术快速发展建设，尤其是互联网技术快速发展，人们的信息获取更加便捷，所能够选择的商品范围有效增加，对产品的需求也在不断提高，开始逐渐对产品产生个性化需求。经济全球化建设过程中，市场环境快速变化，市场竞争愈加激烈。在客户、竞争、变化一同推动下，市场环境正在快速变化，企业的生产模式也在发生变化。面对从卖方市场向买方市场的不断深化，客户提出的需求是多方面的，主要体现在对产品的内在需求和外在需求。内在需求体现在产品的设计制造过程、性能和功能等方面；外在需求体现在产品的外形构造、颜色和整体布局等方面。客户不是专家，不可能对需求的产品在功能、技术、结构等方面有全面细致的了解。实际上，即便是企业内部人员，如果不是专业设计人员，也不可能对产品的技术参数有全面的掌控。客户提出自己的要求时，一般是依据自身需求或直观体验，对要求做出概念性的描述，或者从功能上对产品用途做出一些定性的要求，这些都需要转化为实际的技术功能参数才能进行有效的配置。客户的需求也具有复杂性和动态性的特点，大部分客户对产品的功能、结构都有不同程度的了解，虽然不够全面，但在表达需求的时候都会受到已掌握知识的影响，往往对产品的不同部分会有不同层面的要求，比如对于产品的外部会更关注结构，有更多的感性需求，而对于内部则更在意功能，对性价比有更多的要求。也就是说，客户的需求是复杂的，获取时应做出相应的判别。

客户需求的动态性表现为需求会随着环境和设计过程发生变化，一方面，随着市场上产品功能的多样性，客户本身对产品的需求发生相应的变化；另一方面，客户会随着设计的进行改变自己的某些需求。比如，当设计与需求有冲突的时候，设计人员会提出让客户修改自己的需求。客户的有些要求没有明确表达，或隐含在其提出的需求之中，产品的有些要求是不必要提出来的。因此，大规模定制模式下的客户需求的有效满足，需要有提供支撑的方法或技术。生产模式转变为从顾客需求出发，产品从设计概念到产品实体过程中，质量功能展开、产品模块化设计、产品配置相互衔接等已经成为实现大批量定制的关键方法或技术。

2.2　定制化生产模式的特点与研究现状

2.2.1　定制化生产模式的概念及特征

托夫勒（Alvin Toffler，1970）在所著的 *Future Shock*（《未来的冲击》）

一书中提出了一种全新的设想，即以类似于标准化或大规模生产的时间和成本，能够提供满足顾客个性化需求的产品和服务。戴维斯（Stan Davis，1987）在所著的 *Future Perfect*（《未来的理想生产方式》）一书中更为具体地发展了 Toffler 的观点，首次提出将这种生产方式定义为大规模定制（Mass Customization，MC）。Joseph Pine Ⅱ（1993）在所著的 *Mass Customization: The New Frontier in Business Competition*（《大规模定制——这种新的商业竞争领域》）一书中，对大规模定制的相关内容进行了完整的描述。他认为，大规模定制是一种先进的生产和管理模式，其主要目的是提供足够多种类的产品和服务，使每个顾客都能以合理的价格找到自己满意的产品。Michael Kay（1993）认为，大规模定制是一种新型的信息技术，用于驱动产品和服务的生产和递送。邵晓峰等（2001）则认为，大规模定制是在大规模生产的基础上，通过对产品结构与制造过程的高效率重组，并采用现代的信息技术、柔性制造技术及新材料技术等一系列高新技术，最后实现大规模生产的较快速度和较低成本，来为单个顾客或者小批量、多品种的市场定制任意数量产品的一种全新的生产模式。这种能满足顾客的具体需求而又不牺牲成本和效益的新的生产方式目前得到了飞速的发展，正在开始成为企业竞相采用的一种有效的竞争手段。目前有很多著名的大公司如惠普、摩托罗拉和丰田汽车等，为了提高其国际竞争力，都在采用这种方式实施生产。有关资料显示，目前欧美的大公司中有 70% 正在按这种生产方式重新规划和经营其生产系统。

大规模定制与大规模生产两种生产模式有显著的不同。大规模生产将所有顾客视为同质的，即不注重顾客之间的差别，主要表现为忽视顾客的个性差异、需求差别和经济承受能力的差别等。大规模生产模式极力追求标准化，即使用标准化的工具、动作、流程和方法，按照固定的时间，生产统一的产品。大规模定制与之相比最大的不同之处是，其建立在产品模块化生产的基础上，注重追求产品设计的个性化，即企业各部门人员可以充分发挥自己的能动性和创造性，为客户提供个性化需求的产品和服务。表 2-1 对这两种生产模式从多个方面进行了比较分析。

表 2-1 大规模定制和大规模生产的比较

	大规模定制	大规模生产
目标	开发、销售和生产多样化、可定制的产品和服务，使顾客能够以支付得起的价格购买自己想要的产品	以大多数顾客能支付得起的低价格开发、生产和销售产品和服务
市场特征	市场细化不均匀、动态的需求	庞大统一的市场、稳定的需求
生产驱动模式	按顾客订单安排生产	按市场预测进行生产
顾客参与程度	顾客参与产品设计开发过程	顾客被动接受产品，难以参与
产品特征	成本低、质量高、可定制、开发周期短、生命周期短	成本低、质量一致、产品单一、开发周期长、生命周期长
产品概念	强调产品性能价值比	强调产品性能价格比
供应链	以顾客增益为中心	以制造为中心
战略	差异化战略	成本领先战略
利润模式	通过差别定价，获取利润的最大化	通过规模效益获得利润
企业生存基础	企业以全面服务为生命线	企业以产品质量为生命线
适应范围	需求不稳定、离散市场	需求稳定、统一市场

从广义层面来看，大规模定制是一种现代的管理模式，面向多样化和个性化的客户需求。大规模定制是建立在大规模生产基础之上的，利用高度的敏捷性、柔性和集成性向顾客提供个性化的产品和服务，并且为了获得规模经济效用，需要尽可能地覆盖所有细分市场。从狭义层面来看，大规模定制是一个完整的系统，该系统需要通过采用信息技术、柔性制造技术和柔性的组织结构来为顾客提供一系列符合其个性化需求的产品，但是在这个过程中所需花费的成本可以做到与大规模生产模式相接近。而大规模生产则更重视规模经济效益，希望通过大量快速地生产同一种标准化产品来降低单一产品的生产成本，从而获得成本领先的优势。该模式要求顾客的需求尽量保持稳定，而且产品的结构也尽量保持不变。所以与大规模生产相比，大规模定制是一个贯穿产品整个生命周期的系统概念，是适应企业发展的新型运营模式。

2.2.2 定制化生产模式的研究现状

2.2.2.1 定制化生产的相关理论和技术

随着客户个性化需求的不断提高、产品利润的不断走低，大规模定制生产技术无疑是解决上述矛盾的重要方法。在这一背景下，国内外众多学者对大规模定制生产的相关理论和技术进行了研究。

Pine 等（1993）对大批量定制进行了系统的阐述，同时给出了详细的定义。他提出，大批量定制是能够提供足够多种类的产品和服务，从而使每个用户都能以合理的价格找到自己满意产品的一种先进的生产和管理模式。

香港大学的 Tseng 等（2005）指明，可以通过对产品进行新的概念和布局设计来实现大规模定制生产模式，为此他们提出了一种面向大规模定制的设计方法学（Design for Mass Customization，DFMC）。该方法的核心是开发面向大规模定制的新型产品族结构（Product Family Architecture，PFA），这种结构形式有利于重用产品设计过程中的元数据。

Huffman 等（1998）研究了大规模定制中面向顾客的个性化需求与产品多样化模式的区别。他们通过实验数据分析出影响顾客对定制产品满意度的两大因素分别为产品信息的展示方式和企业获取顾客需求信息的过程。他们提出，企业在获取顾客的需求信息时，应该详细询问顾客对某个产品特征的偏好程度，而不是简单地采用产品之间的对比方式。一般而言，顾客可以在产品品种相对不太多的产品族中找到让自己满意的产品。

Joneja 等（1998）认为，在大规模定制模式下，一套合适的柔性加工工具集合是必备的，这样有利于企业以大规模生产的低成本来获得可以实现顾客个性化需求的多样化产品。他们接着阐述了融合了模块化和参数化等思想的柔性工具集 MPATS（A Modular Parametric Assembly Tool Set）的实现方法。Mark Thompson 等（2000）则通过电话随机采访 1000 名女性，调查她们对于卫生保健服务的具体要求和偏好，并对她们在保健时间安排、医师的选择和对公共卫生保健课的接受程度等方面的要求进行了整理，这些研究内容为卫生保健领域的大规模定制模式实施提供了有力的支持。

Tu 等（2001）通过采集 303 家制造型企业的数据，讨论了"基于时间的制造策略"（Time-Based Manufacturing Practices，TBMP）与顾客满意度之间的关系，认为如果企业基于时间的快速响应能力较强，则该企业大规模定制能力也较高，从而可以得到更高的顾客满意度。TBMP 策略与日本丰田提出的 JIT（Just-In-Time）策略比较类似，不过 TBMP 更强调对迅速变化的客户需求做出快速响应，侧重于缩短制造过程中端到端的时间，属于一种关注外部的生产系统；而 JIT 则强调完全按需求生产零部件，剔除不必要的生产环节，从而达到降低成本的首要目标，属于一种关注内部的生产系统。

　　Anders Drejer 等（2002）对大规模定制模式下，企业由传统的单个产品独立进行开发的模式逐步过渡为多产品并行开发的模式进行了探讨和分析。Yang 等（2002）则研究面向大规模定制的企业组织管理、产品设计和制造过程的敏捷性评价理论和方法。Yao 等（2003）则针对家具市场的大规模定制问题进行研究，提出了家具制造业的敏捷性生产模型可以用来应对家具市场中复杂多变的顾客需求。Ghiassi 等（2003）认为，网络技术的应用和普及正在迅速改变从个人电脑行业发展到汽车行业的大规模定制模式。他们研究了一种能适应大规模定制生产模式的软件系统。Tseng 等（2005）则针对大规模定制模式下，企业面对顾客的个性化需求，如何控制成本和安排制造工序这一关键问题进行了探讨。他们提出，可以采用人工智能领域广泛应用的 CBR（Case-based Reasoning）方法来构造新的 BOM（Bill of Material）表，以便为企业节约生产时间和成本。

　　Labarthe 等（2007）认为，在动态的以顾客为中心的供应链研究的背景下，经典的预测模型已经不能再胜任。鉴于此，作者采用了多智能系统来仿真动态供应链，提出了一个多智能体仿真框架，并以高尔夫球行业供应链进行了框架阐述。Helms 等（2008）提出，在大规模定制环境下，可以在电子商务中融合知识管理的理念，把顾客喜好信息进行储存、管理和评估，这样更加有利于企业实施大规模定制。Jiao 等（2007）则是通过启发式的遗传算法来进行产品多属性组合的优化求解，通过选取产品各个属性的特定属性值来实现顾客和企业的双赢。

　　国内的清华大学、浙江大学等众多著名大学和研究院所在国家 863 计划 CIMS 主题及国家自然科学基金的资助下，也开展了大规模定制的相关理论和技术的研究，并取得了不少理论及应用成果。祁国宁和顾新建等（2003）在《大批量定制技术及其应用》一书中描述了实施大规模定制的三大基本原理——相似性原理、重用性原理和全局性原理，分析了大规模定制的机理、优化模型及相关的设计开发技术、管理技术和先进制造技术，并列举了大规模定制在汽车、家电、机床、航空、船舶、服装和软件等行业的应用情况。

　　随着对大规模定制研究的不断深入，关于大规模定制实施方法的研究重点也发生了转移，由原来只关注如何提高企业的制造能力，实现以大规模生产出的成本制造出满足顾客多样化需求的个性化产品，逐渐转变为如何鼓励顾客更多地参与到产品的设计过程当中。因此，现在更多的企业将产品的设计和制造等过程逐渐开放给顾客，并以顾客为中心组织生产，让顾客加入到新产品的开发过程中已经成为大势所趋。

2.2.2.2　定制化模式下的市场营销问题

定制思想最早是由 Toffler（1970）提出的，Pine（1993）则第一次对大规模定制概念进行了系统的论述，随后定制的重要性开始受到各界的广泛关注，并涌现了大量的学术理论研究和企业实践应用。20 世纪 90 年代，大量研究集中探讨了大规模定制的基本概念和分类层次、有可能影响大规模定制成功实施的各种因素及大规模定制与其他生产方式相比存在的优势和局限性等。与此同时，机械设计与制造领域的专家学者们则从该生产模式的实施可行性角度出发，系统研究了大规模定制的实现方法和所需要的相关技术等问题，他们所总结的主要关键技术分别有柔性制造系统、模块化生产及延迟生产技术（如订单解耦点的确定）等。有关大规模定制生产模式下的市场营销问题则是在 2000 年以后才开始引起一些学者的关注，从顾客角度来探讨如何有效实施定制化战略近年来一直是研究的热点，主要研究内容可以划分为以下几个方面：

（1）顾客对定制化产品的态度、接受意愿及其影响因素。如 Bardakci 和 Whitelock（2004）针对英国消费者对定制化产品的认知和主观态度进行了研究，并分析了影响他们接受大规模定制模式的各类因素。Simonson（2005）则构建了一个概念模型用于描述消费者接受定制化产品的整个过程，并指出可以影响他们是否决定购买的主要因素为产品的性价比、定制承受的风险及可收到的回报比、产品或服务的类型（如属于必需品或者奢侈品）、感知匹配及吸引力等，同时偏好构建、对营销人员的信任、决策背景等因素对该影响具有调节作用。Kramer 等（2007）则将文化背景因素引入消费者选购定制化产品的研究当中，而且通过实证研究发现拥有集体主义导向的顾客更乐于接受定制化产品的推荐。

（2）定制化产品选购情境下顾客的选择行为模型化。与标准化产品的选择任务相比，产品定制决策任务具有一些独特的属性：①产品定制在本质上是对多个产品属性进行自由组合的过程，即顾客必须在各个产品属性及其对应选项水平或附加项目之间进行取舍，而不是像标准化产品那样在竞争产品或品牌之间进行权衡。同时，提供定制化产品的厂商必须根据顾客的多次选择才可以定制出最终的产品。因此，产品定制过程是一个比较复杂的多步骤的决策任务。②产品定制是一个有序的动态决策过程。顾客需要对各个产品属性及其选项水平或其他附加项目进行连续的选择，最终才能形成完整的产品。其中每次的选择都不是孤立的，通常每个选择之间都可能存在一定的内在联系或约束。一些学者和研究人员基于产品定制任务所具有的上述特征，开发了用于研究定制化情境下顾客多次选择行为的模型。如 Liechty 等（2001）设计了一个选择菜单实验（Choice Menu Experimentation）用来收集样本数据，从而对以多个选择变量作为因变量的离散选择模型进行了估计，为研究定制化情境下顾客多次选择行为之间的相关性提供了一种新的方法。

（3）顾客对产品定制模式的偏好和决策问题。产品定制化过程中的方案选择是有别于标准化产品选择的新型决策行为，而目前大部分学者对于定制化情境下的顾客决策行为及其影响因素还不太了解。因此，探讨在定制化的情境下，不同的产品定制规则、选择方式（如可供定制属性和选项的呈现方式）及定制模式等会对顾客的决策行为产生怎样的影响，是一个兼具基础理论和营销实践意义的重要问题。Dellaert 和 Stremersch（2005）采用情境实验的方法分析顾客喜欢某种特定定制模式的原因。研究发现，定制界面的复杂性和顾客感知到的定制产品效用是影响顾客是否愿意参与产品定制过程的主要因素，同时顾客经验会调节这两个变量的影响程度。Levav 等（2010）同样采用情境实验的方式，设计了西服定制和汽车定制两个实验收集数据，最终发现可定制产品属性的呈现顺序会影响顾客对各属性水平的相对偏好，从而影响其定制决策结果。金立印和邹德强（2009）则对定制化情境下的消费者决策问题进行了综述与展望。他们系统回顾了探讨定制化产品或服务相关决策问题的国内外主要文献，其中重点梳理了有关参考点依赖与损失厌恶原则、目标及动态自我调整体系对定制决策过程的影响，还有分析定制化任务与一般决策任务的区别等问题的相关研究成果。

除此之外，还有不少学者对定制化情境下的顾客感知价值、顾客体验和满意度等问题进行了探讨。Guilabert 和 Donthu（2006）开发了用于测量顾客定制化敏感性（Customer Customization Sensitivity）的量表。Kurniawan 等则对标准化产品选择和产品定制任务中的顾客决策质量进行了比较，发现参与产品定制的顾客对产品本身和定制过程都更为满意。Franke 等（2010）发现，顾客对定制产品具有更强的特殊感，并指出这是影响顾客积极体验和产品定制参与意愿的重要因素。王晶等（2008）则对产品定制化过程中顾客参与程度和顾客满意度之间的关系进行了探讨，并发现顾客在设计阶段的参与程度越高，其满意度也越高。

《》总体来看，截至目前，关于定制化生产和服务模式的大量研究均是围绕企业战略和实施技术等问题展开的。虽然 Tseng 和 Piller 早在 2003 年就提出"定制过程中的消费行为"应成为未来大规模定制研究的重点方向，但顾客视角下的产品定制研究才刚刚开始，而且还是以聚焦于顾客为什么喜欢定制化产品胜过标准化产品的研究居多，针对产品定制过程中的顾客决策行为特征和心理机制等问题进行探讨的研究为数甚少。

2.3 顾客个性化需求与定制化生产

2.3.1 顾客个性化需求的出现

顾客可分为内部顾客和外部顾客，内部顾客即企业员工和供应商，外部顾客即消费者或最终购买者。在以顾客为中心的管理中，顾客代表着市场上最终的需求方，这包括个人顾客和企业顾客。在工业生产时代，客户的需求发生了显著改变，对产品的统一性及稳定性十分关注，这样也就造成工业行业发展无法满足客户实际需求，如针对特定土壤环境的土壤管理、针对特定地理位置的水力发电机的生产等。当顾客个性化需求出现后，要准确提供顾客所需的产品和服务，企业仅实施大量定制是不够的，还需要顾客的参与，实施顾客化定制。顾客化定制是定制生产的新的发展阶段，和大量定制相比，顾客化定制不再将顾客与企业运作隔离开来，而是看成企业价值创造过程中不可分割的一部分。顾客化定制能够更精确地满足顾客个性化需求。

在短缺经济引导之下，市场竞争力较为有限。在社会经济转型过程中，客户对于个性化需求不断提高，这样造成市场竞争十分激烈。经济正在全球化建设过程中，对市场造成严重影响。客户群体及激烈竞争造成市场环境快速变化，企业难以及时对市场变化进行了解。工业时代传统大批量生产已经无法满足客户现阶段实际需求，这样就会造成产品出现过剩情况。只有在满足客户个性化需求情况下，才能应对市场变化，可持续发展建设。部分企业在运营过程中，会产生的客户需求越加不合理。

在企业销售产品种类发生改变的情况下，产品预售难度不断提高，产品生产方案难以有效落实,产品销售数量下降,对企业稳定运行造成严重影响。大批量生产模式对企业稳定生产建设具有重要作用,同时还能够对企业产品生产进行有效控制,但是市场瞬息万变,传统大批量生产模式已经无法满足市场运行需求。客户需求发生了本质性改变,传统产品无法满足客户实际需求,制造行业呈现出多样化特点才能够有效满足客户需求。

顾客已不再是被动的购买者,而是积极的价值创造者,顾客甚至被认为是企业核心竞争力的新来源。顾客开始成为企业的伙伴。企业在引导顾客的需求预期和提高产品的市场接受程度等方面与顾客的合作在不断加强。尽可能地满足顾客需求、增加顾客价值成为企业关注的焦点,这是因为企业的产品和服务只有满足了顾客需求才能转化为最终的利润。对顾客需求变化的适应能力成为企业生存的决定因素。

2.3.2 定制化生产

大规模定制的时代,顾客不仅可以设计自己的手表及 T 恤,在德国甚至有超过 70% 的汽车拥有者开始在线设计自己的汽车。定制一件商品不再只是少数人参与的小众活动,而逐渐成为个性化时代比较流行的产品购买方式。人们普遍认为,定制化产品之所以受到欢迎,是因为它们更能满足顾客的个性化需求。Franke 等(2009)除了通过实验验证定制化产品与标准化产品相比更能让顾客满意之外,还提出了顾客参与设计过程所带来的心理满足是顾客选择定制产品的重要原因。而有关定制化的研究最初集中在生产管理领域,学者们集中探讨的是结合了大规模生产的成本优势及定制化生产的个性化特征的新型生产方式——大规模定制。后来研究逐渐扩展到其他领域,现在无论是生产型企业还是服务型企业对大规模定制化的概念一点都不陌生,许多企业已经将这一理论直接应用到实践当中。

定制化生产模式与传统的大规模生产模式相比,可以充分满足不同消费者的个性化需求,这已经成为普罗大众的共识。顾客能力的提高使顾客不再满足于仅仅作为产品和服务的被动接受者,他们希望能参与企业的运作,特别是希望能参与自己所需产品或服务的设计、制作、定价等过程,成为顾客价值和企业价值的共同创造者。在这种环境下,能够满足顾客参与价值创造的个性化生产运作模式应运而生。如果深入分析顾客个性化需求与企业实施定制化生产模式之间的联系,可以发现虽然大多数顾客都存在个性化需求,但是他们能接受的产品定制化程度及参与企业定制化过程的热情存在很大的差别。所以企业对顾客的类型和个性化需求进行分类，并分别设置不同的定制化模式将更为合理和有效（见表2-2）。

表2-2　顾客个性化需求类别与适用的定制化模式

顾客类型（根据产品知识水平）	个性化需求	参与定制的意愿	适用的定制化模式	举例说明（以小米手机定制为例）
初级顾客（新手型）	低	低	初步定制（只需定制极少部分模块化的产品属性）	顾客在购买小米手机的后盖后，通过社区上传自己喜欢的照片，由小米将照片印在后盖上，从而完成个性化定制后盖的制作
中级顾客（中等知识水平）	中	中	中等水平定制（需要定制的产品属性数量处于中等水平，可以对产品设计提出多种建议和反馈，但是不直接参与产品设计工作）	顾客（尤其是小米手机的资深用户）通过社区提交使用反馈，企业将这些反馈应用于产品的更新。虽然具体的设计仍由企业完成，但顾客的提议起了很重要的作用，可以说，顾客参与了产品制造的前期决策过程
高级顾客（专家型，如产品发烧友）	高	高	完全定制化（需要对产品属性的各个方面进行个性化选择和设计，可以提供产品创意甚至直接介入产品原型设计）	顾客直接介入产品的设计与更新，主要反映在MIUI系统主题的设计过程中。这类顾客区别于普通用户，可以说都具备了产品设计的专业素养

2.4　定制化生产的服务传递和价值创造机制

2.4.1　定制化生产模式下的服务内容和价值

定制化生产模式之所以能够受到广泛的欢迎，除了可以提供充分满足消费者个性化需求的产品之外，还在于提供了其他生产模式无法给予消费者的各种增值服务。所以企业实施定制化生产模式除了给顾客提供了更好的有形产品价值之外，还无形中提供了不少服务价值。要想了解定制化生产模式下的服务传递和价值创造机制，首先应该对定制化生产能提供的服务内容进行分析（见表2-3）。

表2-3　定制化生产模式提供的服务类型

定制类型	定义	提供的服务内容	代表案例
传统的大规模定制	通过模块化的大批量生产来提供部分属性定制的产品，实现较低价格的个性化需求满足	企业在获取顾客个性化需求过程中会提供多项咨询服务。如顾客在线下实体店挑选产品时，企业通常会提供产品顾问、设计师和店长等多人组成的销售团队同时为其服务，让顾客感受到自己的需求并得到了充分重视。另外，在线上，定制化企业也会提供各类定制网站和信息反馈系统，让顾客可以及时反馈自己的需求，同时企业的设计师团队通过远程设计支持系统，以用户个性需求为导向，为其设计专属的产品方案	红领西服、索菲亚家具等
完全的一对一定制	针对每个顾客的个性化需求提供唯一产品的高级定制模式	提供一对一的高端咨询服务，为了给顾客设计独一无二的产品，会动用企业的各项资源，并花费大量的时间、人力和物力来获取顾客真实的个性化需求。顾客可以享受到至尊的VIP服务，并从完全符合自身需求且唯一性的定制产品中获得极大的满足感	奢侈品定制、高级服装定制等
开放式交互平台定制	搭建开放式创新平台或深度交互的用户社区，整合所有利益相关方共同参与产品的设计和制造过程，为用户提供深度定制的个性化产品	利用互联网的及时性和便捷性提供企业和顾客的交互平台，让顾客充分参与产品的设计、生产及销售等过程。顾客可以随时与企业进行个性化需求的沟通，提供产品创意或者使用的反馈意见，甚至直接成为产品的设计师。这些服务内容可以让顾客提前感受到自己成为了产品的设计者和生产者，从而提升了他们的消费者主权意识及对产品的忠诚度和满意度	海尔天樽空调、小米手机等

服务价值是构成顾客总价值的重要因素之一。在现代市场营销实践中，随着消费者收入水平的提高和消费观念的变化，消费者在选购产品时，不仅注意产品本身价值的高低，而且更加重视产品附加价值的大小。特别是在同类产品质量与性质大体相同或类似的情况下，企业向顾客提供的附加服务越完备，产品的附加价值越大，顾客从中获得的实际利益就越大，从

而购买的总价值也越大；反之，则越小。因此，在提供优质产品的同时，向消费者提供完善的服务，已成为现代企业市场竞争的新焦点。

由于定制化产品更加符合顾客的个性化需求，还能让顾客参与产品的形成过程，享受企业提供的定制化服务，所以一般认为相对于普通产品，顾客愿意为定制化的产品支付更高的产品溢价，这部分溢价可以体现出定制化生产模式下的附加服务内容为顾客创造的额外价值。定制化的附加服务所带来的额外价值究竟是如何产生的成为很多专家学者想要解决的问题。Franke 等（2009）除了通过实验验证定制化产品与标准化产品相比更能让顾客满意之外，还提出了顾客参与设计过程所带来的心理满足是顾客选择定制产品的重要原因。因此，可以认为定制化服务所创造的顾客价值部分来源于顾客满意度的提升，而部分则来源于顾客在参与定制过程中所获得的心理满足。

不论哪种定制化生产模式，都会给顾客提供多样化的定制服务。无论是获取顾客个性化需求阶段的咨询服务还是支持顾客参与产品设计阶段的各类服务，都会提升顾客对最终定制产品的满意度，进而提高顾客对企业的忠诚度。顾客满意度和忠诚度的提升是目前所有制造型企业积极尝试制造业服务化战略的终极目标，因此定制化生产模式成为了最好的实现路径。与此同时，顾客参与产品的定制过程，不管是深度参与设计和生产阶段还是只部分参与设计阶段，都会给顾客带来心理满足感。而这种满足感所创造出的顾客价值可以用禀赋效应（Endowment Effect）来解释。所谓禀赋效应，是指拥有一件东西会让你高估它的价值。在人们拥有一件东西之后，人们会倾向于认为自己拥有的事物比别人拥有的同样的事物更有价值。顾客不管以何种方式参与产品的定制过程，都会增强自己的消费者主权意识，即认为自己成为了产品的设计者和生产者，并感受到自己提前拥有了这件产品，产生了禀赋效应，从而高估该定制产品的价值。

定制情境下的顾客感知价值主要由功能性价值、独特性价值、象征性价值、享乐性价值、自我实现价值五部分价值构成。在定制化生产模式下，与服务内容和价值相关的要素包括：①便利性。便利性是指企业在定制过程中向顾客提供的便利服务，主要包括定制门店的交通情况和营业时间。交通越便利、营业时间越方便顾客，则对顾客的便利程度就越高。②附加服务。附加服务是指在购买产品前后可享受到的服务，包括售前的咨询服务和预约服务、售后的上门服务和送货服务等，这些服务因素可以使顾客得到超值的感受。③技术能力。这一要素包括生产设备、提供专业建议和服务人员技术水平。生产设备是指企业制造服装过程中所使用的一切设备，包括生产的各个流程；服务人员技术主要是指在测量身体尺寸的技师水平，而非一般的服务人员，后者对于定制服装能否做到真正的合体起着至关重要的作用。

2.4.2 定制化生产系统的结构、流程分析与优化

在定制化生产系统中，顾客参与和体验的影响涉及从产品构思到顾客消费产品的整个产品生命周期。而在整个过程中，有形产品和无形服务是相伴而生、相互作用的，企业提供和顾客获取的效用和价值也贯穿于整个过程。定制化生产系统不再是简单的封闭式线性系统，由于顾客参与和体验的影响系统转化为开放式的非线性系统，由有形产品和无形服务构成的复合价值的交付方式也变成了实时的、阶段性的和随机变化的。

对定制化生产系统的结构分析与优化问题的研究主要分为两个方面。建立定制化生产系统模型，分析这种系统在顾客参与和体验的影响下表现的特性，明确其与传统制造系统特性的区别，从提高价值创造能力和转换效率的角度设计其结构和流程的优化方法。

（1）明确定制化生产系统的结构、流程和价值特性，明确其投入、转换和产出的时间与空间关系，分析顾客参与和体验对系统的结构、流程和系统要素等方面的影响，分析企业创造价值和顾客获取服务价值的形式。

（2）在定制化生产系统中，顾客的参与和体验贯穿整个产品形成过程，既是系统价值创造的重要因素，也必然对系统的运行产生重要的影响。为了提高系统价值创造的能力和保证系统的运行效率，必须对顾客人为因素进行有效的控制，包括需求信息采集、引导和约束等手段。在定制化生产系统结构和流程优化方面，设计对顾客参与和体验的控制策略和手段，并分析其有效性，是一个重要的研究内容。

对于这个问题，我们已经初步建立了基于参与和体验的定制化生产系统模型，如图2-1所示。我们在此基础上进行了进一步的分析，主要是应用比较分析的方法，比较定制化生产和传统制造系统价值创造机理的区别，明确顾客在整个过程中参与和体验的内容和形式，从而在产品和服务提供的整个过程的各个阶段确定顾客参与和体验对制造系统的影响。这种影响是连续的、多阶段的、建立在信息交换的基础上的，对其管理的目的是提

高系统的效率和顾客的效用。

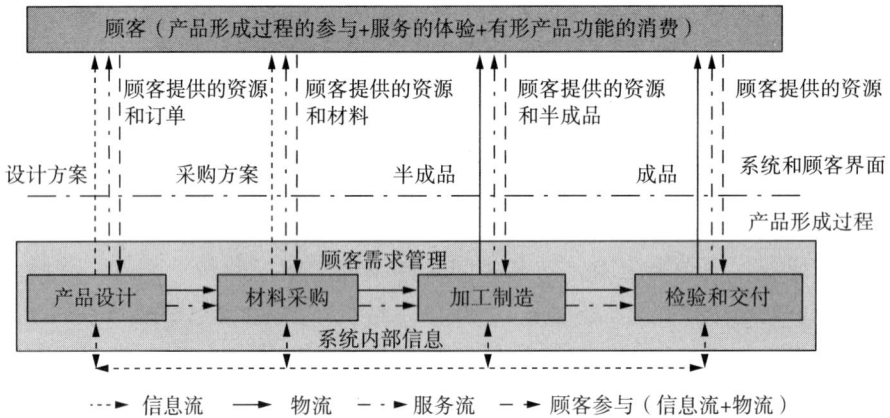

图2-1 基于参与和体验的定制化生产系统模型

企业实施定制化策略的主要目的是为顾客提供更高的价值，但是能力约束是企业面临的关键问题，因此企业必须考虑如何将有限的定制能力分配到不同的产品属性中。我们通过建立一个定制差距最小化的解析模型来研究定制化生产系统中的企业能力决策行为。由于定制化差距与顾客感知价值呈负相关关系，因此模型的目标函数也可以看作总顾客价值的最大化。另外，我们的研究还提供了一个只考虑产品质量和服务质量两个属性的二维模型的数值模拟，用来阐述企业如何利用解析模型进行能力决策。结果显示，如果总调整成本上限保持不变，而且调整服务质量所发生的单位成本低于调整产品质量的单位成本，企业将会持续将更多的定制能力分配给服务属性（见表2-4）。

表2-4 定制化产品质量属性

产品相关质量	服务相关质量
1. 产品功能	1. 技术支持
2. 产品性能	2. 快速响应
3. 产品结构	3. 交货期
4. 产品材料特性	4. 售后服务
5. 其他	5. 其他

　　当企业接到客户定制产品加工订单时，往往会先组织工艺专家根据客户提供的产品设计及订单要求等信息对该产品的生产过程进行综合分析，在明确本企业加工能力的基础上对生产任务进行分解，确定哪些零部件可由本企业独立完成，哪些需要通过协同制造方式共同完成。协同制造任务需要通过协同生产网络系统发布生产、交货、质量等信息，然后根据反馈结果进行评价筛选，获得各协同制造任务的候选协同企业集，并收集各企业对应制造任务承诺的生产费用、时间、质量等信息，然后构建协同企业选择优化模型，将协同制造任务分配给最适合的协同企业，找出在能使企业获取最大定制经济效益的同时使客户满意度达到最大化的最优协同生产方案。从企业获取产品订单至将所有制造任务分配给最适合的各协同企业及企业自身的过程，为产品定制协同制造资源配置过程，如图 2-2 所示。通过图 2-2 可知，产品定制协同制造资源优化配置涉及客户层、企业层、协同企业层等，需要考虑的因素众多。客户总是追求自身满意度最大化，希望产品质量、交货时间、所需费用等达到自身最大意愿，而企业追求的是自身生产经济效益的最大化。然而，企业定制经济效益与客户满意度两者往往不能同时达到最大，两者之间总存在一个相对博弈的过程，因此产品定制协同制造资源优化配置方案不仅需要考虑企业自身定制经济效益的最大化，还需要考虑客户的满意度，只有使客户满意度和企业定制生产经济效益两者之间达到最优博弈平衡的方案，才是最优资源配置方案。

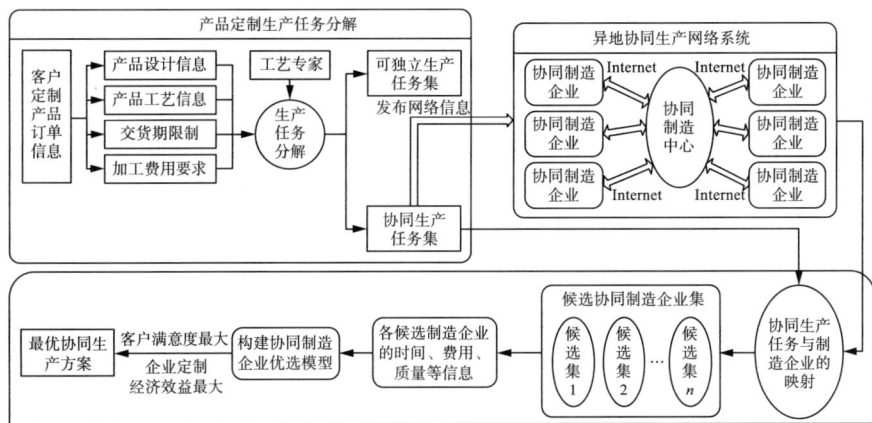

图 2-2　定制化生产系统的结构和流程

2.4.3 定制化生产系统中的价值形成和传递过程

学者们对顾客价值进行了不同维度的划分，其中企业角度的研究将顾客价值划分为价格、绩效和个性化三个维度，从顾客角度理解顾客价值，将其分为产品价值、个性化价值、服务价值和成本价值四个维度。定制化生产系统中的价值形成除了产品价值、服务价值、成本价值外，主要来源于定制化服务的价值。产品的固有属性通常被认为是产品价值，因为能够满足顾客需求。若一种产品无法满足顾客的需求，就没有什么存在的价值。产品的一些基本特征，如功能、特性、质量、样式都可以构成产品的固有属性。但产品价值不仅仅局限于产品的固有属性，还包括产品质量、创新及品牌。对于满足消费者需求的产品趋向于同质化竞争，有更多企业将其竞争优势的获得立足于为消费者提供更多的服务价值。这种服务通常依附于产品，通常表现为维修、送货上门、安装、调试等。顾客价值被认为是顾客获得收益与付出成本之间的函数，因此将成本价值作为顾客价值的构成要素很有必要。调查发现，顾客对成本的解读方式主要有两种，即合理价格和超值价格。所谓合理价格，也就是市场上现行的该种产品或服务的价格；而超值价格往往高于合理价格，因为顾客会认为其提供的产品或服务要优于别的企业。顾客所付出的成本除了产品的价格之外，还包括精力、时间、情感等。当今时代有更多的人追逐个性，以自我为中心。那些以顾客价值为导向、对顾客给予关注的企业很容易获得顾客的支持。定制化的策略考虑到顾客以自我为中心的心理，能对顾客的需求迅速做出反应，还能与顾客建立长期合作的关系。

定制化服务的价值通常取决于定制化程度。定制服务是企业在大规模生产的基础上，将每一位客户都视为一个单独的细分市场，根据个人的特定需求进行市场营销组合，以满足每位客户的特定需求。它是制造业、信息业迅速发展所带来的新的市场营销机会。定制化（Customization）相对于标准化而言，针对每个顾客的特点和需要设计产品和服务，并鼓励顾客参与产品设计，最终达到客人满意和企业利益双赢。但需要强调的是，定制化服务并不等同于完全个性化服务，因为需要考虑到企业的成本和资源。标准化服务虽然能在一定程度上为顾客带来价值，但不能最大限度地满足有着不同需要的顾客的需求，而服务定制化能为顾客带来最大化的顾客价值。定制化服务是按顾客需要提供特定服务，更能满足顾客需要。在企业提供同样价值的情况下，定制化服务时顾客所得到的顾客价值要大于标准化服务时顾客所得到的顾客价值。定制化程度越高，顾客得到的顾客价值就越大，因为它是围绕顾客的细微特定需求进行服务的。衡量定制化程度主要从两个层面进行考量：一是企业在进行服务生产时顾客的参与程度。顾客参与程度越高，定制化程度就越高。如果顾客仅参与购买过程，定制化程度就越低。二是在进行定制化服务时针对顾客"特定"需求的细分程度，细分程度越细则定制化程度越高。

定制化生产系统中要根据定位的客户进行定制产品的设计开发，企业和客户之间互相沟通获取客户订单，进行产品的生产、配送，为客户提供售后服务并根据客户对企业贡献的价值进行分析、分类，选择后的客户及新加入的客户的需求信息传递到第一阶段，进行定制产品的重新设计开发。在定制产品的设计开发阶段，大规模定制企业基于已有的客户基础或要定位的客户，从客户数据库中提取有用的信息，主要依靠企业的设计部门进行大规模定制产品的设计开发。在大规模定制这种生产方式下，产品的开发面对的不是单一产品，而是系列产品的开发，产品平台和产品族是进行大规模定制系列产品开发的基础。产品族是指共享通用技术并定位于相互关联市场应用的一组产品，它是一种利用有限的开发、制造和服务来经济地发展产品多样性的方法。产品族是在通用关键技术基础上高效开发的一系列派生产品。这个关键技术基础被称为产品平台。产品平台和产品族的建立，使实现产品的多样化成为可能，通过对通用部件和个性化部件的选择，从而快速配置出满足个人需求的产品，进而满足客户的个性化需求。

定制服务、订单的获取阶段，企业的销售部门通过电子商务平台和其他沟通方式，与客户进行互动沟通为客户提供定制服务，并获取客户的订单。此过程需要设计部门的参与是因为大规模定制企业为客户提供的现有选择有可能不能满足客户的个性化需求，此时就需要销售部门与设计部门一起来共同完成定制产品开发。以电子商务平台为例，企业根据上阶段的产品模块化设计，将一个产品分为几个独立的可以自由组合的可选部分，然后将其通过电子商务系统放置在自己的网站上供客户选择，或者通过其他的方式，如图纸、模型等。当客户需要产品时，可以登录企业的网站根据商家提供的在线产品来选择自己所需要的产品或者根据可选部件来定制自己需要的产品。如果客户对已有的选择感到满意，客户就可以向定制企业下订单。当企业所提供的选择不足以满足客户的需求时，客户可以告诉企业，此时企业就会派专家与客户进行沟通，将客户加入到产品设计中来，使客户的需求信息能够在产品设计中得到体现。然后定制企业将产品设计情况反映给客户，让客户进行确认，如果满意，客户就会下订单，如果不满意，客户将与定制企业再进行沟通直到客户感到满意为止。至此，定制企业与客户的互动沟通才算结束。

产品的生产、配送阶段，企业的销售部门将得到的客户订单信息及时地传递到生产部门，生产部门根据得到的产品需求信息及时安排生产计划，相应地制订各种物料需求计划，并与供应商通过电子商务平台及时进行联系，让供应商在第一时间得知企业的原材料和零部件需求信息，及时地调整供应商的生产活动，这样才能够使供应商在正确的时间提供正确的原材料和零部件。第三方物流公司在这个阶段的作用是非常重要的，因为其拥有专业优势，能够为企业快速地配送原材料、零部件和产品。供应商委托第三方物流公司完成原材料和零部件的运输任务，当企业将客户所需要的定制产品生产出来以后，就通过第三方物流公司快速地将产品配送到客户手中。大规模定制企业不仅像传统企业那样为客户提供上门安装、上门维修、若干年质量保证等服务，还可以通过加强品牌建设、与客户达到共鸣等措施，使客户感受到购买大规模定制企业的产品是物有所值，甚至物超所值，增强客户的满意感。①品牌建设。品牌是一个企业建立、保持企业形象、客户忠诚度、长期利益和竞争优势的重要工具，它代表了企业向客户长期提供的一组特定的利益和服务。最好的品牌代表了高质量、高可行度等。品牌能够使产品和服务产生高的附加价值，大规模定制企业将更加注重品牌方面的建设，努力使企业的品牌变得更有价值。②与客户产生共鸣。共鸣是企业持续开发市场并保持竞争力的价值创新给客户带来的价值最大化，以及由此所带来的利润最大化。通过将企业的创新功能与客户所珍视的价值联系起来，为客户提供价值创新直到使其获得最大程度的满足。客户的效用最大化要求企业从客户价值角度为客户提供实际的产品和服务价值效用，当客户达到了效用最大化，体会到价值最大化的满足，将会成为企业的终生客户，使企业与客户产生共鸣。

客户在使用定制化产品的过程中，可能会对产品的使用情况、需要改进的地方提出意见，这就需要企业主动地与客户进行联系，以求获取这些信息。客户关系的管理是大规模定制企业与客户保持及时联系的重要手段。通过客户关系的长久建立，可以对客户的产品使用情况进行跟踪，可以对客户的购买行为和价值取向进行分析，为企业挖掘新的销售机会，可以从客户的反馈信息中对产品进行重新分析和设计，对未来产品的发展方向提供科学量化指导。不同客户对企业的贡献是不同的。客户一般可以分为三类：最有价值客户、最具增长客户和负值客户。对于大规模定制企业来说，最有价值客户和最具增长客户是企业应该重点对待的客户。对于最有价值客户，要进一步保持与其建立的良好关系，使其成为企业最为忠实的客户；对于最具增长客户，要采取发展的策略，使其进一步向最有价值客户转变；对于负值客户，应该将其排除在外。对于如何划分客户，有多种方法，聚类分析是一种有效的方法之一。聚类分析的一般步骤是首先进行评价指标的选取，企业可以根据企业自身的情况进行选择，如客户收入、购买量、购买次数、利润等；其次根据所选取的指标进行相关数据的收集；最后对这些数据进行聚类分析，并形成客户分类。

营销过程不断重复循环，对客户进行分类，并根据企业的情况选择对企业贡献较大的客户，同时将客户的需求变化信息存储到客户数据库中，以供设计部门提取使用。第一轮的营销过程结束并不是营销过程的结束，而是下一轮营销的开始。企业的设计部门根据上一轮的客户变化情况，并同时考虑新加入客户的需求，进行产品的再次设计开发，从而使产品更加适应客户的真正需要。下一轮的营销过程也将经过客户订单的获取、产品的生产和配送及售后服务、客户分析这几个过程。面向大规模定制的最有价值客户营销过程是一个不断循环的过程，大规模定制企业会不断地吸引更多的最有价值客户，并成为其忠实客户，企业也将为这些客户提供更加优质的服务，从而使企业和客户获得双赢。

定制化生产系统中效用和价值的构成要素和结构是分析价值形成和传递过程的条件。在传统制造系统中，系统对于顾客来说是未知的。而通过参与和体验向顾客开放系统，实质上减少了系统对于顾客的不确定性，由此实现了系统的效用和价值的提高。这可以归结为信息传递和减少不确定性的问题，可以在信息论中找到有效的分析方法。在进行顾客参与和体验的价值研究方面，信息论是一个有效的基础理论工具。另外，定制化生产区别于传统制造过程的一个突出特点就是运作过程中顾客与运作系统更加频繁的信息交换和传递，因此，对定制化生产的研究也必须重视信息在运作过程中的作用。

对定制化生产系统价值形成过程的研究可以概括为"两个建模"，而对价值传递过程的研究可以概括为"两个优化"。在两个节点处（顾客和企业）分别建立价值形成模型，并以此为基础，在两个过程（信息传递过程和系统运作过程）中研究价值传递机制。

（1）建立基于顾客行为模式的价值形成模型。这个模型以消费者心理理论为基础，着重考虑参与和体验过程中顾客成本的付出和顾客满意的形成，分析在系统产品属性和顾客期望共同作用下顾客效用和价值的实现过程。

（2）对转换系统（企业）的建模。着重研究定制化生产对于企业的价值创造过程，建立以效用和成本分析为基础的定制化转换系统模型，并分析模型的特性，揭示顾客参与和体验对企业的效用和价值形成机理。

（3）对信息传递过程的优化。即如何通过恰当的参与和体验方式，将顾客的需求信息准确地传递给定制化生产系统，同时将系统的服务信息传递给顾客，以使顾客的需求得到满足。这是一个重要的理论问题，研究各种情况下顾客参与和体验的形式、深度、广度和优化策略。

（4）定制化生产系统运作过程优化。系统运作过程即创造价值（产品和服务）并将其交付给顾客的过程，系统运作过程优化的目的是提高该过程的运行效率。系统运作过程的优化需要考虑产品和服务的匹配问题、产品和服务的比例问题、产品和服务交付阶段和时间的问题、产品和服务相互影响的问题等。

对于定制化生产系统的价值的形成和传递过程，在已经建立的定制化生产系统结构模型和流程（见图 2-1）的基础上，以信息论为理论基础展开研究。顾客从定制化生产系统得到期望的产品和服务（效用或价值）的过程可用图 2-3 表示。

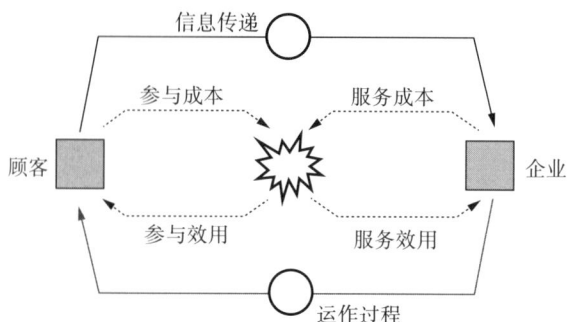

图 2-3 顾客参与和体验的转换过程模型

在实证研究中，大多将图 2-3 右侧部分作为一个黑箱，研究顾客参与和顾客效用及满意之间的关系。这部分研究内容与市场营销问题有密切的关系，本书采用了实证分析的方法，即问卷调查和假设检验的方式，以确定定制化生产系统中顾客和企业价值的构成因素及其影响因素，揭示效用和价值在系统中形成、积累和传递的特性和规律。

本书通过构建测量餐饮服务顾客感知质量的量表，并采用问卷调研、结构方程模型及多元回归分析等定量方法对感知质量、顾客满意和顾客保留三者之间的内在关系进行探讨和研究。将感知质量划分为感知服务质量和感知产品质量两类，并分别研究它们对顾客满意和顾客保留的不同影响。我们还具体分析了构成感知质量的众多维度中哪个维度的影响最大。研究发现：①感知服务质量和感知产品质量都可以显著影响顾客满意，而且感知服务质量的影响更大；②感知服务质量和顾客满意对顾客保留都有显著的直接影响，感知产品质量对顾客保留的直接影响则不明显；③服务的移情性对于顾客满意和顾客保留的影响最大，是构成感知质量的最重要的维度，其他几个维度的重要性依次为服务响应性和服务保证性、特色产品、服务有形性和基础产品（见图 2-4）。

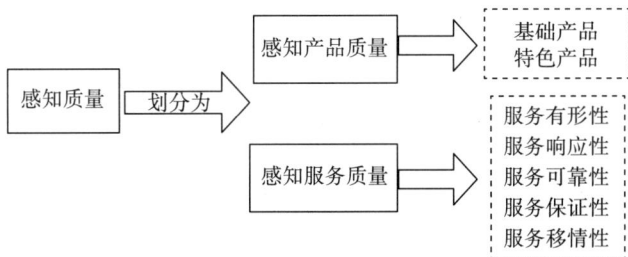

图 2-4　感知质量的构成维度

体验经济时代需要更加个性化地为客户提供服务，需要针对客户的个性化需求进行服务产品的创新设计，我国服务产业升级亟待通过服务业协作实现服务产品创新。本书提出了一种面向资源的需求和服务描述框架，把客户需求的输入、输出资源与服务产品的输入、输出资源作为匹配对象，提出了动态服务组合产品创新设计的问题模型，详述了构造动态服务组合可行解的步骤，建立了问题求解的动态规划模型，实现了动态服务组合匹配的优化求解，在此基础上，给出了营造服务业协作产品创新环境的政策建议（见图 2-5、图 2-6）。

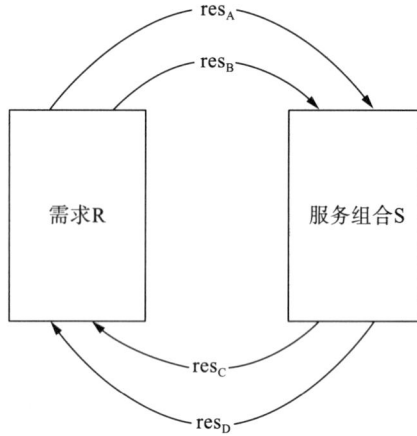

图 2-5　需求与服务组合之间的有效输入输出关系

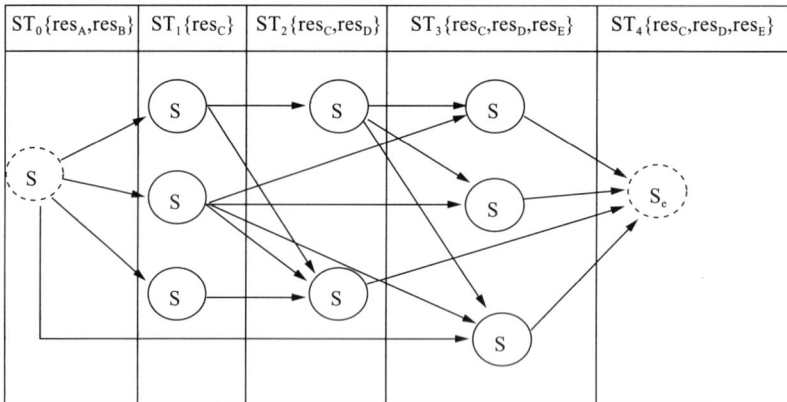

图 2-6　服务组合设计的可行解构造过程

2.5　定制化服务案例

2.5.1　海尔家电定制模式——全流程用户交互

家电制造行业一直以来都是劳动密集型产业，随着国内外市场的萎缩、品牌竞争的白热化及原料成本高涨，尤其是用工荒的加剧，家电行业的转型升级可谓迫在眉睫。关键时期，在任何环节，细微的疏忽都会让企业在变革中处于被动的地位。所以中国家电行业没有"维稳"的概念，再大的品牌也应该做到未雨绸缪，积极思考企业从制造业向服务业的转型，寻找新的利润增长点以保持企业的竞争优势。家电企业海尔从最初生产冰箱，到向顾客提供星级服务来提高产品的附加值，并不断向洗衣机、彩电、空调等家电产品延伸，逐渐发展成为整体家居集成服务提供商，通过海尔家居装饰、海尔整体厨房、海尔成套家电三位一体的集成模式，打造家居集成产业链，为客户提供从设计、施工管理到售后服务的全过程集成服务。

海尔创立于 1984 年，经过 30 多年创业创新，从一家资不抵债、濒临倒闭的集体小厂发展成为全球白电第一品牌。海尔的创新力体现为解决方案和管理模式的破坏性创新。通过打造开放的平台型企业，海尔为用户提供引领的美好生活解决方案。海尔以破坏性创新推进智慧化家电，目标是成为全球家电的引领者和规则制定者。海尔在全球五大研发中心作为资源接口，与全球一流供应商、研究机构、著名大学建立战略合作，形成了以虚实网为媒介的 120 多万名科学家和工程师的创新生态圈。截至 2013 年底，海尔累计申请专利 15737 项，获得授权专利 10167 项。海尔电器以交互平台和配送平台推进平台型的商业生态网，通过打造营销网、虚网、物流网、服务网"四网"融合的竞争力，为用户"24 小时按约送达、送装一体"，提供虚实融合的最佳体验。"四网"融合的竞争优势为旗下的流通渠道日日顺吸引来了国内外著名家电品牌合作，开放的大件物流平台为全国五大电商及家电家具企业提供服务。

2013 年海尔进入了网络化战略阶段。这一阶段海尔集团通过搭建开放式的创新平台，整合利用全球优势资源，让用户需求和全球一流的专业资源在这个平台上实现无缝对接，更好地创造用户价值，实现从大型企业向开放式的平台型企业的转型。通过该平台，海尔集团可以实现按照客户需求来定制相应的家电产品，充分满足大部分客户的个性化需求。到目前为止，海尔已经成功推出了多款创新性的家电产品，并取得了优异的市场表现。

海尔开放创新平台（Haier Open Partnership Ecosystem，HOPE）由海尔开放式创新中心开发并运营，致力于打造全球最大的创新生态系统和全流程创新交互社区，服务于全球的创新者。平台遵循开放、合作、创新、分享的理念，通过整合全球一流资源、智慧及优秀创意，与全球研发机构和个人合作，为平台用户提供前沿科技资讯及超值的创新解决方案，最终实现各相关方的利益最大化，并使平台上所有资源提供方及技术需求方互利共享。

海尔开放创新平台业务说明如下：①通过技术提供方与技术需求方的精准匹配，迅速将技术转化为产品，缩短产品研发和市场化的周期；②通过商业智能实现智能分析与匹配，为用户精准推荐与匹配需求、资源和技术资讯；③通过平台交互，技术方、资源方、普通用户给予产品创意更多的建议和意见，以便于开发者搜集更多实际的、市场化的信息，并不断扩大产品影响力；④吸引极客深度参与交互，寻找第一批合作者和粉丝；⑤平台将提供关于市场分析、融资孵化、硬件开发、软件开发、大数据、工业设计、生产供应、渠道销售等所有环节的优质资源（见图2-7）。

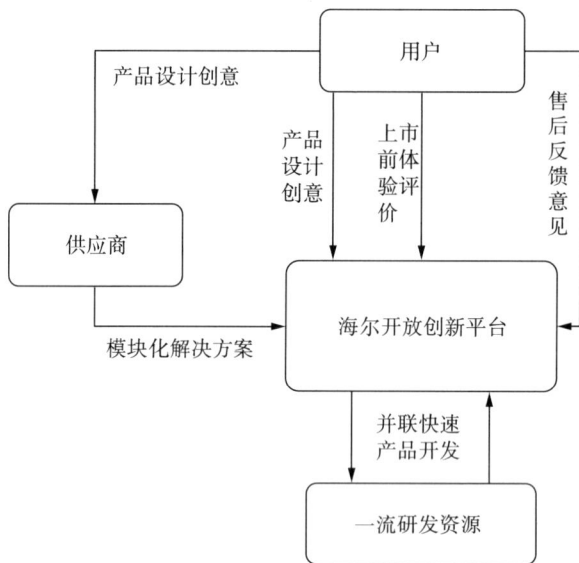

图 2-7　海尔全流程用户交互模式

（1）海尔天樽空调。

1）颠覆。2013年12月26日，单日网上交易量突破1228套，创下空调线上销售史单价最高、销售最快、销量最大的多重纪录。

2）智能。具有智能 Wi-Fi 技术、高效去除 PM2.5 技术；独创"风洞式"设计，摆脱传统空调送风方式，终结"空调病"，带来最舒适的送风体验。

3）协同。超过67万名用户参与互动，全球多家顶尖的研发团队参与创新，多次的试验调整，其研发模式实现了用户价值的最大化和资源利益的最大化。

（2）海尔智慧烤箱。

1）应用型需求。虽然烤箱已经开始风靡，但不少网友都抱怨买了烤箱不会用。于是，如何让不会使用烤箱的人群快速成为烘焙达人成为了社会的需求。

2）邀请式合作。海尔通过 HOPE 平台向全球资源发出诚挚邀请，征集创意及寻找资源合作，短期内吸引大批专业人士的关注，提出了多种可行性方案。

3）资源共享。线上 App 平台的推广也提供了广告资源，抓住客户群体，未来延展性将持续真正地让各方达到互惠互利、共创共赢。

（3）海尔匀冷冰箱。

1）客服型课题。长期以来，冰箱行业内关于直冷冰箱结厚霜和风冷冰箱蔬菜容易风干的问题备受消费者指责，如何改进成为了新的课题。

2）交互引资源。HOPE 吸引全球一流资源交互，第一时间找到了国内此领域最领先的高校，联合海尔供应商共同协作开发出全球第一台匀冷低霜保鲜冰箱。

3）成功合作。通过多方信息和技术的共享，圆满完成既定目标；高校获得前期开发费用及后续项目优先合作权，供应商也因此获得了更多的市场订单。

互联网时代的特点之一是人人可参与，全流程交互用户模式便是这一优势进军商业领域的体现，海尔研发人员在谈到天樽空调研发初衷时曾称之为"用户灵感的交汇"。用户的需求直达研发人员的案头，这是传统模式企业"闭门造车"所无法做到的；对用户需求的"私人定制"让用户对产品始终保持高度关注，这是传统销售依靠后期产品造势和包装来扩大用户群的模式所无法企及的。网络时代下通过交互形成对用户意向的采集和粉丝培养，不仅便捷而且成本低，这一优势正在被广泛接受，海尔对全流程交互用户模式的成功运用充分展现了这一新兴思维背后巨大的商业潜力。

2.5.2　红领西服的 MTM 定制模式

伴随着社会生产力的提高，服装产业从传统的手工制作发展成为流水线加工的工业化大生产，大大提高了服装的生产效率，缩短了生产周期，满足了日益扩大的服装市场需求。然而，随着人们生活水平的提高，消费者对个性化服装的需求日趋增加，因此，大规模标准化的服装生产方式已不再适合市场的发展。虽然多品种、小批量的服装生产模式的出现在一定程度上满足了人们的个性化需求，但这种模式是先生产后选择，试图用服装款式的系列化、多样化来代替产品的个性化，一来不可能满足所有顾客的个性化需求，二来可能会因有些产品生产出来但没被顾客选中而成为库存，给企业造成负担。时至今日，尽管大规模生产服装仍然是服装制造企业的主要生产方式，但这种方式显然已经无法满足消费者的需要。最近一项调查表明，美国50%的女性和43%的男性因尺寸和款式的原因对所购买的服装和鞋子表示失望。随着我国经济社会的发展，服装的生产和制造能力极大提升，多元化、高品质的服装消费需求日益兴起，一些传统服装企业正面临着生产能力过剩和消费者个性化需求始终无法有效满足的矛盾。

因此，在当前的个性化时代，传统的"福特制"规模化生产已无法满足人们的多元化需要，加快向柔性生产转变已成为现代企业发展的共识。其中，个性化产品设计是柔性生产的前提，是提升产品附加值的关键环节，是新时期获取产品竞争优势的重要组成部分。用户需求的变化需要企业提供更快捷、更方便的个性化服务，而信息技术为企业开展用户服务提供了强大的工具。产品设计的信息化不仅重构了研发设计流程，提高了研发设计效率，而且推进了产品设计的数字化和个性化。在服装、家具、家电、汽车等行业，基于信息技术的个性化设计成为企业实现服务化转型的基本途径，红领集团正是我国服装行业推进个性化设计、实现服务化转型的积极探索者。

当前，我国服装业正从低成本竞争走向品牌化激烈竞争。作为典型的传统产业，我国服装业以中小企业为主，各类服装企业超过8万家，其中规模以下企业6.65万家。在服装行业激烈竞争的背后，同质化、低成本竞争是产业发展的基本特征。如何实现产品差异化、增强客户忠诚度、提高品牌影响力，实现从成本导向竞争向品牌和服务导向竞争的跨越，在复杂市场环境中重构服装产业价值链，促使企业向价值链上游不断攀升，是许多企业面临的共同挑战。经过20多年的发展，雅戈尔、杉杉、罗蒙、报喜鸟等一大批国内品牌服装企业快速成长壮大，形成了强大的竞争力量；同时，国外品牌布局中国也加剧了品牌服装的竞争。

目前，国内服装市场消费特性呈现品牌化、个性化，顾客的服装消费选

择日益向知名品牌集中，服装市场品牌化发展日益成熟，且市场集中度逐渐
提高。调查发现，女性服装市场销量前十位品牌基本上都是知名品牌，连续
多年相对稳定和集中，并且领先品牌的市场份额逐年提升。同时，随着收入
水平的不断提升，消费者对流行的判断更趋于理性，更多人开始注重能够体
现自我魅力和风格的服装。尤其是年轻一代，个性张扬，更善于接受新事物，
乐于大胆尝试，个性化服装作为一种街头流行文化而存在，成为时尚、前卫、
自由、热情的生活方式的重要体现。有关研究机构的调查显示，重视个性的
合格的服装才是消费者的主要选择，图 2-8 表示了这一过程。

服务业逐步走向了大规模生产阶段 → 传统"福特制"规模化生产加快向柔性生产转变 → 服装市场消费特性呈现品牌化、个性化 → 多元化、高品质的服装消费需求日益兴起

图 2-8　服装行业的消费趋势

大批量定制（Mass Customization）是一种全新的企业生产经营模式，它
结合了完全定制和大批量生产两种方式的优势，既满足了客户的个性化需
求，又使企业保持较低的生产成本和较短的交货期。大批量定制要通过采
用先进制造技术、信息技术、网络技术等现代先进生产技术和柔性管理技
术来实现。理想的大批量定制是与客户共同设计产品，全面、准确地满足
客户个性化需求，以客户可以接受的价格和交货期，为客户提供个性化产
品，并通过网络和良好的售后服务与客户建立起永久性伙伴关系，最终实
现大批量定制的目标。

大批量服装定制是适合我国国情的、先进的服装业管理模式和生产模
式，包括产品族设计技术、标准化和规范化生产、产品配置设计和快速反
应系统等。它将随着技术的发展逐渐取代大批量生产的生产方式，是服装
制造业发展的必然趋势。

理想的服装生产方式是让消费者先提出需求，然后企业按照顾客的需
求设计并生产出来。于是产生了服装定制生产（Made to Measure，MTM）。
它的特点是服装的款式增多了，但每一款服装的需求量却减少了。在这样
的形势下，能否在不改变产品质量和不增加成本的基础上缩短产品的开发
和生产周期是服装企业制胜的关键。如图 2-9 所示，传统的大规模标准化服
装制造方式带给广大顾客大量质优价廉的产品选择，却在尺寸、款式、颜色
等方面不能满足顾客个性化需要；手工裁缝、贴身服务的制衣方式可以满足
顾客的个性化需求，但由于成熟技师供给能力有限，因此可能会对手工制衣

的工艺的精细度和稳定性造成影响。MTM 模式集成了前两者的优势，能够更全面地满足顾客需要，并在中高端人群中不断攫取大量市场机会。

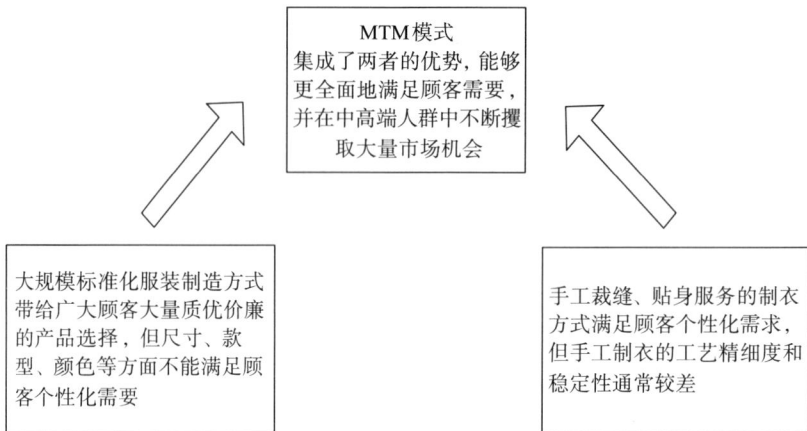

图 2-9　MTM 产生的必然性

一项调查显示，36%的顾客愿意为定制化的服装多付 15%的价格，同时愿意为此等候最多三周的时间。在欧美，MTM 业务已表现出良好的成长性，一大批服装制造企业积极拓展个性化设计服务，包括来自纽约的互动服装公司、英国的 BlackFrock 公司、法国的 Benetton 公司、日本的 HYMON 公司等，并表现出良好的业务成长态势，如英国的 Baird Menswear 西服公司已实现 80%的产品通过 MTM 方式订购生产。在国内，相对于传统的服装制造业而言，MTM 所代表的个性化设计仍处于发展初期的快速成长阶段。红领集团凭借其前瞻性的 MTM 业务战略部署，将信息技术与先进制造技术相融合，实施大批量服装定制策略，实现服装制造快速反应，提高了企业的竞争力。

自 2005 年开始，红领集团经营战略转向高端男正装量身定制 MTM 业务，企业围绕高端量身定制运营模式，确定了以工业化和信息化为"两翼"，通过对业务流程和管理流程的全面改造，建立产品多样化和定制化的大规模定制生产模式，满足了市场的个性化需求和快速反应、迅速交货的要求；保证既能满足客户个性化需求又不牺牲企业效益的批量定制生产方式，实现了个性化手工制作与现代化工业大生产协同的战略转变，从而实现了时尚化、差异化竞争，大幅提升了经济效益。通过两化融合，企业实现了服装生产从传统劳动密集型向高绩效高科技型转变，由纯生产型向创意服务型转化，从而大幅提高了产品附加值。

在两化融合实践过程中，红领集团建成了具有自主知识产权的服装版型数据库系统；建立了面向 MTM 的服装数字化设计制造一体化系统，具备了服装工业化 MTM 的能力；建成了客户快速响应的电子商务平台，实现了信息化、工业化融合的服装 MTM 的设计方法、生产模式、经营模式的创新发展。

红领集团建立柔性和快速响应机制，实现产品多样化和定制化的大规模定制生产需要企业具有准确获取顾客需求信息的能力、根据顾客需求快速开发和设计的能力、柔性制造能力和有效的生产物流管理能力。要实现这些能力，必须有相应的技术系统做支撑。

图 2-10 所示为红领集团基于信息技术的大量定制主要能力和技术生产系统的构成。

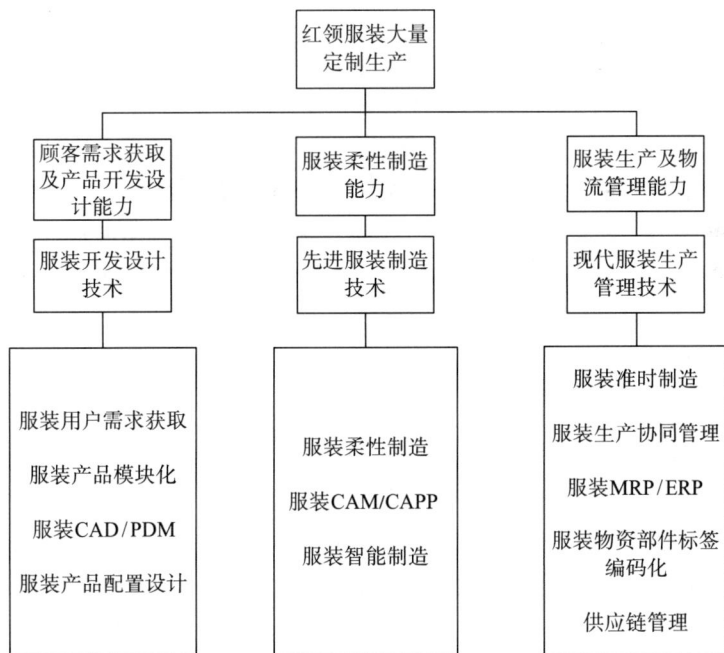

图 2-10　红领集团基于信息技术的大量定制主要能力和技术生产系统的构成

（1）顾客需求获取及产品开发设计能力。

在红领集团服装用户的需求获取方面，公司采用客户驱动的交互式产品设计方法，其目标是缩短开发周期，直接了解客户需求，提高客户对产品的满意度。这是一种设计人员控制下客户参与的产品设计方法。红领客户可以在红领集团在线网上数据库中选择衣服的材质、衬里、缝制工艺等要求，直接参与到整件衣服的设计中，与红领集团设计人员并行协同设计。

在服装产品模块化设计方面，主要体现在红领集团的巨型版型数据库，在对西装产品进行市场预测、功能分析的基础上，根据收集到的客户对西装的要求数据，划分并设计出一系列通用的功能模块，并根据西装用户的要求对这些模块进行选择和组合，构成不同功能或功能相同但性能不同、规格不同的产品，供红领客户进行选择。

在服装 CAD/PDM 方面，红领集团拥有 30 多个服装 CAD 工作站，CAD 中心接收数据后，从数据库自动制版、排版，编写生产工艺、质量标准等要求，以服装 CAD 系统为依托，建立了能基本覆盖各种体型的正装版型数据库数量已超过 10 亿款，各版型在数据库中按规律排列，并建立了索引进行存储。

在服装产品配置设计方面，红领集团满足了用户对美的追求。红领服装高级定制拥有独特而精致的手工缝制工艺，实现技术美、形式美、体验美的"三美"融合。"美"的设计能使产品有效地使用，并给人以强烈的视觉冲击和视觉印象，提升产品的审美体验。红领集团拥有多样化的工艺选择和多样化的刺绣形式、手工工艺，拥有全世界各种高端面料，给客户最大的选择余地。从面料质地、颜色到交货时间、工艺等，都可以由客户自由选择，在视觉、感觉中呈现出审美特性。红领集团的设计不仅仅是为了生产、为了成品西装的实现，同时也使顾客实现了精神需求，获取美的心理体验。

（2）服装柔性制造能力。

在服装柔性制造方面，红领集团实行 F to B to C 营销模式，即直接从工厂到商户再到客户的个性化正装定制，红领的每一条生产线、每一道工序、每一个环节，客户都可以通过网络终端轻松了解。红领建立了具有国际先进水平的智能化生产线，采用一体化信息系统支撑平台、巨型版型数据库系统、个性化定制生产的实时监控与管理系统，做到了生产设备现代化、管理网络化、物流管理智能化，每一个工作台都可以生产不同定制化的成衣，能够实现机器柔性、工艺柔性、产品柔性、维护柔性、生产柔性。

在服装 CAM/CAPP 及智能制造方面，红领集团采用以 CAM/CAPP 为设计手段，以网络化与通信技术、软件技术为数据采集、生产管理与控制平台的综合性生产经营管理模式。红领集团发展大数据、物联网、互联网、云计算等信息化技术，实现向智能制造和个性化生产的转型升级。红领集团的设计平台通过有线和无线信息远距离信息传输手段传输数据，工艺师把服装各个部位的信息精确输入电脑，各项数据指令通过电脑传达给纸样裁剪平台，纸样裁剪平台根据数据绘制出符合规格的纸样，裁剪师再根据绘制的个性化纸样用手工裁剪面料。在自动化加工生产线上，使用电子标签识别系统，有效解决个性化定制的工艺传递，每道工序根据电子标签识别系统数据显示要求来执行加工生产，让整个制装过程繁而不乱，在大规模加工生产的同时，依然保证每件定制产品的唯一性。

（3）服装生产及物流管理能力。

在服装准时制造及服装生产协同管理方面，红领集团采用服装拉动式生产，每一道服装工序的生产都是由其下道服装工序的需要拉动，生产什么、生产多少、什么时间生产都是以满足下道工序的需要为前提。客户无论身处何地、何时都可以及时提交订单，实现可承诺检查及资源预占用管理。信息系统会对服装客户提交订单的各种信息（面料、里料、交货期、运输方式等）进行综合分析并根据系统当前存货、产能等进行计划排程，即时把承诺信息反馈给客户，并在订单确认时进行物料产能等资源的预占用。

在服装物资部件标签编码化方面，在红领集团的辅料仓库，经严格筛选出来的各类物资实行标签编码化管理。它将各种辅料严格分类，精确到一枚纽扣、一根丝线、一份衬里，确保服装定制过程中零差错，自始至终进行细化和严格的物资管理。

在服装 MRP/ERP 及供应链管理方面，红领集团成功构建了富友服装 ERP 系统，进行生产和分销系统的建设，并成功上线投入运行，信息化系统已覆盖分销、生产、财务、电子商务等领域，通过整合现有资源，实现了专业化、集成化的物流、资金流、信息流一体化管理模式。红领集团借助自主研发的 RCMTM 平台，对各类物资实行标签编码化管理，通过网络化 RFID 技术在生产物流、销售物流的全面应用有效提高服装物流的效率，使每一件 MTM 定制服装可全程追溯，建立一个高效的供应链集成系统，以确定产品能在供应链上不间断地由供应商流向顾客。从量体、客户自主设计、订单下达到 CAD 制动排版绘图、自动裁床裁剪、缝制、整烫检验、配套包装入库再到物流发货红领集团只需要经过七天的流程，一套个性化定制成品能够最终通过专业物流配送至客户手里。

从红领集团的成功路径可以看出，对我国服装行业来说，要做规模、做名牌，必须做到工业化、信息化的有效融合，从生产力要素这个高度去寻求两化融合的着力点。先进制造设备+基于信息技术的先进研发设计技术系统体现了服装生产企业工业化过程中两化融合的基本思想，即信息化要融入工业化中，这样才能从根本上提高企业的生产力水平，从而提高企业品牌影响力和核心竞争力。随着服装行业时尚化、差异化的发展，消费者的个性化需求呈逐年快速增长的趋势，工业化服装 MTM 定制模式已经成为服装企业适应市场变化、提升企业竞争力的有效手段。

2.5.3　家具定制模式代表——尚品宅配和索菲亚

随着市场竞争从"产品为王"转为"用户为王"，需求变得更加"个性化"，如何以用户为中心创造价值，提升企业精细化运营成为企业制胜法宝。这些变化也带来了家具业的重新洗牌。从市场反馈情况来看，定制家具增长趋势逐年递增，尤其是高级定制家具，已占整个家具市场的 10%以上。不久前，深圳家居业相关机构发布了一项家居满意度调查，结果显示 76%的用户对传统家具模式不满意，其中有近 80%的原因与定制相关，家具与装修风格不协调的占 56%，家具尺寸不合适造成空间使用率低下的占 22%。定制家具已越来越受市场及消费者的青睐。凭借着个性化需求的规模化生产这一撒手锏，定制家具在家具行业的持续低迷中率先突围，刺激着各方神经。

2.5.3.1　定制家具行业的发展现状

即使不是行业人士，只要经常在外行走的人都可以发现在机场、高铁站和商场里，视线总会不自觉地转回定制家具的大幅广告牌，尚品宅配、索菲亚、欧派、好莱客等，清一色的重量级明星代言，吸引着人们的眼球。

2017 年，定制家具行业注定是不平凡和不平静的一年，除了圈子里较早做定制的，圈外的人几乎一窝蜂涌入定制行业。群雄逐鹿已是常态，竞争在很短时间便进入白热化。盘点过去的一年，定制家具行业表现出如下几个显著特点：

（1）定制家具向"全屋定制"快速升级。

2017 年，随着定制家具行业竞争的不断加剧，全屋定制开始成为新的行业态势。单品类的橱柜、衣柜定制企业经历了几年高速发展期，如今开始延伸产品链，实现"范围经济"的扩张。2017 年，主流的定制家具企业基本都完成了"全屋定制"的品牌战略升级。从尚品宅配最早的"全屋定制"一家独秀,到后来者居上的欧派家居、索菲亚、好莱客、诗尼曼等也纷纷向"全屋定制"转型。从"单打冠军"到"全能冠军",绝非声音大就能转型。目前一窝蜂地转向"全屋定制",既是一种大势所趋,也是一种行业乱象。传统家具行业"大而全、小而全"的悲剧,必定还会在新型的家具定制行业重演。不是在互联网时代和信息化时代就一定能做好"大而全、小而全",这个时代更需要专业化,通过协同和合作实现共赢。只有一些优秀的大企业,具备了雄厚的人才、资本、市场和技术,才有能力做"全能冠军",能否成功,还要看后期的战略规划和管理能力,更不要说那些势单力薄的中小企业。

如今定制行业的竞争已经不同于过去传统家具行业竞争的态势和标准了。没有一流的人才、雄厚的资本支持、强大的信息化技术和数字化的制造技术,没有更高视野的战略和战术部署,想做好定制绝非易事。虽然全屋定制未必都能做到最好,但这是市场发展和消费者需求的必然趋势,因此也必然是家具定制行业发展的一个主流方向。

(2)定制家具行业"跨界"已成常态。

2017年,"跨界"是一个热词,不仅行业之间纷纷跨界合作,在供应链上也正在形成强有力的跨界合作,不断形成新的经营模式。家具行业的创新正在经历着跨界创新、集成创新和协同创新。因为未来的竞争不是企业之间的竞争,也不是产品之间的竞争,而是供应链之间的竞争。从材料到设计,从技术到产品,从销售商到客户,只有能打造出一流的供应链,企业才能以最低的成本、最高的效率、最优的品质、最快的速度满足消费者的需求。随着定制行业的繁荣,成品家具企业也纷纷进入;随着定制家具行业向纵深发展,又不断有不同定制品类互相跨越,如橱柜跨衣柜、衣柜跨橱柜,乃至跨越至门窗、木门等领域。2018年,这种趋势丝毫没有减弱,反而进一步从"同业同品类"走向"异业联盟",这也意味着家具企业从"器物"到"环境"的实质性跨越。

跨界融合的典范当属尚品宅配。它本身始于"全屋定制",近几年快速与其他行业的巨头跨界合作,如抽油烟机企业、床垫企业、床上用品企业、地板企业、实木家具企业、沙发企业及物流企业等,跨界的范围和强度不断增大,因此能在更大范围实现更高层次的"全屋定制"。跨界融合,欧派也算得上是行业里的典型代表之一。欧派起步于橱柜,转型于定制,再到"全屋定制",目前已能为消费者提供橱柜、衣柜、卫浴、木门、墙饰、寝具、家具七个自有品类，正在实现一站式解决设计、装修、选材和采购家具产品等全屋定制的问题。

2017 年是定制家具业跨界融合的深化之年，无论是家具企业本身，还是行业展会，抑或是流通平台，都在进行着不同维度的跨界发展。这也是 2017 年第二届中国（广州）定制家具展将主题定为"定制融年"的原因所在。为了获得更好的经营资源和竞争实力，跨界合作与创新必然成为一种趋势和常态。

（3）定制家具智能制造不断升级。

智能制造是中国制造的终极目标。国务院在 2015 年 5 月就发布了《中国制造 2025》蓝皮书，为中国制造业未来的发展做好了顶层设计和技术路线图。2016 年 12 月 7 日，工信部又发布了《中国智能制造"十三五"规划》，进一步细化了实现智能制造的战略部署。定制家具行业的一大批企业在智能制造方面走在了家具行业前列。尚品宅配成为中国家具行业首个"国家智能制造示范基地"，由此奠定了它在行业中的龙头地位。在定制行业，自动化、工业 4.0、无人工厂、大数据、云计算等词语已经是定制企业的标签。因为今天的家具定制没有这些"软实力"既无法服务客户，企业也难以为继。当前，定制家具领域不断强调的"工业 4.0"就是定制化智能生产的概念体现，它的重要标志就是将互联网、大数据、云计算、物联网等新技术与工业生产相结合，实现工厂、消费者、产品和信息数据的互联，重构整个企业的生产方式。

在风起云涌的上万家定制家具大军中，最能代表家具定制行业实力和水平、现状与未来方向的莫过于欧派家居、索菲亚、尚品宅配和好莱客。这四家企业分别完成了上市，在很多方面可以同台竞技，展示自己独特的一面。了解它们，其实就是在了解定制行业，它们是定制的风向标。

从四巨头财报数据（见图 2-11、图 2-12）可以看出，欧派家居赚钱最多，尚品宅配发展最快，索菲亚盈利能力最强。从业绩规模来看，定制橱柜起家的欧派家居稳居第一。无论从欧派家居 2015 年的营收数据，还是 2017 年第一季度报告数据来看，截至 2018 年 4 月，欧派家居总资产达 73.41 亿元，同比增长 32.3%；营业收入 14.49 亿元，同比增长 20.49%；净利润为 5552 万元，同比增长 33.31%；基本每股收益 0.14 元。从业绩增速来看，尚品宅配前两年发展得最快，但 2017 年第一季度有所减缓。2013～2015 年，尚品宅配的年复合增长率高达 62.10%。

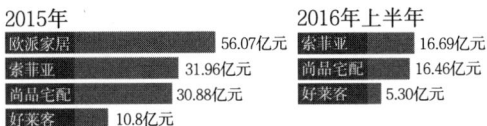

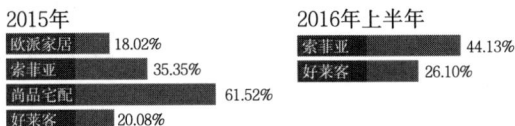

图 2-11　2015~2016 年上半年定制家具四巨头的营收和营收增长率

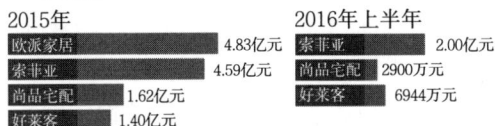

图 2-12　2015~2016 年上半年定制家具四巨头的净利润和净利润增长率

从 2015 年营收对比来看，尚品宅配同比增长 61.52%，索菲亚同比增长 35.35%，好莱客同比增长 20.08%，欧派家居同比增长 18.02%。就盈利能力而言，索菲亚当之无愧为领跑者。2016 年上半年，索菲亚净利润 2 亿元，同比增长 47.96%。从 2015 年数据来看，索菲亚净利润 4.59 亿元，同比增长 40.42%，这个增长率远高于其他三家。单从净利润数据来看，年营收 31.96 亿元的索菲亚，净利润已接近年营收 56.07 亿元的欧派家居（净利润 4.83 亿元），远远高于同等营收规模的尚品宅配（净利润 1.40 亿元）。截至 2017 年 3 月底，索菲亚经销商专卖店达 2000 家（含在装修店铺），该季度也实现营收 9.54 亿元，同比增加 48.30%。

从这四家企业的营收构成来看，它们的"大家居"战略在业绩端已显成效。以做定制橱柜起家的欧派家居为例，整体衣柜、整体卫浴、定制木门已贡献 21% 的营收。从定制衣柜做起的索菲亚则从 2013 年转向"定制家",并于 2014 年引进司米橱柜。索菲亚做全屋定制后,2013~2015 年客单价年增速 10%~15%。2016 年上半年,索菲亚 16.9 亿元的营收构成中,橱柜及其配件产品贡献了 1.1 亿元,同比增长 39.2%。可以预料,定制橱柜将成为索菲亚一大增长点。

以软件起家的尚品宅配,全屋定制的配套家具产品占比也近 17%。从 2016 年上半年数据来看,尚品宅配主营业务收入 16.46 亿元,其中定制家具产品 13.04 亿元,配套家具产品 2.73 亿元,软件及技术服务收入 3627 万元,O2O 引流服务收入 2694 万元。好莱客从 2015 年 7 月开始推进大家居,并配套进行门店升级,2016 年上半年门店升级后全屋定制订单占比可达 20%~50%,且客单价提升明显。2018 年还新增 300 家门店,加大三四线渠道下沉力度。

2.5.3.2　尚品宅配和索菲亚的家具定制模式对比分析

通过分析定制家具行业的发展现状及目前行业四巨头的财务数据,可以发现其中有两家公司表现抢眼,尚品宅配公司业务增长速度最快,而索菲亚公司的盈利能力最强。这两家公司专注于定制家具业务多年,虽然起步时公司业务有很大差别,但发展至今已经在各个领域形成了激烈的竞争关系,业务模式也越来越相似。所以本节选取这两个定制家具行业的佼佼者进行对比分析,探究两家完全不同的"企业基因"如何找寻到家具定制的"成功密码",何以殊途同归,个性化与规模化无法共存的"魔咒"又是怎样被打破的。

(1) 品牌基因:互联网公司 vs. 传统生产服务型企业。

政府办公家具的采购、工匠师傅的小作坊生产,都可以算作最早的定制家具,但要么因价格高未能普及,要么质量参差不齐。而定制家具真正作为一股新潮流涌现,是最近几年的事,其迟迟未能普及,就在于用户的个性化需求与厂商规模化生产之间存在天然屏障。攻克这一难题的,是一家做软件出身的"门外汉"。

尚品宅配 2004 年成立,在进入家具行业之前,创始人李连柱及其团队长期为家装设计、建材等行业提供图形、图像方面的软件研发和支持,通过制作电脑三维图,向消费者展示室内效果。成立之初,尚品骨子里就是一家软件起家的"互联网公司",其核心能力在于软件研发能够将各环节转化成一个个被计算机分析的"数据",打通线上线下链条中的信息闭环,利用信息技术攻克用户个性化需求的量产难题,将用户的价值主张与企业的生产能力结合起来。

十几年间，尚品从一个软件开发企业成功转型为一家家具定制型企业。今天，尚品又利用其软件开发的优势和对互联网的理解，开始了向电商平台的转型。尚品的成功被外界视为互联网对传统家具业的颠覆，掀起了一股传统企业"触网"的热潮。然而，狂热的背后也不乏冷静的思考者。

索菲亚是定制衣柜首家上市公司，是行业的龙头企业。相对于尚品宅配对互联网的追捧，索菲亚更侧重于产品研发、工艺设计、生产数控系统打造、精细化管理、经销渠道深化方面的积累，逐步构建其核心能力。

早在 2001 年，索菲亚就提出了定制衣柜的概念。当然，早期的定制有着遵循用户需求的姿态，也有着不能规模化定制的瓶颈。当时定制衣柜的手工生产模式效率较低，只能满足小批量定制化生产；从 2005 年开始，索菲亚采用了"标准件+非标件"的复合生产模式。标准件进行批量化生产。各订单中尺寸、花色一致的板件，可以通过数据中心从订单中抽取出来统一生产，生产完成后，再重新分配到各订单中。那些订单中独有的、不可以共用的板件，也就是"非标件"，则采用柔性化生产，以确保订单的个性化需求。但是，按照特殊要求来生产的非标件的成本和价格相对较高。个性化的定制尺寸，加上单独生产与加工成本的投入，"非标件"一般比"标准件"的价格高 30%~50%。而非标件与标准件的价格趋同显然是定制业务大众化的一个必然条件。

2013 年，索菲亚"非标件"和"标准件"的价格在同一水平。究其原因，是信息软件系统与生产硬件系统相结合的"柔性生产线"降低了生产成本。软件系统整合了 ERP 等多个软件，下单、拆单等工序都可由系统自动生成，质量与效率提升，成本降低。索菲亚立足于产品的生产，利用信息技术对自身进行改造。2013 年，其营收同比增长 46%，成为同行中的"优等生"。

总之，两家企业基因虽然大相径庭，但在做大做强这一点上却殊途同归，所以品牌基因是互联网还是传统生产，两者并无优劣，重点在于产品的质量及客户的消费服务体验。

（2）定制模式：全面定制 vs. 深度定制。

表面上看，尚品和索菲亚都属于定制生产，但其实两者对于定制的理解和实施程度还是有差异的。尚品常常与"数码化定制""全面定制"相伴出现，其定制是一种以用户为中心的"家装私人服务"，横跨装饰、家具、陈列等多个领域，不限于家具样式的制作，而是涵盖了风格呈现、设计、陈列等各方面的定制，以"服务"为核心，定制更多体现在售前咨询、售中设计、售后生产、安装在内的全生命周期，而不仅仅停留在产品的生产环节。

目前，尚品已从衣柜、橱柜、书柜、电视柜等基于"柜"的组合，延伸到沙发、窗帘、墙纸等领域，以后甚至还会提供地板、家电甚至软装产品的定制。至于到底会提供其他哪些服务，由消费者需求决定。尚品交付给用户的不是一件件产品，而是有关家居的整体解决方案，产品只是其中看得见的"硬件"，还有很多隐形的"软件"深藏其中，即定制化的服务。在服务上寻求突破，实现从家具制造向家居服务业转型才是尚品定制模式的终极目标。比如，在实体销售环节，尚品就在产品流程中体现服务的价值。客户在挑选产品时，尚品会为其提供由家居顾问、设计师和店长三人组成的"铁三角"服务，让其享受 VIP 体验。在线上，尚品还有另一个团队，由室内设计师、陈设师和家具设计师组成。他们通过远程设计支持系统，以用户个性需求为导向，并结合客户实际房屋空间布局，为其设计专属的全屋家具设计方案。

索菲亚的定制模式更像是一种产品的"深度定制"。基于对定制家具的深度理解，索菲亚围绕定制衣柜逐步延伸出"以柜为核心""以收纳为主题""以文化、时尚为内涵"的酒柜、鞋柜、过道柜、多功能柜、一体柜的定制。索菲亚几乎将所有含柜的家具都纳入了产品体系。索菲亚通过信息系统收集分析了以往客户的选择，累计推出了 8 个系列共 180 余种经典推荐产品，让客户能在更多的选择中实现理想的定制效果。

随着索菲亚研发体系、供应体系及制造体系等内在核心体系的不断优化，索菲亚于 2013 年提出战略转型，从"定制衣柜"向"定制家居"转型，其定制产品广度得到了极大的拓展。伴随这一战略的出台，在索菲亚全国 1200 多个店面看到了更多的可定制配套家具，客单价也以每年 15%左右的增速上升。

在产品的深度拓展之外，索菲亚也开始通过 O2O 的方式完善客户的现场体验感，如最近索菲亚店面设计系统刚上线的"设计云"。"设计云"是一个巨大的产品图库，消费者可以从库里选择心仪的定制套餐（3D 效果图），索菲亚的设计师则可以直接读取该图的图纸，简单修改尺寸以后直接发到工厂生产。这个做法不仅大大提升了客户的消费体验，更提升了设计师的效率和准确率。

这里探讨的"全面定制"与"深度定制"没有好坏之分，关键是要与企业自身的核心能力和外部环境相匹配。尚品的"全面定制"也好，索菲亚的"深度定制"也罢，都是企业的顺势而为。尚品全屋定制的平台搭建战略也许能快速提升销售额，而索菲亚的大家居步伐相对更加稳健和扎实。

2.5.4 双层运输汽车的专用车定制化设计与改进

SQ5 型双层运输汽车专用车是用于各种国产及进口微、小型汽车的铁路运输车辆，至今已生产 1500 辆并投入国内使用，经过多年的运用考验，性能稳定。2015 年，埃塞俄比亚国家铁路公司拟采购 20 辆 SQ5 型双层汽车运输专用车，用于埃塞俄比亚首都亚的斯亚贝巴至吉布提之间铁路的运行。

2.5.4.1 亚吉铁路线简介

亚吉铁路设计轴重为 25 吨，因山地和高原较多，铁路建设地形复杂，小曲线路段较多，对车辆在实际运用过程中的各种复杂工况提出了更高的要求，尤其要保证 SQ5 型双层运输汽车专用车端门能够在极限工况下的正常开闭操作。由于该条线路采用中国铁路建设标准，整个车辆系统的配置采用国内 70 吨级铁路货车技术体系，有效提升了货车维保配件的互换性，降低了货车生命周期成本，大大提高了运行的经济效益。

2.5.4.2 国内运行 SQ5 型双层运输汽车专用车现状分析

SQ5 型双层运输汽车专用车上的端门组成是汽车进出车厢的通道，同时还对整个车厢内的货物起到密封和防盗作用，是车辆上的重要结构件。目前国内铁路线路上运行的 SQ5 型双层运输汽车专用车上的端门为一体式对折端门，由冷弯空心矩形型钢门框、四扇对折端门、转轴及转臂等组成。此种机构端门如果运行在亚吉铁路在小曲线处就会出现端门打开困难及因变形造成端门与端门框闭合不严等问题，从而给用户带来困难。目前国内 SQ5 型双层运输汽车专用车属于 21 吨轴重铁路货车系列，车钩缓冲装置采用 13 系列车钩和钩尾框，缓冲器配套采用 MT-3 型，与亚吉铁路线设计 25 吨轴重铁路线不匹配。

2.5.4.3 定制化设计改进

针对实际运用工况的特点，生产商提出了在原 SQ5 型双层汽车运输专用车的基础上进行定制化的设计，满足用户的使用要求。

（1）端门设计改进。此次出口埃塞俄比亚的 SQ5 吸取了国内运用中的经验，开发出优化后的端门结构。优化的端门为六扇折叠对开式端门，由冷弯空心矩形型钢门框、锁杆、折页、门锁装置等部分组成，解决了原SQ5车端门运用中的一些故障和不足。

（2）车钩缓冲装置。根据亚吉铁路线实际情况及埃塞俄比亚的要求，亚吉铁路上运行的货车全部采用的是25吨轴重铁路货车技术，对应的零配件统一为同一类型，既减少了零配件的种类，又降低了采购和运行维护成本。因此，出口埃塞俄比亚的双层运输汽车专用车车钩系统采用的是符合AAR标准的E级钢F形车钩和Y45AE型钩尾框，配套采用MT-2型缓冲器，满足了用户的特殊需求。此外，考虑非洲人的平均身高略高于亚洲人的特点，在车厢内净空高等方面尽力最大化，使车厢内的工具摆放位置等尽力达到设计舒适化和简约化。经过定制化的车辆设计改进，出口埃塞俄比亚的SQ5型双层运输汽车专用车经过实际线路的运行测试，性能稳定，运行安全可靠，得到了埃塞俄比亚的赞誉。

参考文献

［1］Bardakci A., Whitelock J. How Ready are Customers for Mass Customization? An Exploratory Study ［J］. European Journal of Marketing, 2004, 38 (11/12): 1396-1416.

［2］Dellaert B.G., Stremersch S. Marketing Mass Customized Products: Striking the Balance between Utility and Complexity ［J］. Journal of Marketing Research, 2005, 42: 219-227.

［3］Drejer A., Gudmundsson A. Towards Multiple Product Development ［J］. Technovation, 2002, 22 (5): 733-745.

［4］Franke N., Keinz P., Schreier M. Complementing Mass Customization Toolkits with User Communities: How Peer Input Improves Customer Self-design ［J］. Journal of Product Innovation Management, 2008, 25 (6): 546-559.

［5］Franke N., Keinz P., Steger C.J. Testing the Value of Customization: When Do Customers Really Prefer Products Tailored to Their Preferences ［J］. Journal of Marketing, 2009, 73 (5): 103-121.

［6］Franke N., Schreier M., Kaiser U. The "I Designed It Myself" Effect in Mass Customization ［J］. Management Science, 2010, 56: 125-140.

［7］Ghiassi M., Spera C. Defining the Internet-based Supply Chain System for Mass Customized Markets［J］. Computers & Industrial Engineering, 2003, 45（1）: 17-41.

［8］ Guilabert M., Donthu N. Mass Customization and Consumer Behavior: The Development of a Scale to Measure Customer Customization Sensitivity［J］. International Journal of Mass Customization, 2006, 1（2/3）: 166-175.

［9］ Helms M. M., Ahmadi M., Jih W. J. K., Ettkin L. P. Technologies in Support of Mass Customization Strategy: Exploring the Linkages Between E-commerce and Knowledge Management［J］. Computers in Industry, 2008, 59（3）: 351-363.

［10］ Huffman C., Kahn B. E. Variety for Sale: Mass Customization or Mass Confusion?［J］. Journal of Retailing, 1998, 74（4）: 491-513.

［11］ Jiao J., Zhang Y., Wang Y. A Heuristic Genetic Algorithm for Product Portfolio Planning［J］. Computers & Operations Research, 2007, 34（1）: 1777-1799.

［12］ Joneja A., Lee N. K. S. Automated Configuration of Parametric Feeding Tools for Mass Customization［J］. Computers ind. Engng, 1998, 35（3-4）: 463-466.

［13］ Kay M. Making Mass Customization Happen: Lessons for Implementation［J］. Planning Review, 1993,（4）: 14-18.

［14］ Kramer T., Spolter-Weisfeld S., Thakkar M. The Effect of Cultural Orientation on Consumer Responses to Personalization［J］. Marketing Science, 2007, 26（2）: 246-258.

［15］ Labarthe O., Espinasse B., Ferrarini A., et al. Toward a Methodological Framework for Agent-based Modeling and Simulation of Supply Chains in a Mass Customization Context［J］. Simulation Modelling Practice and Theory, 2007, 15（4）: 113-136.

［16］ Levav J., Heitmann M., Herrmann A., et al. Order in Product Customization Decisions: Evidence from Field Experiment［J］. Journal of Political Economy, 2010, 18（2）: 274-299.

［17］ Liechty J., Ramaswamy V., Cohen S. H. Choice Menus for Mass Customization: An Experimental Approach for Analyzing Customer Demand with an Application to a Web-based Information Service［J］. Journal of Marketing Research, 2001, 38（2）: 183-196.

［18］ Pine J. , Victor B. , Boynton A. C. New Competitive Strategies: Challenges to Organizations and Information Technology ［J］. IBM Systems Journal, 1993, 32 （1）: 40-64.

［19］ Simonson I. Determinants of Customers' Responses to Customized Offers: Conceptual Framework and Research Propositions ［J］. Journal of Marketing, 2005, 69 （1）: 32-45.

［20］ Thompson M. , Nussbaum R. An HMO Survey on Mass Customization of Healthcare Delivery for Women ［J］. Womens Health Issues, 2000, 10 （1）: 100-112.

［21］ Tseng H. E. , Chang C. C. , Chang S. H. Applying Case-based Reasoning for Product Configuration in Mass Customization Environments ［J］. Expert Systems with Applications, 2005, 29 （3）: 913-925.

［22］ Tu Q. , Mark A. V. , Ragu-Nathan T. S. The Impact of Time-based Manufacturing Practices on Mass Customization and Value to Customer ［J］. Journal of Operations Management, 2001, 19: 201-217.

［23］ Yang S. L. , Li T. F. Agility Evaluation of Mass Customization Product Manufacturing ［J］. Journal of Materials Processing Technology, 2002, 129: 640-644.

［24］ Yao A. C. , Carlson J. G. H. Agility and Mixed-model Furniture Production ［J］. Int. J. Production Economics, 2003, 81: 95-102.

［25］ 金立印, 邹德强. 定制化购买情境下的消费者决策研究综述与展望 ［J］. 外国经济与管理, 2009 （6）.

［26］ 邵晓峰, 黄培清, 季建华. 大规模定制生产模式的研究 ［J］. 工业工程与管理, 2001, （2）: 13-17.

［27］ 王晶, 程丽娟, 宋庆美. 基于顾客参与的定制满意度研究 ［J］. 管理学报, 2008, 5 （3）: 391-395.

3　系统解决方案

(赵美娜　黑龙江大学经济与工商管理学院;

王　晶　北京航空航天大学经济管理学院)

随着制造企业服务化的深入和服务型制造模式的开展，制造商除从产品的生产与销售转为向客户提供产品相关服务、客户支持服务、全面服务外，还不断从制造与销售产品转向为客户提供解决方案。系统解决方案不仅是将产品和服务等要素捆绑在一起，而且是围绕客户的需要，创造和传递顾客价值。本章对系统解决方案的相关案例进行梳理和评述，探讨系统解决方案模式，进而为服务型制造理论研究和实践应用提供一定的借鉴。

3.1　系统解决方案的内涵与外延

3.1.1　系统解决方案的界定

"解决方案"最早源于问题管理领域，主要是指以解决问题为目的而制定的方案。根据"服务主导逻辑"，解决方案是一种为解决客户特定需求及问题的服务，能够引领企业的成长与发展。在以往的研究中，研究者多在解决方案前加入"整合""客户""商业"和"系统"等术语，进而开展研究。尽管研究者未给出解决方案的统一定义，无论在解决方案前冠以何种术语，其本质都是将产品、服务或软件等要素进行系统集成，以解决客户特定的问题，满足其特定需求，学者们对解决方案的内涵却具有共同的认识，鉴于本章集中于服务型制造的支撑理论和产品服务系统的实践，因此，将解决方案界定为"系统解决方案"。

系统解决方案是为客户定制的产品和服务整合的组合，它使客户能够获得比购买单一的产品和服务组件的集合更好的结果。系统解决方案的提供者应该以服务为中心，而不是以产品为中心，解决方案不是一个现有产品线的延伸或者仅仅是服务与产品的捆绑。它本质上是一个新的方法，在系统中为客户创造增加值，并且由此延伸到为方案提供商创造增加值。系统解决方案是供应商对客户紧迫业务需求的定制化响应，是为满足顾客业务需求而定制和整合的产品和服务的组合。系统解决方案的本质没有脱离整体产品概念，其最终目的是为顾客创造价值。

3.1.2　系统解决方案的特点

解决方案是由企业和顾客共同创造的、满足顾客个性化需求的产品和服务无缝连接的整合体。其基本特征表现为：第一，全面解决方案是产品和服务的组合，关注顾客价值，解决方案包括绩效基础或风险基础的合同。第二，一个解决方案中的产品和服务应该被设计成体现特定顾客的特殊需求，顾客和供应商共同参与和创造的解决方案。解决方案的价值创造是由客户同供应商和它的网络共同创造的。第三，一个解决方案要兼容一系列的产品和服务，解决方案是为满足每一个顾客特殊需求而定制的，如在设计、装配、传递、运营、定价等一个或多个方面都需要定制。第四，解决方案供应商和顾客的关系是异常亲密的伙伴关系，远远超过传统交易型的买卖关系。解决方案的有效性取决于顾客需求是否能够被很好地识别，定制的产品和服务是否能够考虑并实现顾客需求，以及展开支持的方案是否按照顾客需求来提供。

3.1.3　系统解决方案的类型

由于服务化程度不同，制造商能为客户提供多种类别的解决方案。研究系统解决方案，需要特别关注这些解决方案中所包含的服务要素。通过分析服务要素，可以识别企业提供何种类别的系统解决方案。系统解决方案按照方案中所包含的服务要素进行划分，可分为四类：①产品售后服务，是为客户购买的产品提供一系列的售后服务，如产品问题的诊断、供应备件及产品维保、检修、改造和翻新等，这些服务主要是为产品的功能提供保障；②产品生命周期服务，是指在产品生命周期内为客户所购的产品提供全面服务保障，如售前提供研发设计、可行性分析、建议或咨询等服务，售中提供运送、安装、调试等服务，售后提供维保、备件更换等服务；

③流程支持服务，是指帮助客户提高其商业流程效率或水平的服务，如为客户的建筑提供能耗分析，为客户的制造或仓储提供咨询服务等；④流程代理服务，是指代替客户执行某种流程操作或运营的服务。根据系统的所有权归属和提供物的定位可以将解决方案分为四种类型，即租赁提供物（设备所有权归供应商、基于产品定位）、维护提供物（设备所有权归客户、基于产品定位）、绩效提供物（设备所有权归供应商、基于流程定位）及运营提供物（设备所有权归客户、基于流程定位）。不同类型的解决方案，客户和供应商依赖程度不同，租赁提供物的解决方案客户和供应商的相互依赖程度较低，而绩效提供物的解决方案客户和供应商的相互依赖程度较高。

3.1.4 系统解决方案的形成条件

系统解决方案的核心就是提供"产品+服务"组合，而且产品和服务日趋复杂，专业化程度高，需要不同主体进行运作，产品融合必然带动组织运作层面的融合。提供系统解决方案的企业必须在组织内建立新的能力，这些新的能力主要涵盖系统集成、操作服务、商业咨询和融合等方面。

第一，系统集成能力。它是设计和生产解决方案的核心能力之一，也是企业提供集成解决方案的起点。系统集成能力可以使企业将内部或外部研发的元件——产品硬件、软件和服务——设计集成为一个完整的功能性产品，同时调节设备、元件、其他专业知识和输入等外部供应商网络活动。外部网络的应用不仅扩大了集成元件的种类，而且扩大了提供商为客户创造价值的能力。

第二，操作服务能力。它是提供集成解决方案所需的第二组核心能力，仅次于系统集成能力，影响并关注整个产品生命周期和非企业管理的所有附加服务，如客户支持服务、培训、维修服务等。提供操作服务为未来产品的购买、升级提供了机会。这也意味着提供商需要承担更多的责任和风险，进而促使它们不断提高系统的稳定性。

第三，商业咨询能力。通过商业咨询服务，提供商可以同客户进行交流，给出有关计划、设计、建设、资金、维护和操作的建议，并寻求最佳的集成解决方案。商业咨询服务在生命周期前端投标前和投标阶段尤其重要，此时客户需要提供商在商业计划、融资安排和概念的解决方案方面给予帮助。企业一般通过与拥有这种能力的企业进行联盟，收购已经在此领域运营的企业，以及企业内部开发新的商业咨询组织和能力等来拓展这方面的能力。

第四，组织运作层面的融合能力。融合路径主要有三种：一是企业内部设立独立部门（非独立法人）或控股子公司（法人），与原来的产品生产部门共同完成"产品+服务"组合提供；二是企业通过对符合业务发展需求的既有企业进行并购，与原来的生产部门共同完成一体化解决方案的提供；三是企业通过网络企业的形式，与其他产业部门结成战略合作伙伴关系，培育价值网络，完成解决方案的提供。

3.1.5　系统解决方案的形成过程

系统解决方案的形成一般需要经历战略参与、价值建议、系统集成和操作服务等阶段。

第一，战略参与阶段。在投标之前，与现有或潜在客户开始非正式的洽谈。这些会谈主要是同高层进行，可以了解客户的战略需求，目的是帮助客户提高现有业务经营，但还可能涉及如何重新塑造商业模式、开发新的市场等战略问题。这需要系统解决方案提供商提供高水平的咨询服务。

第二，价值建议阶段。对于潜在客户，由于竞标的需要，系统解决方案提供商需要给出价值建议。但是提供商都希望能与客户建立长期的合作关系，以避免竞争激烈的竞标及高额的竞标成本。对于已成为战略伙伴的客户，提供商都主动提供这种价值建议。这个阶段的工作主要是建议小组完成的，小组成员来自企业的产品和服务部门及战略伙伴企业，提供的建议是多功能、跨领域的，涉及业务管理、技术设计和项目管理等，同时它们需要确保在集成和操作阶段，集成解决方案创造的价值可以满足或超出客户的期望。方案的价值一般通过商业框架来确定，这个框架界定了成功的标准和奖励机制，其中标准通常是依据服务水平协议来确定的。

第三，系统集成阶段。在企业和客户签订合同后，就进入到这个阶段，此时解决方案提供商组建一个项目小组并确定整个执行方案，其中包括利用传统的项目管理技术和深入的系统集成能力来完成设计、集成、确认和测试系统。解决方案的提供商不仅要按预算、要求准时完工，还必须关注越来越重要的客户满意度。

第四，操作服务阶段。对于传统项目，交接也就意味着项目的完成，但是解决方案的项目往往需要提供商在产品或系统的使用周期中，对其进行管理、提供资源、支持和升级。通过操作产品或系统，可以将操作过程中出现的问题直接反馈到生产研发部门，以提高未来产品的设计和功能，为客户创造更多的价值。

3.2 系统解决方案案例分析

3.2.1 IBM

解决方案最早是由 IBM 提出并实践的。20 世纪 90 年代，IBM 响应顾客需求，率先供应和安装整合的硬件与软件系统，并在产品生命周期内提供服务支持。现在，IBM 已经成功地实现了从大型机巨人到个人电脑制造商再到端对端 IT 方案提供商的转型。随着经济全球化和市场竞争的加剧，产品与服务的销售面临严峻挑战，其显著特点是所需要销售的产品或服务往往难以描述、技术含量高、无形性内容较多、产品更新快、有使用风险、价格昂贵、销售周期长、参与采购决策的成员多而且销售价格不再是竞争的主要因素等，传统的销售方法对这些新营销挑战往往难以奏效，并暴露出许多弱点。企业竞争的焦点从产品和服务转向顾客价值驱动的整合方案，企业试图基于顾客的差异性价值需求，为顾客提供全面的、无缝连接的解决方案。

3.2.2 施耐德

施耐德电气将解决方案定义为创新的技术、产品和服务组合，它们是对客户需求的高附加值的回应。没有客户业务需求，就没有解决方案的存在必要，施耐德要做的就是根据客户需求提供创新的解决方案。由于世界能源价格日趋高涨，环境问题越来越受到人们的关切，所以越来越多的客户希望提高耗能设备的可靠性和可用性，减少能源的消耗费用并提高客户自身的形象。另外，主要的竞争对手如 ABB、西门子都已经着手实施行业的解决方案计划，通过服务的差异化来满足客户的深层次需求。所以，从 2008 年开始，整个施耐德电气公司包括中国区拉开了战略转型的序幕，以节能增效为核心，通过为客户提供整体的解决方案，逐渐把公司由产品制造商变成了产品与服务相结合的"能效管理专家"。通过对国内节能市场的深入研究，施耐德电气（中国）制定了一套节能方案，帮助企业节约能源费用，减少二氧化碳的排放量。以本身丰富的电力监测、传输和控制产品为基础，施耐德电气（中国）的业务范围从能源的生产一直延伸到能源的终端客户，其提供的服务主要是能源利用方面的监测、建议及评估等。

3.2.2.1　基于 UPS 产品的服务化模式

施耐德电气（中国）正在经历由提供产品到提供产品与服务组合的转变，这正是制造业服务化的体现。施耐德在中国的基于 UPS 产品的服务化主要表现为基于 UPS 产品的服务体系的建立，施耐德能够根据客户需求和行业应用提供以 UPS 产品为核心的解决方案。施耐德能够根据客户需求提供种类多样的 UPS 产品，包括提供适用于控制应用和恶劣环境的智能化和高效的电源保护，适用于船舶及其他交通应用的高可用性、坚固耐用的电源保护，以及适用于客户端宽带、低功耗无线应用和其他远程通信应用的可靠且灵活的直流电源解决方案。同时，施耐德还将在 UPS 产品的基础上提供预防性维护、托管维护服务、服务计划和远程监测服务。

（1）UPS 产品。施耐德能够提供种类多样的 UPS 产品，包括为数据中心和设施应用寻找合适的 UPS（三相电源，功率可达 10kVA 及以上），为服务器和网络环境寻找合适的 UPS（单相电源，功率最高可达 20kVA），提供适用于家庭、家庭办公室或小型企业的设备或电子产品的 UPS（单相功率最高可达 1500VA）等。例如，Back-UPS（400~1500VA）适用于电子产品及计算机的备用电池和浪涌保护器。Back-UPS Pro（500~1500VA）是能够实现高级电源保护的高性能计算机和电子设备的 UPS。Smart-UPS（入门级 420~1500VA、标准 750~5000VA、扩展运行级 750~3000VA）属于智能、高效的网络电源保护，对于服务器、销售点终端设备、路由器、交换机、集线器和其他网络设备来说是理想的 UPS。Smart-UPS On-Line（1~20kVA Rack/Tower Convertible）在可扩展的运行时间内提供高密度的双转换在线式电源保护。Symmetra（2~16 kVA N+1 冗余机架或塔式机型）高可用性的单相 UPS 能够提供冗余的、可扩展的双转换在线式电源保护。Symmetra MW（400kW~1.6MW）具有超高能源效率、模块化、可升级、具有业界领先性能的三相电源保护，适用于大型数据中心和任务关键型环境。除此之外，施耐德还能够提供紧凑型三相电源保护，具有出色的效率和运行时间热升级能力，适用于小型数据中心和其他业务型应用。高效率、易于部署、紧凑型三相电源保护，能够与运营中型数据中心、工业或设施应用的客户的电气、物理和监测环境进行无缝集成。坚固耐用型三相电源保护不间断电源，旨在满足从中型数据中心到工业和设施应用的大范围需求。节能型解决方案配备高性能的三相电源保护，并具有很高的适应性，能够满足大中型数据中心、楼宇和任务关键型环境的独特需求等。

（2）服务体系。施耐德基于 UPS 产品的服务体系包括提供预防性维护、远程监测服务、服务计划和托管维护服务等。预防性维护是对客户的系统进行现场检查，旨在确保达到预定的可满足客户需求的最佳性能。施耐德的服务策略是在问题发生之前采取预防措施。精密的电源和送风系统密封的组件和部件会逐渐磨损，适当的定期维护将帮助客户避免不必要的停机时间，节约时间和资金。远程监测服务提供 7×24 小时监控服务，经过培训的技术人员将监控物理基础设施的运行状况，以便在问题变严重前帮助诊断、通知和解决问题。通过远程监测服务，客户将知道自己的物理基础设施正由经过专门培训的专家进行全天候监控，从而可以高枕无忧。服务计划是指全面的服务包，允许客户设计保证解决方案高效运行、最大限度地减少停机和对成本进行管理而需要的服务种类，能够根据客户的独特业务需求进行量身定制。托管维护服务是利用现场具体操作流程的流程驱动型供应商管理活动，由施耐德电气的员工监督。施耐德能够根据 UPS 电池的安装、维修、更换或拆除，选择最符合客户需求的电池服务。施耐德电气提供了一个涵盖正确维护程序的各个方面的综合性解决方案，其中包括所有的硬件、供应商管理、预防性维护时间安排、紧急响应、关键站点文档记录，以及监督维护。全面的维护方案能够确保关键系统按照设计工作。施耐德彻底的预防性和预测性维护程序能够降低人为错误的发生风险，并有助于预测和防止故障。

预防性维护可以对系统进行现场检查，旨在确保达到预定的可满足客户需求的最佳性能。为了保持系统以最高效率运行，必须定期进行预防性维护。施耐德的服务策略是在问题发生之前采取预防措施。精密的电源和送风系统密封的组件和部件会逐渐磨损。适当的定期维护将帮助客户避免不必要的停机时间，节约客户的时间和资金。为了确保系统获得所需的维护，客户需要经过特殊培训的员工，熟悉产品的内部工作原理。预防性维护服务为系统提供所需水平的服务。远程监测服务可作为一级或二级支持进行实施，以及时、有效地预测、跟踪和纠正各种站点问题。此项服务将负责解释各种事件，并通过用户定义的通知规则（包括电子邮件或电话通知）激活适当的响应机制。通过远程监测服务，客户将知道自己的物理基础设施正由经过专门培训的专家进行全天候监控。施耐德提供的延长保修计划能够保证产品如果发生故障，将迅速得到维修或更换，最大程度缩短停机时间。保修服务保证下一工作日免费交付部件或单元，确保客户可以尽快获得需要的部件或单元。施耐德选择最符合客户的业务需求和预算的现场响应时间，经过工厂培训的现场服务工程师经过严格培训，并就如何有效地保养产品及安全做法和电气规范方面进行过严格测试，能够为客户提供当今业界最高级别的服务。

为了确保系统安装环境适于实现最佳功能，施耐德将检查环境，寻找可能损坏系统的条件。提供所执行工作的详细报告，包括确保最佳性能的维修建议。经验丰富的技术支持工程师可以回答客户的问题，在客户需要时提供帮助。在现场的时候，施耐德经过认证的现场服务工程师将诊断、维修和测试设备，以确保最佳性能（见图 3-1）。

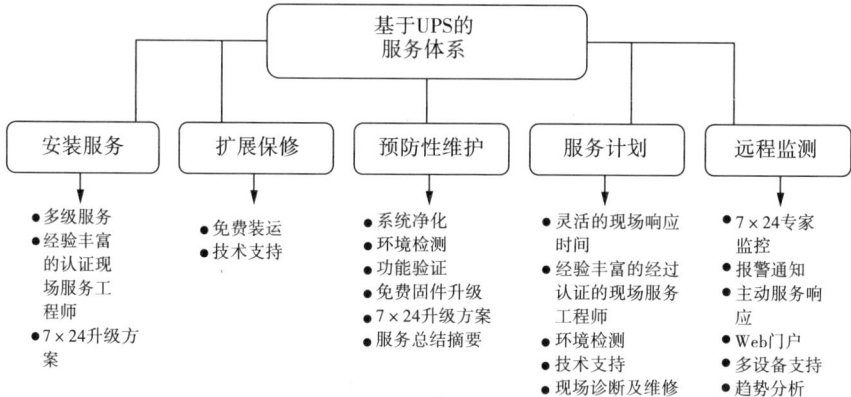

图 3-1 基于 UPS 的服务体系

3.2.2.2 基于 UPS 产品的服务运营平台

（1）基于 UPS 服务运营平台的设计。施耐德根据 UPS 产品的特点，综合考虑服务运营体系的要素，设计了产品的服务体系。服务运营体系的要素包括工程师和备件等，服务运营平台设计整合了工程师和备件，并且运用技术管理平台实现。工程师是服务体系中最根本的要素，如果把服务体系最简化，其实只要有受训的工程师就可以。但是为了提高运营效率，一些不需要工程师来做的事务性工作就逐渐转给秘书等事务辅助人员。所以技术过硬的工程师团队是服务的真正的基础。备件是服务的另一个基本要素，如果没有备件，工程师没有办法完成维修，而维修又是服务部最基础的工作，也是服务存在的最原始的原因。工程师调度是高效服务客户的一个基础要素，合理计划安排工程师的工作，既能满足客户的要求，又能提高工程师的效率。传统的服务部只是一个费用中心，花费公司的费用，为公司解决问题。最初的 UPS 产品服务只是单纯的有工程师，如果产品出现故障工程师直接前往维修，后来增加了一些辅助人员。但是经济已经从以产品为主导，开始向以服务为主导转移。工业时代造就的生产能力使竞争越来越激烈。所以从客户角度出发，用服务来吸引客户、抓住客户，使客户购买产品的同时产生最大的效益，已经成为很多产品制造商发展的重点。所以灵活的服务销售和执行，已经是服务部非常重要的组成部分。

　　服务运营体系考虑以上因素，结合现代运营管理的思想，从 UPS 产品的实际情况出发，设计服务运营平台。服务运营平台包括呼叫中心、销售中心、调度中心、服务部门等（见图 3-2）。随着业务量的增加，施耐德成立了基于 UPS 的服务部门。程控交换机使呼叫中心成为公司与客户沟通的第一接口，也增加服务部的组成元素。呼叫中心作为一个厂商的统一接口，可以使客户更容易联系到厂商。以调度为中心综合销售和呼叫中心的信息，以现代的客户关系管理系统为基础，结合网络、短信、电话等沟通方式，合理地安排工程师和备件。调度是服务运营平台的核心，只有调度高效合理地运营，才能保证整个服务运营平台平稳地运营。销售和呼叫中心作为调度中心的前级、与客户沟通的第一接口，要保证信息的全面、准确和及时。呼叫中心决定了是否安排工程师前往现场服务。所以准确判断的呼叫中心是服务的基础。同时需要呼叫中心明确什么级别的服务需要提供给客户，包括电话相应服务。在工程师与客户沟通前，需要提供的服务级别已经提供给对应的工程师。现场服务工程师和备件是服务运营平台最基础的部门，所以要保证这两个部门的实时状态准确和工作结果满足要求。

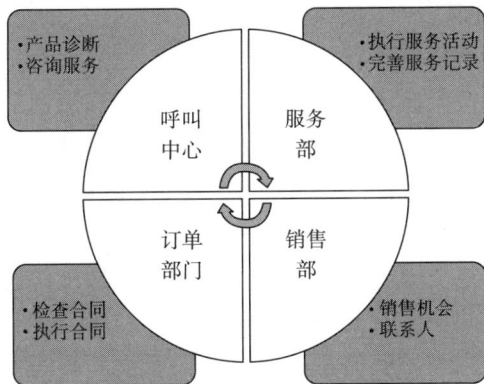

图 3-2　各部门工作交流过程

除与客户沟通的部门外，还辅以流程、质量、培训、技术和维修中心等外围部门。流程部门的职责是统筹运营平台，从客户的感受出发，以高效简洁为目的来设计流程和工作指导书。流程部门要与培训部门合作，保证每一个员工能熟悉具体的工作流程，清楚地了解流程的每一个变化。质量部门的职责是从流程设计的控制点去监控运营平台的稳定性。针对具体的不合格项提出建议，并后续监控建议实施的结果。培训部包括两个部分——技术培训和流程培训，分别由技术部门和流程部门负责。培训部只负责协调记录，并保证培训结果。技术部门的基本职责首先是做工程师的技术难点支持，解决一线工程师不能解决的问题；其次是对工程师做技术培训；最后是对现场的情况做分类整理，总结出质量问题与生产部门的R&D沟通，不断地提升产品质量。维修中心是指对从现场返回的故障备件，做维修重复使用，同时也检查工程师维修的工作质量。

（2）基于UPS服务运营平台的运行。UPS服务运营平台的运行是从客户关系管理开始的。基于UPS行业的重要性和特殊性，施耐德一直都非常关注客户关系管理，从2000年开始使用Siebel管理客户关系，系统记录客户的信息、联系人、设备等，同时记录所有与客户的互动过程，保证客户的每一次体验都被正确地记录，并被安排后续适当的措施。通过应用Siebel系统，公司可以管理销售人员、现场服务人员、呼叫中心的坐席等与客户直接接触的部门人员。保证这些部门在与客户接触的过程中可以应用Siebel的平台来整合所有信息并为客户提供满意的服务。公司的Siebel主要包括以下几个部分，其中以客户为中心，客户包含了相关信息的二级界面，以活动（Activity）为最基本的记录单元，来记录与客户之间的互动和员工的工作记录。客户是CRM系统的主体，所有的信息都是以客户为起点，也是其他部分的主体，它下面包括所有相关信息的二级界面。销售机会在客户下面的二级界面，直接关联于每一个客户。客户的任何销售机会都会被录入在CRM系统中，并转给具体销售人员。销售人员的主体工作就是跟踪每个销售机会，并在CRM系统中更新每个销售机会直至最终成单。联系人是指客户的具体联系人，一个客户可以有多个联系人。联系人既是客户的二级界面，也可以是其他二级界面的附属信息。产品是指所有客户从公司购买的产品，都以标准的SKU号保存在该客户名下。所有产品所有必要的信息都存在于产品的下一级界面信息中。服务记录指所有客户基于产品的服务都将记录在系统中。合同是基于产品的服务合同被记入系统，并与产品关联，以保证所有购买的服务可以被执行。

　　基于以上的系统界面，公司的销售人员、订单部门、服务部、呼叫中心都可以在此平台操作。部门间可以按照以下过程操作：销售部先跟踪销售机会成单；订单部门检查价格申请录入订单，并安排相应的工作；呼叫中心与客户联系相应事宜；服务部门按照客户的要求，基于具体设备开始调试和保修；客户与呼叫中心联系享受相应的服务；调度中心基于服务需求安排工程师。各部门之间具体的工作交流过程如图3-3所示。

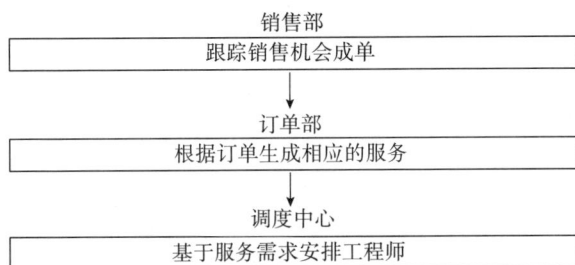

图3-3　服务运营平台的运行

3.2.2.3　施耐德解决方案的特点

　　施耐德电气（中国）的解决方案分为三个不同的层次，每个层次对应客户不同的需求，具有不同的系统特征、不同的产品与服务的集成特性。

　　Level 1 型是其各种产品与低附加值服务的组合。这一层次的解决方案采用的是其传统的项目型运作方法，只是简单满足客户招标书中的产品和服务要求，基本还是依靠产品销售来盈利，其服务附加值一般较低，一般在合同总额的10%以内，如定制化的母线槽、成套低压设备等。

　　Level 2 型是一个完备的独立的系统，主要包括相同业务单元内的物理设备、软件产品及相应的服务。这一层次的解决方案采用的是一种复杂的项目运作方法，服务于客户整个系统流程的优化，其服务附加值较高，一般在合同额的10%以上。它不只是对招标书的简单应答，还需要进行大量的前期工作，与客户进行充分的沟通和意见交流，同时对合同管理提出了更高的要求，如电动机控制系统解决方案、楼宇供电解决方案及空调制冷解决方案等。

　　Level 3 型是一个综合的复杂系统，它包含多个 Level 2 子系统。Level 2 仅仅服务于一个独立的业务单元，而 Level 3 则同时服务于若干个独立的业务单元，需要对顾客的需求有更加深入的了解，需要充分发挥自身的创新能力。这类项目一般规模很大，周期很长，需要的资源也多种多样，对管理能力有着很高的要求。施耐德电气的 Ecostruxure 系统是一个功能强大的能效管理系统，集成了其在各个业务领域的丰富经验和专业技术，可以为客户提供一个基于多项业务的综合解决方案，提高整个客户企业的系统运作效率，节约能源的消耗。施耐德电气各事业部项目团队紧密配合，深入了解客户需求，在此基础上制定出专业化解决方案，并通过合同能源管理的商务模式，帮助客户同时解决了技术和资金上遇到的问题，获得客户认可。

施耐德电气（中国）作为一家传统的生产制造企业，在进行服务化转型和推行整体解决方案的过程中，为了保证解决方案的顺利实行，其主要采取了如下几种措施：首先，施耐德电气（中国）在为员工提供原有丰富培训课程的基础上，还对各部门相关员工进行了重点的解决方案能力培训。提升解决方案技能举措旨在帮助员工成为能源领域和目标市场领域受客户信赖的顾问和具有差异化竞争优势的解决方案供应商。通过创办能源与解决方案大学（E&SU），施耐德电气（中国）将培训和认证考核数千名能源、解决方案销售和项目执行部门的员工。其次，施耐德电气（中国）还启动了一些特定业务领域的在线学习课程，如水行业解决方案培训课程。施耐德电气计划推出 11 个在线学习课程，内容围绕"能源建筑师认证"展开。施耐德电气不是按接受培训的员工人数考核进度，更多的是对完成的培训模块数量进行考核。员工培训将会加速企业的转型，帮助员工掌握全面的知识和技能。

在节能领域，政府的作用越来越显著，多数项目需要政府部门的支持和规划。在这种环境下，一些施耐德电气业务单位与政府建立了合作关系。大多数政府都推出了一些"刺激方案"。这些刺激方案大多数都包括节能增效方面的内容。因此，只有与政府部门保持密切联络，才能了解这些刺激方案的内容，并且努力使自己成为这方面的参考咨询方。例如，在中国，施耐德电气已经建立了与一些政府重要人士的直接联络渠道，因此能够影响政府推行的一些计划和政策，并且成为大多数此类计划和政策的参考咨询方。通过设立能源大使，从业务的发展中培养、维护和加强施耐德电气与中国主要政府部门的关系，提高施耐德电气对政府机构的游说能力，以增强施耐德电气对本行业的商业政策和标准的影响力，同时通过在中国组织和部署公共政策影响和沟通策略，推动施耐德电气能源管理业务的增长，巩固施耐德电气的领导地位。

3.2.3 清华同方

3.2.3.1 EMC 模式特点

EMC 模式是一种广泛应用于节能减排企业的制造业服务化模式。2010年4月2日，国务院办公厅联合国家发改委等部门下发《关于加快推行合同能源管理促进节能服务产业发展意见的通知》（以下简称《通知》），第一次对合同能源管理及节能服务产业的发展做出明确规定。正式将合同能源管理模式纳入国家能源发展政策，有助于改变中国过去的合同能源管理市场模式单一、市场规模散小、融资及税收成本较大、收益期限过长和产业化发展不足的问题。

节能服务公司与用户在能源合同的约束下，由节能服务公司对用户现有的能源系统进行改造，在一定程度上克服了用户节能意愿不强、节能改造资金投入量不足等问题，推动了我国节能减排改造项目的开展，促进了节能服务市场的发展。EMC 模式下的节能改造和传统的节能改造的对比情况如表 3-1 所示。

表 3-1　EMC 模式下的节能改造和传统的节能改造的对比

EMC 模式下的节能改造项目	传统的节能改造项目
节能服务公司筹集改造资金	用户筹集改造资金
合同高度整合	合同较多、涉及多个参与方
以节能收益偿还项目改造费用	在项目改造完成后就支付改造费用
节能服务公司承担项目主要风险	项目风险由双方分担
节能效率高	节能效率低
节能量有保障	节能量没保障

与传统节能减排改造项目相比，EMC 模式下的节能改造项目具有以下特点：

（1）用户项目风险低。在 EMC 模式下，节能服务公司负责筹集项目改造资金，并为节能改造项目提供技术支持及相关设备。根据 EMC 能源合同规定，对于不能实现预期节能量的改造项目，节能服务公司将承担相应损失。由此可见，在 EMC 模式下，节能服务公司承担着主要合同风险，用户的项目风险较小。

（2）高度整合的合同。在 EMC 模式下，节能服务公司为用户提供系统、全面的节能改造服务。节能服务公司利用自身能力融资，取得节能改造资金，解决节能改造项目的资金问题；同时，节能服务公司通过专业的节能方案设计，为节能改造项目提供技术支持与专业设备；此外，节能服务公司还负责项目改造的施工和能源系统运行维护，确保项目施工质量按计划运行。相比传统的节能改造项目，节能服务公司具有高度的整合能力，同时扮演了银行、方案设计者、材料设备供应商、施工方和运营维护方等多种角色。节能服务公司的"一条龙"服务提高了项目节能改造效率并降低了成本，推动了节能改造项目的产业化发展。

（3）多方共赢的运作模式。EMC 模式下节能改造涉及节能服务公司、用户、银行、设备和材料供应商等多个参与主体，各参与方都从节能改造项目中获益。用户在节能改造项目完成后与节能服务公司按合同约定分享节能改造收益；节能服务公司通过向用户提供节能服务，并从节能改造收益中获得企业利润；此外，为节能改造项目贷款的银行、设备和材料的供应商也从节能改造中获取各自利益。各方通过节能改造项目形成互利合作关系，实现多方共赢。

（4）节能改造项目的节能效率高。采用合同能源管理进行节能的项目，节能服务公司通常利用新技术或新设备达到节能减排的目的，而且实施节能改造项目的节能服务公司大多都具有节能改造的专业方法和经验。通过合同能源管理机制进行的节能项目改造，节能率一般在 10%～40%，也有高达 50% 以上的，这比通过一般节能方式达到的节能率高。通过 EMC 模式进行节能项目能提高资源的利用效率，减少能源浪费，节约经济发展成本，提升经济效益。

（5）节能量有保障。节能量是节能服务公司和用能单位签订合同的关键因素。无论哪种类型的合同能源管理，节能量都是节能服务公司获得效益的目标，往往在合同中进行约定。节能服务公司依靠自身优势进行节能项目改造比客户依靠自己直接出资购买新设备进行节能改造更有保障，不仅能够规避节能改造投资风险，还可以降低投资成本。特别是在节能量保证型合同中，节能服务公司要保证承诺的节能量。如果没有达到承诺的节能量，客户可以要求节能服务公司按照合同的约定给予相应的补足或者赔偿。

3.2.3.2 EMC 模式的类型

（1）节能效益分享模式。节能改造工程的全部投入和风险由 EMC 公司承担，项目实施完毕，经双方共同确认节能率后，在项目合同期内，双方按比例分享节能效益。项目合同结束后，先进高效节能设备无偿移交给企业使用，以后所产生的节能收益全归企业享有。节能服务公司除了提供技术方案和实施节能项目外，还负责项目的融资，承担融资、技术、运营等全部风险。对于客户来说，节能效益分享模式可谓真正的零投入、零风险（见图 3-4）。

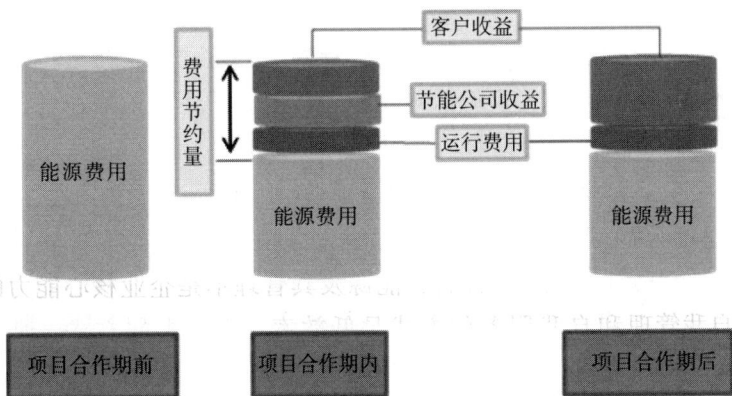

图 3-4　EMC 节能效益分享模式

该模式适用于诚信度很高、节能意愿强的客户，节能量大的大项目；合同较为复杂，对客户和节能服务公司双方的合同管理能力要求较高。

节能效益分享模式的主要特点有以下四点：①节能服务企业将风险从客户转移到自己身上，消除了客户企业的资金障碍，在一定程度上促进了能源市场的扩大与发展。②很多节能服务企业在开展节能效益分享项目时，首先需要融资。进行融资的资金来源可以有多种渠道，包括企业以往留存的资金、从银行等金融机构获得的商业贷款、从国际金融机构获得的节能专项贷款等。③能源管理项目的相关设计与施工由节能服务企业负责，客户企业只负责协调相关工作。另外，节能服务企业为客户提供能源审计、设计、设备采购、施工、人员培训等"一体化"服务，并保证完成合同规定的节能目标。④节能服务企业的利润取得主要靠与客户企业分享节能产生的经济效益。由于节能服务企业前期资金投入巨大，所以在经济效益分享比例约定上一般都收取较高的比例。

（2）节能量保证模式。节能改造工程的全部投入和风险由 EMC 公司承担，在项目合同期内，EMC 公司向企业承诺某一比例的节能量，用于支付工程成本；达不到承诺节能量的部分，由 EMC 公司负担；超出承诺节能量的部分，双方分享；直至 EMC 公司收回全部节能项目投资后，项目合同结束，先进高效节能设备无偿移交给企业使用，以后所产生的节能收益全归企业享有。此模式是最基本也最常用的合同能源管理模式，操作相对简单，适用于诚信度较高、节能意愿一般的客户。此外，规模较小、节能潜力有限的项目通常采用此模式。

（3）改造工程施工模式。企业委托 EMC 公司做能源审计、节能整体方案设计、节能改造工程施工，按普通工程施工的方式，支付工程前的预付款、工程中的进度款和工程后的竣工款。该模式适用于节能意识很强、懂得节能技术与节能效益的企业。运用该模式运作的 EMC 节能公司的效益是最低的，因为合同规定不能分享项目节能的巨大效益。

（4）能源管理服务模式。EMC 公司不仅提供节能服务业务，还提供能源管理业务。对许多经营者而言，能源及其管理不是企业核心能力的一个部分，自我管理和自我服务的方式是低效率、高成本的方式。通过使用 EMC 公司提供的专业服务，实现企业能源管理的外包，将有助于企业聚焦到核心业务和核心竞争能力的提升方面。能源管理的服务模式有两种形态，即能源费用比例承包方式和用能设备分类收费方式。

（5）联合投资模式。由节能公司和客户对节能项目双方共同投资，共同分享节能效益的一种模式。

（6）投资+买断型。先由节能公司对工程进行全额投资，并负责运行一年，一年后达到原先承诺的节能收益后，再由客户按照原先谈好的价格一次性买回所有的工程设施。

3.2.3.3　EMC 模式执行步骤

EMC 模式执行的一般步骤如下（见图 3-5）：

（1）可行性分析。所有项目在正式开始前都要进行可行性分析，合同能源管理项目也不例外。在企业能耗数据基础上，节能服务公司需要对将要开展的项目在内部进行可行性分析，预测项目产生的节能量，评价项目在技术和财务等方面的可行性，以及项目风险是否可控等问题。在此基础上，节能服务公司向业主提交专业的节能项目评估报告，对项目的能耗状况、预计产生的节能量、投资回报等进行详细分析，并提出可行的节能改

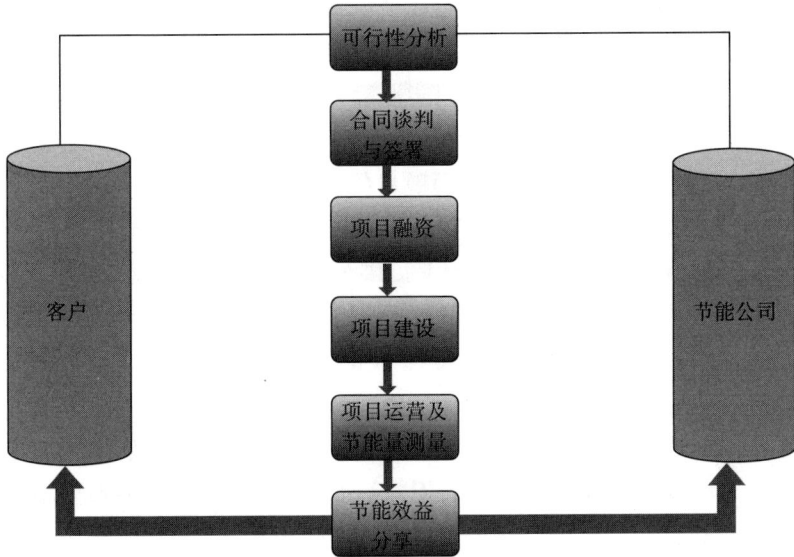

图 3-5 EMC 模式执行步骤

造方案。评估报告必须客观公正，因为这直接关系到业主或使用者是否委托其进行节能改造的决定和改造合同的谈判。

（2）合同谈判与签署。若业主决定与节能服务公司合作利用合同能源管理机制进行节能改造，则双方可以进行合同的谈判。合同内容包括：①项目概况，包括项目名称、地点、节能改造的内容、使用的技术设备等；②项目的具体实施方式，即采用的是节能量保证型合同还是节能效益分享型合同，或者其他 EMC 模式合同；③具体的节能改造设计方案或节能措施；④投融资责任的分担，项目资金由谁投入；⑤采购设备，包括设备的品牌、规格、型号等细节；⑥项目安装施工的期限、标准要求；⑦项目验收的要求及验收后的运营维护责任由谁承担；⑧节能量的计算和确定方法；⑨节能效益的分享比例及期限等。由于合同能源管理项目蕴含的风险较多，为避免项目执行中出现纠纷等情况，合同应对项目的有关细节进行明确规定，以减少执行过程中出现的问题。

（3）项目融资。合同能源管理机制的特点之一是节能服务公司需要对项目进行初始投资。但由于目前节能服务公司的资金实力较弱，大部分项目开始前都要为其进行融资。为项目进行融资的资金来源可以有多种渠道，包括公司业务发展过程中留存的自有资本、从银行等金融机构获得的商业贷款、从国际金融机构获得的节能专项贷款等。国内的节能服务公司融资渠道还比较有限，主要通过银行贷款获得。近年来，政府和金融行业对绿色金融的支持力度逐渐加大，合同能源管理项目的资金来源逐渐充足，各种新型融资方式逐渐浮现，保证了节能服务行业的快速发展。

（4）项目建设。合同能源管理项目的设备采购、施工、安装等工作需要由节能服务公司或其委托单位来完成。在完成融资和设计工作的基础上，节能服务公司根据设计方案的要求，提供相关节能设备及相应的售后服务。建设施工和设备安装工作通常由节能服务公司委托管理规范、施工技术满足要求的施工单位来完成。施工过程中业主的生产过程通常会同时进行，因此要把施工过程对业主的干扰尽量降低，而业主也应为施工和设备安装提供必要的配合和协助。设备安装完成后，节能服务公司还需要对相关设备进行必要的调试，以验证设备的正常运行和设备与原有系统之间的匹配性能。

（5）项目运营及节能量测量。项目通过竣工验收后，经过一段时间的试运行，即进入正常运行阶段。在此过程中，节能服务公司需要负责系统的运行管理并对操作人员进行培训，监测设备的正常运行，并进行必要的保养和维护，否则将会影响设备的运行效果从而影响实际的节能量。此外，运行过程中需要对项目实际产生的节能量进行测量，作为节能服务公司和业主结算的依据。目前，我国对节能效果的确定主要有四种方法：对项目实施前后能源账单的直接对比；利用能耗分析软件模拟计算节能量；通过实际测量计算确定节能量；通过简单的工程计算确定节能量。国际上则通过长期的实践形成了《国际性能测试与验证协议》（IPMVP），作为节能量测量与验证的指导性文件。

（6）节能效益分享。项目进入运营阶段后，每个周期内都会产生节能效益。这时节能服务公司就可以根据合同规定与业主共享这一效益。通过测量确定每一周期内产生的实际节能量，节能服务公司以此为依据与业主进行结算，按照合同规定从业主处收取每期的节能效益款，并以此支付项目融资产生的财务费用及偿还贷款，到项目合同期满为止。

在项目投资时，同方节能的资金一般大于30%，剩余的资金由客户出资或通过银行贷款，可以申请银行的绿色贷和节能贷。项目回收周期一般为8~10年，最好的为5年。对于效益分享型与联合投资型，同方节能的项目提成比例一般为70%。

3.2.4 陕鼓服务型制造模式

陕鼓通过实施"两个转变"的战略目标,即从单一产品供应商向能量转换领域系统解决方案商和系统服务商转变,从产品经营向品牌经营、资本运作转变,一跃成为目前国内制造服务型企业的典型代表,离不开企业在科技创新方面的努力,更离不开企业在国际先进制造业背景下所开展的服务型制造商业模式的创新转型。

3.2.4.1 远程诊断服务

基于产品效能提升的增值服务,陕鼓为客户企业提供设备远程诊断服务。首先,陕鼓的大型设备技术较为复杂,多为客户生产流程上的核心关键设备,需要较高的可靠性,加上零部件较多,任意部件一旦出现问题,将有可能造成整个系统的全面停机,如果在部件完全损坏之前就能够发现,就可以在生产间歇及时更换,从而能够避免停机对生产造成影响。

其次,专业化远程状态服务最重要的是能够发现并记录人眼难以察觉的微小变化,防患于未然。例如,陕鼓曾卖给大连石化集团一台机组,当时机组送电以后经常跳机,一跳机机组就振动得厉害,开始把原因归结为机组振动有问题。远程监测设备装上后,记录下了设备频谱的状况。陕鼓的检测人员在电脑里把频谱的时间间隔细分到毫秒,最后发现实际上不是风机跳动的原因,而是电机跳动了以后,风机接着停机,中间差了 0.6 毫秒,人根本感觉不到。专业化的诊断设备极大地提高了陕鼓检测产品状态的能力。

最后,专业化远程诊断服务是陕鼓变"被动服务"为"主动服务"的需要。陕鼓多年来为化工、石油、空分、冶金及制药等行业提供了许多套透平机组,近几年又有了较大增长。经过多年的发展,虽然目前陕鼓已经具备了一支初具规模的机组维护队伍和比较完整的售后服务体系,但是在进一步提高陕鼓对用户服务能力的过程中,公司又面临着以下困惑:公司不能够实时、全面地掌握第一手用户机组运行的数据,不能够深入、及时地了解机组在现场的使用情况,陕鼓与用户之间、公司内部服务系统的各个环节之间缺乏有效的信息沟通,使陕鼓在对用户的服务过程中遇到了"信息化"瓶颈。而远程诊断系统的成功引入使上述问题一一得到了解决,陕鼓对自身的产品有了更深入的了解,也就能够更好、更及时地为客户提供服务。

"现在，在陕鼓的控制车间内，只要一点击鼠标，就可以看见世界各地正在运行中的任意陕鼓产品的情况，一旦出现问题，马上可以进行专家会诊"，陕鼓的总经理陈党民这样描述陕鼓的远程状态服务。基于提升自身服务能力的迫切需求，2003 年，陕鼓与深圳市创为实技术发展有限公司、西安交通大学智能仪器与诊断研究所联合成立了陕鼓旋转机械远程在线监测及故障诊断中心（以下简称陕鼓中心）。在经过多年的合作研究及工作的基础上，陕鼓对透平机组远程在线监测及故障诊断已具有一定的广度和深度。陕鼓中心不仅拥有中心的硬件设备、软件系统，还拥有专家诊断及专家建设群体，并且建立了对用户透平机组运行、维护、修理的管理体系。

（1）陕鼓中心用户现场透平机组的基本工作原理。如图 3-6 所示，陕鼓中心的主要硬件设备及软件系统有：监测及故障诊断中心 RMD8000 系统和在用户现场的在线监测及故障诊断系统 S8000。S8000 系统由用户现场的NET8000、WEB8000 组成，S8000 和用户局域网组成本地监测网络。用户本地监测网络和监测中心的 RMD8000 通过 INTERNET 网组成一个完整的远程监测及故障诊断网络。用户 S8000 系统监测数据可通过用户局域网上传到INTERNET 网，传送回陕鼓中心。陕鼓中心采用专用 7.2M 光纤从 INTER-NET 读取数据。

（2）陕鼓中心的总体结构简要说明及诊断系统使用范围。从陕鼓中心总体结构图可简要看出陕鼓中心包括中心的在线监测系统、中心的诊断系统、中心的远程动平衡、中心的管理系统。在陕鼓中心多个系统共同工作下，外围还有：陕鼓试车站试验台远程在线监测及故障诊断系统，主要做陕鼓出厂设备在试车站试车的监测及故障诊断分析；深圳创为实旋转机械远程在线监测及故障诊断分站，主要辅助陕鼓中心的监测及故障诊断分析；西安交大诊断分站提供陕鼓中心故障诊断分析的理论依据及理论研究。用户现场的 S8000 就是陕鼓中心对用户现场透平机组进行 24 小时在线监测及故障诊断的系统。陕鼓中心多方面的工作就是要提供给用户透平机组全方位在线监测及故障诊断，对用户透平机组出现的故障及潜在型故障进行早期预防和及时诊断及排除。

陕鼓旋转机械远程在线监测及故障诊断系统可适用陕鼓生产和成套的各种类型的透平机组，可在线监测及故障诊断硝酸四合一透平机组，硝酸三合一透平机组，燃气、蒸汽联合循环发电透平机组，冶金的高炉煤气余压回收发电透平机组，高炉鼓风透平机组等。陕鼓现在出厂的主要机型上都集成了陕鼓旋转机械远程在线监测及故障诊断系统，这一系统由陕鼓旋转机械远程在线监测及故障诊断中心管理。此外，陕鼓还在远程在线上对机组设置了不同的警戒值，相当于给用户做了一个预警系统。对客户而言，这套系统为帮助客户准确掌握机组运行状况、合理安排维修改造提供了准确信息，防患于未然，保证了机组的安全运行。

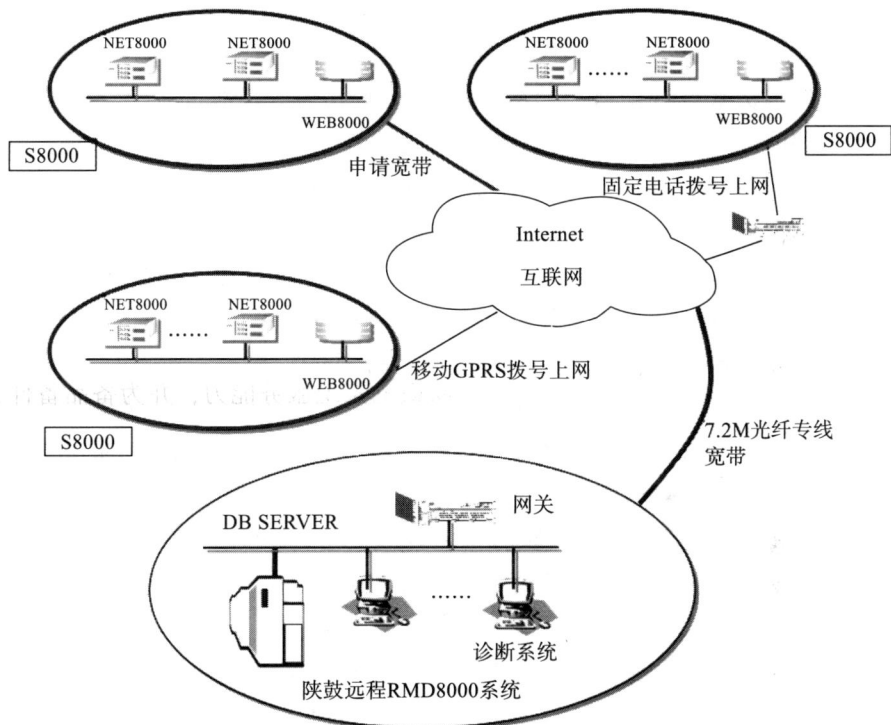

图 3-6   陕鼓旋转机械远程在线监测及故障诊断系统网络构成

为了进一步提升该服务模块的能力，2014 年西安陕鼓智能信息科技有限公司正式成立并举行揭牌仪式，成为陕鼓集团的又一名新成员。作为能量转换领域全智能化的系统解决方案供应商和服务商，公司致力于智能产品检测诊断服务、全寿命设备管理，以及各类工业生产领域及环境人居领域的信息化和智能化等产品的研发、销售和服务。按照信息化和工业化的理念，陕鼓一直致力于提升自身对设备的诊断水平，从而更广泛、更细致、更全面地提高掌控核心产品的运营状况，提高服务化水准。远程诊断系统给客户企业和陕鼓都带来了极大的便利。首先，当设备处于运行状态时，通过互联网，远在陕鼓监测中心的工作人员能够对设备进行全过程、全天候的状态监测，一旦设备运行出现问题，陕鼓的专家组立即通过网络为用户检修，快捷省时，同时用户长年配备的设备维修队也可以部分裁撤。客户企业可以享受诊断服务专家提供的更加及时、有效的诊断服务，降低诊断维护投入，以及享受机组制造厂商提供的更加优质的产品和售后服务，此外还有助于与同行之间加强沟通和交流，实现知识和经验的共享。其次，对陕鼓而言，远程监测中心还可以作为陕鼓与用户的信息交流平台，对出厂机组运行状态实现了实时监控，掌握了现场机组运行情况的第一手信息，从而使陕鼓能够及时、全面地了解出厂机组的使用运行状况，同时提升售后服务能力（现场维护指导、备品备件供应等）和经济效益。

目前在陕鼓监测中心的用户共 215 家 1224 台套机组，专家先后通过远程在线系统为塔西南化肥、乌石化、沧炼、济钢等用户改善机组的运行状况。远程诊断系统使全球各个角落的透平专家都能在授权范围内全面、精细、充分地了解产品运行状态，充分预测机组运行趋势和客户服务需求，制定个性化的解决方案，有效提高了陕鼓的系统服务能力，并为备品备件、维修维护、性能诊断、升级改造等服务板块提供了前瞻性信息，极大地推进了企业的服务战略转型。

在线监测与故障诊断系统的建立对陕鼓及客户企业的发展做出了巨大贡献，帮助它们获得了有用的信息。然而，远程诊断服务的获得需要巨大的成本投入。从商业的角度来看，相对于成本投入，收益获得才是成功的关键因素。因此，企业管理者还需要考虑投入成本，包括硬件和软件两个方面的前期投入成本及后续的系统维护及运营成本（见图 3-7）。

从图 3-7 可以看出，服务业务的开展要经历三个阶段：开始的投资阶段、成长阶段及成熟阶段。开始阶段主要是软硬件的投资，因此成本增加较快；成长阶段开始试运营，在这个阶段中投资幅度变缓；在成熟阶段，服务正式开始运营，成本进一步放缓，主要是设备的维护等费用，同时收益增长较快，净收益逐渐增大。

从图 3-7 中可以看出，从经济的角度考虑尽快实现收支平衡有利于企业获得最大收益，通常有两种方法可以帮助企业尽快实现收支平衡，即改变成本或利润曲线。陕鼓为了能使在线监测与故障诊断系统尽快为客户提供服务并能尽快获得收益，采取的办法是通过加大开始阶段的投资成本从而使收益也能够尽快实现，最终的效果是使收支平衡点向左上角移动。为此，陕鼓通过与西安交通大学及深圳创为实科技发展有限公司等开展合作，最大限度地缩短了第一阶段及第二阶段的时间，从而使收支平衡点能够提前到来，同时也尽早实现了该系统的服务效果。

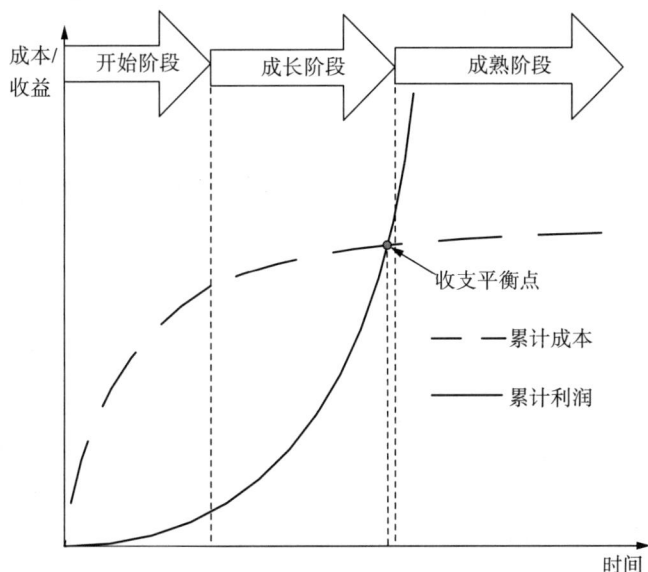

图3-7 成本与收益关系

3.2.4.2 专业维修服务

基于产品效能提升的增值服务——为客户提供专业维修服务。陕鼓的客户原来都有自己专门的维修队伍，有些甚至是七八千人的规模。随着专业化分工越来越细，客户原来自行组建的维修队伍负责机组日常维修、改造的方式已经不能满足自身发展的需要。现在陕鼓有专业的维修队伍，可以代客户维修，虽然对不同的客户来说，他们的问题可能各有特殊性，但是对陕鼓来说，由于面向的客户群众多，所面临的问题就会有或多或少的共性。

将低端维修服务外包。从2005年开始，陕鼓就将部分设备的维修项目（包括现场管理、维修、配件及润滑）承包给北京中如技术有限公司（以下简称北京中如）。北京中如作为专业的维修公司，承包了陕鼓销售给客户企业的设备项目、所有金切机床的日常维修服务及其他服务和管理，比如：承担所有设备的机械、电气、液压备件的全部供应（进口备件、国内主机厂备件）；承担所有设备的日常供油、清洗换油和设备治漏工作；从时间上确保全年 365 天、每天 24 小时不停机故障排除的全面服务；切实参与到用户厂内（即操作者培训、日保、一保、二保及设备事故）的设备管理工作；通过参加每天的生产调度会、每月设备例会与用户厂生产处、车间及时沟通，了解用户的需求和满意度。

北京中如经过和陕鼓集团近三年的紧密配合和协作后，已经成为在设备维修上的合作伙伴。北京中如的加盟为陕鼓集团从产品型企业向服务型企业全面转制做出了贡献。2005 年，陕鼓集团的维修中心管理设备车间、车间维修、备件库、油库由于北京中如的承包，陕鼓集团和北京中如合作，把整个设备管理维修中心全部人员转入产品售后服务，同时促进了陕鼓集团成套透平组的远程在线检测及故障诊断应用和发展。

做强附加值更高的高端维修服务。陕鼓将低端维修服务承包给专业维修公司的同时，不断提高自身在技术性更强的领域的服务能力。2001~2004年，陕鼓先后完成了天津钢管汽轮机、混流式压缩机（德国 GHH）、张家港宏发轴流压缩机（瑞士苏尔寿）等项目的维修、检修项目，积累了大量的重要经验，在此期间，陕鼓维修检修市场订货年均增速达到 43%，四年累计订货 1 亿元，成为快速增长的高端业务，到 2009 年，该业务订货量已经超过 1 亿元。

近年来，陕鼓的维修服务又踏上了新的台阶，2013 年 7 月 26 日，作为西安陕鼓动力股份有限公司（以下简称"陕鼓动力"）建立的首个驻外维修服务中心，陕鼓动力唐山维修服务中心正式成立，从而实现了覆盖京、津、唐、冀用户的"上门服务"。此次成立的唐山维修服务中心将进一步发挥区域化和本地化服务的优势，缩短服务周期，提高项目实施质量及效率，现场处理机组出现的各类问题，帮助用户正确使用和保养设备，减少故障停机次数；同时通过建立备件库，在短时间内就可以为用户提供原厂正品备件，机组检修时间将比返厂检修时间缩短 20% 以上。此外，在为用户节约成本的同时，还将重点提供系统节能解决方案。陕鼓动力总经理陈党民表示："成立唐山维修服务中心的目的，就是落实以用户需求为企业服务导向的理念，贴近用户，把服务做到用户的家门口，提供成本更低、更及时、更系统和更专业的备件和服务。"

陕鼓的设备往往是客户企业生产过程中的重要组成部分，一旦出现故障造成停机，就会给生产企业带来巨大的经济损失，而陕鼓的大多数设备技术复杂，科技含量高，属于大型的高端技术产品，设备的维修过程复杂，往往需要专业的服务人员才能完成。因此，为了更好地为客户服务，避免设备故障给客户企业带来影响，陕鼓依靠自身专业及人力资源优势，组建了专业的设备维修队伍，一方面负责为所有的客户企业提供专业化维修服务，另一方面便于开展对客户的旧设备进行改造升级。

专业化维修改造服务实现了陕鼓与客户的双赢局面。首先，客户不再需要长期雇用专业维修人员，降低了人员雇用费用，同时陕鼓的维修队伍专业化程度高，维修经验丰富，维修速度快，提高了设备维修的效率，降低了故障带来的损失。其次，陕鼓通过提供专业化维修改造服务，满足客户需求并提高客户满意度，实现了市场空间的大幅度提升，并且获得了相应的服务收益。2001～2004年，陕鼓维修检修业务订单量年均增速达到43%，四年累计收入达1亿元，成为快速增长的高端业务，2009年维修业务收入已经超过1亿元。

3.2.4.3 提供备品备件管理服务

基于产品交易便捷化的增值服务——为客户提供备品备件管理服务。制造企业的业务从制造环节向交易环节拓展具有天然的条件和内在需求，当工业产品交付需要专业知识来销售、配送、安装和维护时，由制造商来提供这些产品和服务的范围经济就会越来越明显。事实上，在制造业发展的历史进程中，出于竞争的需要，越来越多的企业把提高产品交易的便捷化作为提升企业竞争力的重要手段和途径。概括起来，提高产品交易便捷化的服务主要包括基于产品的多元化的融资服务、供应链管理服务和电子商务服务。陕鼓在基于产品交易便捷化的增值服务方面主要体现在为客户提供备品备件管理服务和为顾客提供融资服务。

成立专业的备件辅机制造子公司。陕鼓的专业子公司——西安陕鼓备件辅机制造有限公司的存在为陕鼓提供备品备件服务奠定了基础。该子公司专业生产制造、经营各类风机、备品、备件、辅机，至今已有20年的企业经营史，主要经营范围为鼓风机和压缩机的备件设计制造、相关机电产品的制造销售，主要产品有风机转子、软密封、蜂窝密封、滑动轴承、滤油器、冷油器、联轴器、消声器、动力油站等，为陕鼓动力股份有限公司配套生产轴流压缩机和能量回收透平的静叶轴承。备件辅机制造有限公司在生产备件的同时也对备件持有一定库存，保证了陕鼓产品备件的随时可用性，因此一旦客户企业的机组出现问题，这些备件可以马上供货，对客户而言，减少了资金占用和保管费用，还能够随时得到需要的备件。

由于陕鼓提供的成套设备专业化程度高、零部件多，为了避免易损部件的故障而造成的停机，客户一般要储备一些易损件作为备品备件，以便能够及时更换，但这也为客户企业带来了资金占用、储备不足、保管麻烦等问题。为此，陕鼓成立备件配备中心，能够及时为客户提供所需备件，从而保证客户企业生产的连续性，备品备件的管理服务一方面降低了客户企业备品备件的库存成本，另一方面提高了设备的可靠性。

陕鼓的备件库实际上是对用户的资源做了一个相对的整合。以前，用户有多少台不同的装备，就得备多少套不同的备件，即便相同的备件，不同的用户也要各备一套。现在，由于产品的系列化程度高，零件差异并不大，陕鼓主要储备通用备件即可。即使个别备件未准备，也可以利用远程监测和诊断信息提前准备。这样，备品备件服务只会占用少量的库存，同时还能够通过销售或出租备件获得收益，抵消库存成本和资金占用，最重要的是借此稳定了客户资源。陕鼓储存的同一备件可以多次出租给不同的客户，获得租金及管理费，将原先出售备品备件的一次收益的方式转变为多次收益的方式。2002~2004 年，陕鼓的备品备件服务业务累计订货额达到1. 24 亿元，年均增速 45%，到 2010 年，该服务与其他服务共同实现了透平设备 20 亿元的订货。

3.2.4.4　提供融资服务

基于产品交易便捷化的增值服务——为客户提供融资服务。资金支撑对大型装备制造业企业的持续发展具有重要意义。陕鼓在实践中发现，有些下游客户项目很好，却苦于短期内缺乏资金。对于装备制造企业来讲，较高的投资门槛成为制约企业投资规模、生产能力和技术水平的主要障碍。正是在这样的背景下，陕鼓开始探寻一种将产业资源与金融资源系统整合的路径，希望形成共赢的合作模式与运作机制，以共同满足市场、拓展市场、引领市场。

考虑到用户企业不仅需要陕鼓的产品，更需要各种形式的融资服务，于是陕鼓提出了"金融企业+核心企业+客户企业"的三位一体的融资服务模式。三位一体的融资模式指的是由核心企业（制造业产品及各种配套服务的生产者）与客户企业（制造业产品及各种配套服务的购买者）建立市场联系，引入金融企业（即商业银行）向客户企业提供贷款，配以核心企业向客户企业的回购机制，降低核心企业和金融企业的共同风险。以"卖方信贷买方付息"融资模式为例，此举在陕鼓与用户签订产品购销合同的基础上，由银行应陕鼓的申请，在陕鼓客户企业具备付息能力并支付贷款利息的条件下，向陕鼓发放分期分次还款的贷款，用以支持陕鼓向用户企业提供卖方信贷。在陕鼓客户企业无法支付货款或贷款利息时，由陕鼓回购产品以降低产品销售和贷款风险。目前，这种融资合作已在昆钢、内蒙古金河、宝钢集团上钢一厂的 TRT 工程成套项目中应用。

此外，陕鼓还开创了"金融机构部分融资""预付款+分期付款+应收账款保理融资""订金+陕鼓+金融机构融资"等 14 种融资模式。在与用户签订产品购销合同的基础上，陕鼓开创的"陕鼓+配套企业+委托贷款"的融资模式已在日钢等 TRT 工程成套项目中得到应用，"金融机构部分融资"模式也在唐山港陆、晋开 TRT 工程成套项目中应用。陕鼓还结合各个客户企业的融资需求，制定了"预付款+分期付款+应收账款保理融资"、网上信用证融资、法人按揭贷款融资、票据包买方式融资、买方信贷融资、融资租赁融资、BOT 模式融资、专业化合资公司融资等多种服务模式菜单。

融资服务模式的优点在于：对于大宗装备制造产品生产的核心企业来讲，这一举措拓展了其产品市场，提升了企业的竞争力；对于金融企业来讲，通过取得总行批准的专项授信，拓展了金融产品范围，实现了在融资服务方面的业务创新；对于用户企业来讲，则突破了原有的资金瓶颈，保证了创利项目的顺利实施。这些融资模式的设计可以让金融企业、核心企业和客户企业实现三方共赢。

3.2.4.5 工程成套服务

基于产品整合的增值服务——为客户提供工程成套服务。全球装备制造业的产业竞争形态正在发生深刻变革，客户所需要的不是单一功能的产品，而是基于一系列产品的功能整合，是一个能够为客户创造价值的产品系统。在这一背景下，总集成、总承包、总服务成为装备制造业等产业发展的重要方向。陕鼓在这方面所采取的措施主要是为客户提供工程成套服务。系统解决方案本质上是一种个性化的解决方案，是陕鼓根据用户的不同需求来定制不同的配置，从而向客户提供工程成套服务。工程成套服务是指除为客户提供自产主机外，还要负责设备成套服务（包括系统设计、系统设备提供、系统安装调试）和工程承包服务（包括基础、厂房、外围设施建设），为客户提供更大范围的、系统的问题解决方案。

从 2002 年起，陕鼓开始从事工程总承包（EPC）服务，包括厂房建设、管道铺设、绿化设计都由陕鼓来完成。从出售单一产品向出售解决方案转变，对陕鼓来说，最大的考验在于提升服务能力。为此，陕鼓通过强化资源配置，从市场调查开始，在产品开发改进、生产制造、安装调试、售后服务上提供全方位、全天候的服务，并利用现代科技手段，对服务范围进行拓宽和延伸，为客户提供包括方案设计、系统成套供货、设备状态管理及备件零库存等在内的系统服务，并为有条件的客户提供金融融资服务，真正打造陕鼓的服务品牌。为此，前期不仅已经成功运用现代信息技术，开发了远程故障诊断系统，对用户装置实施实时监测和状态管理，还以此为基础，组建专门的服务中心。除此之外，陕鼓要为客户提供完整的问题解决方案，就必须高度重视控制环节，因为对于整个系统而言，控制系统好比是透平装置的大脑与神经系统。因此，陕鼓通过充分发挥自身在自动化控制方面的技术、人才优势，组建了透平机械自动化研究中心，推动了企业的快速发展。

陕鼓大型设备的安装是一项复杂的工程，同时对制造企业的厂房及基础设施也有着特殊的要求。因此，客户企业在购买陕鼓的产品之前，往往需要先行选择厂址，规划并修建基础设施，然后再购买、安装和调试设备。但由于一些客户企业相关经验不足，往往导致整个过程耗时耗力且效果不好。另外，陕鼓在战略定位上实现了从生产型制造向服务型制造的转变：其向客户提供的不仅仅是产品，还包括依托于产品的系统解决方案和专业化服务，即"产品—服务包"。在这个"产品—服务包"中，系统解决方案是陕鼓提供给客户的一套"功能性"服务；再者，单纯提供风机产品的利润空间日益狭小，由于提供单机的厂商众多，提供产品已变为简单劳动。在恶性竞争中，生产商只能赚取微薄的利润，获利空间十分狭小；并且，市场的变化或者产品更新换代，都会使大量的设备、工具工装、人员闲置，而新产品的问世又需要大量购置设备、工具工装，形成新的投入，也要配备人员。总体上，适应市场变化的能力偏差，经营风险极大。在这样的现实困境中，陕鼓发现，在整个工业流程完整项目建设中，用户的关注重心不是项目中单个设备的好坏，而是整体项目的最终功能是否满足需求。单一的风机产品对陕鼓服务的流程工业而言只是系统中的一部分，不可能实现用户所需要的功能，而必须由汽机、电机等原动机及润滑油站、除尘装置等一些配套产品经过优化配置后形成一个完整的系统来实现；并且在工业领域，专业化系统服务也已成为消费趋势，企业必须改变单一身份，向用户提供完整的解决方案，解决整个流程的问题。企业一旦将注意力转移到外部市场需求，其逻辑顺序就是先考察市场需求，而后为了满足该需求，动用企业内部的资源及能力与之匹配。

陕鼓整合了社会资源，为客户提供完整的问题解决方案，供货范围扩大，系统管理能力增强，可以与陕鼓进行竞争的企业大量减少，陕鼓获取订单的能力得到大幅度增强。对客户而言，好处之一是不需要进行专门的项目管理，管理由陕鼓的专业化管理队伍完成，协调量大大减少；好处之二是可以控制项目投资和投资周期，因系统不配套、实施经验不足而造成的成本上升和周期难以控制的问题得以有效解决。

陕鼓通过把非核心设备外包，一方面提高了效率，另一方面却把下游客户协调主机制造商、配套设备商和工程实施商关系的项目管理任务从客户手中转嫁了过来。这既增加了协调任务，又增加了管理难度。陕鼓是如何理顺项目管理中出现的协调问题，实现整体效应的？答案在于陕鼓从原来"大而全"式的内部供应链体系转变为只做核心设备和零部件的外部供应链体系；管理上随之从一种内部管理的上下级关系变成一种契约型的伙伴关系。

工程成套服务帮助陕鼓和客户实现了真正的双赢局面，2003年以来，陕鼓先后在冶金、石化、空分、预热发电、水处理等领域承揽了共150多个工程项目，工程合同总额达到63.4亿元，90%以上都实现了节能减排的预期目标，对能够实现节能环保的环节有了更深入的理解。在实施工程成套系统服务之后，陕鼓的合同额增加了3.5倍，利润增加了2.7倍，效益可观。以陕鼓为宝钢提供的能量回收透平装置（TRT）工程成套项目为例，陕鼓向宝钢除提供传统意义上的TRT主机外，还提供了配套设备、厂房、基础及外围设施建设，提供高炉煤气余压余热回收发电功能。如果单卖产品，陕鼓只能拿到600万元的主机订单，但是陕鼓通过提供系统解决方案，最终签订了3000万元的配套合同，效益提高了近3倍。

3.3 系统解决方案模式解析

3.3.1 系统解决方案模式构建

解决方案是一种将产品和服务进行无缝组合、为目标客户提供最完备结果、全新的商业模式。虽然提供商普遍认为这种商业模式比单纯提供产品可以赚取更多的利润，但是目前企业对这一模式的具体内容尚未明确。通过对实际企业的考察构建解决方案商业模式框架，并给出框架中各个核心领域的关键元素有助于企业管理者理解和表述企业的集成解决方案业务逻辑，促使企业在高度竞争的领域中准确把握集成解决方案的机遇，明确服务战略和目标，为核心能力的培养打下基础。从框架中还可以看出，每个核心领域之间都相互影响。服务战略界定了服务的范围和目标，并从客户角度定义了价值活动。当企业开始走向下游环节，提供服务，赚取更多利润时，就会引起企业重新整合能力和供应商关系，也会影响整个战略和经营目标的范围和本质。当企业可以熟练地提供集成解决方案时，就形成了自己独特的核心能力，为服务新市场而产生外包和合作等新的商业关系，使企业之间的界限发生改变。

系统解决方案将为客户提供多项内容，包括如何整合产品与服务，如何利用解决方案这种商业模式创造价值，如何实现解决方案创新，如何增添服务要素、提高服务提供效率等，如何利用解决方案网络实现价值共创，如何创造多厂商解决方案，如何管理解决方案的销售队伍等问题，如何控制解决方案带来的各类风险等。为用户提供系统解决方案是一个复杂的、需要不断交互和不断迭代的动态过程，本部分通过案例研究探寻其中的作用机制，系统分析系统解决方案的全过程。系统解决方案的形成一般根据解决客户问题的过程，将其划分为深度分析客户业务、诊断并识别客户问题、提供方案和整合方案内容等阶段；根据企业实地调研，将其划分为定义客户需求、定制并整合、利用和后期部署等阶段；根据解决方案的生命周期，将其划分为产生主意、谈判、试行、运行和标准化等阶段。制造商能否持续开发并向客户提供有效解决方案的根本在于制造企业服务能力能否得到有效提升。

通过案例描述与分析，制造商开发客户解决方案是一个复杂的动态过程，这个过程可以拆分为感知服务机会、捕获服务机会、重构配置服务资源等阶段。因此，本部分将对案例企业在各阶段中所表现出的特征进行案例分析，着力探究每一阶段中制造商举措的共性，总结制造商开发客户解决方案的模式，如图 3-8 所示。

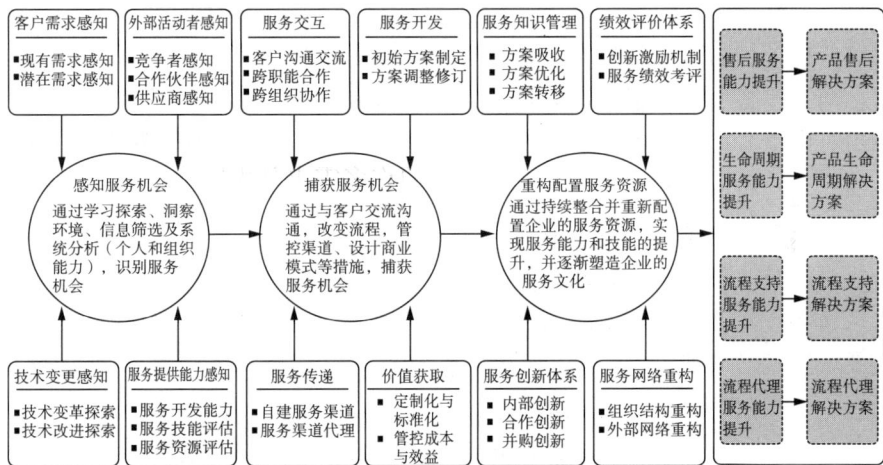

图 3-8　系统解决方案模式

根据对 IBM、清华同方、陕鼓、施耐德等企业的调研，本部分将系统解决方案按照方案中所包含的服务要素进行划分，将其划分为四类：①产品售后服务，是为客户购买的产品提供一系列的售后服务，如产品问题的诊断、供应备件、产品维保、检修、改造和翻新等，这些服务主要是为产品的功能提供保障，如 IBM、陕鼓的专业维修服务和施耐德的产品售后服务。②产品生命周期服务，是指在产品生命周期内为客户所购的产品提供全面服务保障，如售前提供研发设计、可行性分析、建议或咨询等服务，售中提供运送、安装、调试等服务，售后提供维保、备件更换等服务，如 IBM、陕鼓的工程成套服务及施耐德的产品生命周期服务。③流程支持服务，是指帮助客户提高其商业流程效率或水平的服务，为客户的制造或仓储提供咨询服务等，如陕鼓的远程诊断与提供备件和管理服务。④流程代理服务，是指代替客户执行某种流程操作或运营的服务，如陕鼓提供的融资服务和清华同方的节能服务。

3.3.2　感知服务机会

在感知服务机会阶段，制造商关注客户需求的变动，关注客户所处的竞争或物理环境，关注竞争对手的举措和供应商的能力，并会注重内部对产品和服务的开发，关注外部科技信息的变动等。这些措施是制造商学习观察、洞察环境、信息筛选及系统分析的基础，是识别服务机会的关键，而这些措施是动态能力中识别机会能力的微观基础。

第一，客户需求感知。制造商进行服务化转型，最根本的是由以产品为中心向以客户及服务为中心转变，这要求制造商必须深刻理解客户需求。然而，客户需求的发掘是困难的，客户的许多需求是内隐式的，难以被直接观察或直接测量。同时，客户需求不仅是对产品，还有对服务的需求；不仅有现有的需求，还有潜在的需求。为识别服务机会，制造企业需要深入调研客户需求，与客户经常互动交流，甚至需要与客户合作开发，不仅需要转变角色与职能，还需要关注客户的经营环境，关注客户遇到的问题等。

第二，外部活动者感知。制造商进行服务转型，展开差异化竞争，会使市场竞争更为激烈，因此制造商需要更加关注竞争者的举措，预测竞争者可能为客户提供的产品及服务，以便寻找到服务机会。同时，制造商还可以与合作伙伴、供应商构筑服务系统，以发现服务机会。制造商可以将供应商、分销商、代理商、咨询公司、承包商等加入到企业的服务系统中，帮助企业获取市场、客户信息。研究表明，成功的制造商会有目的地与合作伙伴、供应商等构建起服务网络，通过服务网络不仅有助于服务客户，还有助于发现服务机会。

第三，技术变更感知。技术的变革与改进能够帮助企业识别服务机会。制造企业需要重视外部信息的获取，进而不断实现技术的革新与改进。例如，通过参加行业会展、学术会议，以及邀请业内专家学者交流等形式，能够帮助制造商获取行业信息。同时，制造企业还可以采用先进的信息通信技术，获取内外部信息，并实现企业内部信息、知识的共享与转移。通过这些信息的收集、转移、共享与分析，制造商能够感知到技术变更的方向，从而发现其中的商业机会。

第四，服务提供能力感知。企业内部的服务开发能力、服务技能和服务资源也是获得服务创新、发现服务机会的重要来源。制造商不仅可以开发产品与相关服务，并将两者融合向客户销售，还可以将内部组织间的技术咨询、维保、经验传授等内容转化为向外部客户提供的服务产品。同时，制造商所拥有的服务技能和服务资源不仅有助于其识别服务机会，还有助于企业选择与自身能力、资源相匹配的服务机会进行投资，可以将企业内的经验知识进行系统化、结构化的管理，以便将其转化为服务机会。

3.3.3　捕获服务机会

本章研究发现，制造商为开发有效的客户解决方案，需要与客户密切交流沟通，改变自身服务流程，管控服务渠道，设计合适的商业模式等，以捕获服务机会。制造商捕获服务机会的活动主要包括四种：服务交互、服务开发、服务传递和价值获取。

第一，服务交互。尽管在识别服务机会阶段，制造商就需要与客户、供应商等不断交流沟通，但在捕获服务机会阶段，制造商更需要与他们保持更为密切的沟通与合作。首先，制造商需要与客户积极沟通，以便熟悉客户流程及所处环境，有时还需要了解客户的客户。其次，制造商需要与合作伙伴、供应商进行沟通协调，并建立良好的互动机制，以便为客户制定出有效的服务方案。最后，通过多方沟通交互，制造商还可以与客户、合作伙伴、供应商达成多边合作，大家共同捕获服务机会。

第二，服务开发。为捕获服务机会，制造商需要为客户尽快制定出初始的方案，并听取客户建议，对方案进行修订、调整。如果客户需要解决的问题或需求是结构化的、具体的，企业可以基于因果逻辑，采用解决算术题式的方式开发解决方案；如果客户需要解决的问题或需求是非结构化的、不确定的，企业需要不断探索并诊断客户的问题及需求，以推理逻辑为基础，不断摸索出解决方法，开发出解决方案。

第三，服务传递。捕获服务机会时，制造商尤为重视服务传递，而服务传递必须依靠服务渠道，良好的服务渠道不仅可以保证服务传递的质量与效率，还能降低成本，获取较高收益。对制造商而言，为客户开发解决方案时，会特别注重能否获得价值收益。制造商往往会自建或整合服务渠道，以保障服务质量，获取提供解决方案的价值收益。以往研究中强调控制渠道能够帮助企业整合产品与服务，却没有指明控制服务渠道对制造商获取服务收益、捕获服务机会具有重要意义。

第四，价值获取。捕获服务机会时，制造商不仅会重视客户需求，更会考虑自己能否从中获取价值。一方面，制造商面临选择提供何种解决方案的问题，这涉及企业边界的选择和商业模式的设计，涉及企业如何获取服务价值，更涉及制造商选择转型路径问题。另一方面，制造商尤为关注服务内容中产品及服务的定制化与标准化比重，这会直接影响制造商的成本与收益，而这点以往研究不曾关注。因此，在定制解决方案、捕获服务机会时，制造商都有自己的价值主张，不会轻易为客户提供太过个性化或定制化的产品及服务，即便客户愿意支付很高的价格。在捕获服务机会阶段，通过服务交互、服务开发、服务传递和价值获取，制造商会有针对性地设计企业的商业模式，并针对客户需求开发适配的产品与服务，为客户提供定制的或个性化的解决方案，以捕获服务机会。而这些举措正是动态能力中捕获机会能力的微观基础所要求的。

3.3.4　重构配置服务资源

制造商识别服务机会、捕获服务机会可以带来短暂的竞争优势，企业还需持续重构配置服务资源，不断提升服务能力，以获取长期持续的竞争优势。在重构配置服务资源过程中，制造商的主要活动有服务知识管理、服务创新体系构建、绩效评价体系重构和服务网络重构。

第一，服务知识管理。制造商会对其掌握的服务方案进行重构配置。因为企业的解决方案是其经验知识的结晶，通过对其进行系统化、结构化的管理，可以将其向其他地方推广应用，而这些举措属于企业知识管理与知识转移的范畴，是动态能力中重构配置能力中的学习、知识管理、知识转移等微观基础的具体体现。制造商一般要求员工把解决方案的制定和实施细节记录下来。同时，制造商还会学习、吸收其他途径获取的解决方案，积累更多的方案储备，使企业获取更多的服务技能和资源。此外，对不适用的解决方案，制造商会对其修订、优化；对于优质的解决方案，制造商还会进行工业化处理，将以往为客户提供的定制化服务转化为标准化的服务，以便在其他市场推广，向其他客户提供。

第二，服务创新体系构建。制造商构建服务创新体系，对其重构配置服务资源、提升服务创新能力具有重要的影响作用。制造商需要构建内源式创新、外源式创新相结合的开放式服务创新体系。一方面，制造商的内源式创新，企业需要分配一定资源，支持、鼓励并合理授权员工及团队，同时培育创新文化，以提升企业的服务创新能力。另一方面，制造商的外源式创新，企业需要采用开放式服务创新模式，客户、供应商、服务商、分销商等都可能是重要的创新源泉和创新伙伴。此外，与外部机构合作创新，收购服务创新企业或部门，也已经成为许多制造商快速提升服务覆盖能力、服务产品开发和营销能力的重要来源。服务创新体系的建立有助于企业实现服务模式、价值定位等方面的创新，进而系统地提升企业服务能力。

第三，绩效评价体系重构。绩效评价体系的重构是制造商从以产品为中心向以服务为中心转变，重构企业服务资源的重要举措。研究发现，制造商需要将服务绩效和服务创新考评纳入原有的绩效考评体系中，这有助于激励员工及团队的服务创新行为和企业服务能力的提升。通过服务绩效考评体系和服务创新激励机制，制造商能够鼓励员工或团队对企业向客户提供的解决方案进行修订、改进与创新，以便制定出更有效的解决方案。此外，制造商将服务绩效考评、服务创新激励纳入到绩效考评体系中，有助于调整其原有"以制造为中（重）心"的企业文化，培育服务创新氛围，塑造企业的服务文化，从而提高企业的服务创新能力与服务能力。

第四，服务网络重构。制造商为提升服务能力，向解决方案提供商转变，需要灵活的组织结构和相应的服务网络作为支撑。一方面，制造商需要打破原来较为僵硬的组织结构，或设置独立的服务部门，以便有效地执行企业的服务化战略，革新服务流程及方法，使企业获取的服务知识及经验能较为畅通地传递与分享，以便提高服务水平及能力，进而为客户提供优质、高效的服务。另一方面，制造商还需要不断重构其服务网络，以建立起能够适应客户需求、竞争环境等因素的不断变动；以往研究也表明，制造商在为客户提供不同方案时，需要有与之适配的服务网络，因此制造商需要根据竞争环境和自身实力的变动，调整、重构其服务网络。在重构配置服务资源阶段，通过管理服务知识，重构服务创新体系、绩效评价体系和服务网络，制造商能够有效配置服务资源，提升服务能力，而这些举措是动态能力中重构配置能力的微观基础所要求的。

制造商识别并捕获服务机会、重构配置服务资源的能力能够得到增强，表明企业的动态能力获得提升。而制造商动态能力的提升有助于其服务能力的提升，这能够帮助企业有效开发客户解决方案，以便获取服务价值与服务收益。

3.4 系统解决方案的理论分析

3.4.1 产品服务系统的表现形式

产品服务系统（Product-service System，PSS）最初由 Goedkoop 等（1999）提出，是指由产品和服务组成的系统，形成具有竞争优势的支持结构，满足消费者的需求，同时降低传统商业模式对环境的影响。目前应用比较广泛的是 Baines 等（2007）提出的产品服务系统的定义，即融合产品和服务在使用中传递价值，将经济成果从物质消费中分离出来，进而减少经济活动对环境的影响。PSS 重视制造业发展与环境的关系，主张通过产品与服务的整合实现可持续性发展。产品服务系统是提供非物质化的产品和服务的解决方案，没有对附加产品或者附加服务进行严格的界定。Neely（2008）提出，产品服务系统可以分为产品和服务的融合、以产品为导向的产品服务系统、以应用为导向的产品服务系统和以结果为导向的产品服务系统。以产品为导向的产品服务系统是在提供产品的同时附加额外的服务，用户接受产品的同时使用企业提供的服务，如维修和安装等。以应用为导向的产品服务系统是产品功能同附加的服务一起销售给消费者，也可以表现为企业保留产品的所有权，只销售产品的功能。产品服务系统的兴起首先起源于顾客消费观念的变化，他们从采购产品向获取"效用"（Utility）转变，其关注点不再停留于满足需求的具体物质手段上，而是直接关注生产者是否能全面满足其个性化需求。为了满足顾客的个性化需求，提高自身竞争力，服务逐渐成为企业争夺客户的重要手段。

伴随着产品和服务的不断融合及客户的参与，制造业服务化水平可以划分为不同的阶段。图3-9从客户和供应商界面的角度概括了不同的服务化水平。图3-9顶端的服务化水平最低，在供应商和客户之间的互动主要是交易性的，此时有一些外围服务附加到产品上。图3-9底部的服务化水平最高，此时集成产品和服务的总体解决方案是由服务商和客户共同设计完成的。施耐德电气 UPS 产品的服务化实现了企业由提供产品到提供产品服务系统的转变。施耐德电气的解决方案体现了向客户提供面向服务的产品与服务系统的特点。施耐德电气（中国）有限公司围绕 UPS 产品及其他领域的解决方案是制造业服务化的具体表现，属于面向效用的产品服务系统，其中产品和服务是施耐德服务化的必要组成部分，服务已经成为提升施耐德产品竞争力的重要手段。施耐德电气还为客户提供高端定制服务，如可以给客户提供不间断的升级服务，以及能效管理方面的技术创新。目前，施耐德电气可以通过产品或者解决方案满足客户部分需求，将通过合作的方式深入了解客户的需求，以更好地与客户业务模式结合起来，实现双方业务上的共赢，并将实现公司从产品到解决方案再到服务作为整体的一个合作伙伴的理念作为目标。

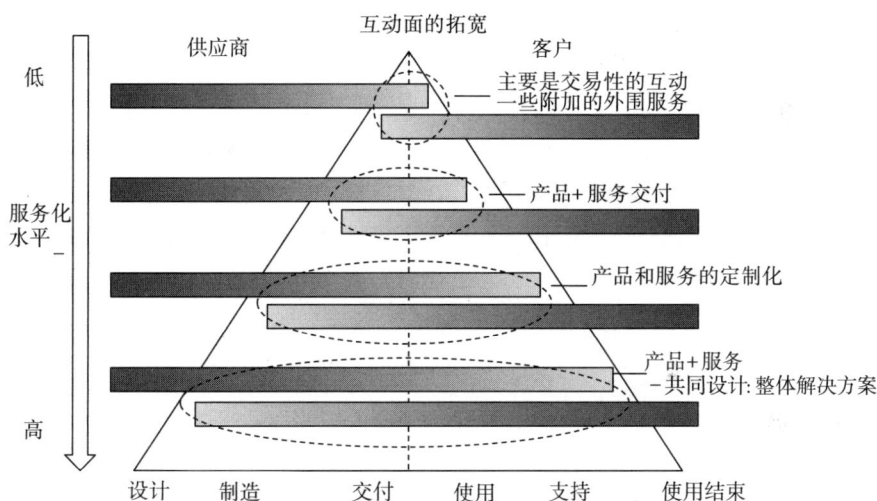

图 3-9　客户和供应商界面视角的服务化水平

3.4.2　产出服务化

衡量产出服务化的程度主要取决于企业提供服务的数量、提供服务的广度及企业对提供服务的重视程度。企业实施产出服务化战略一方面会考虑行业创新、行业竞争等环境因素的影响，另一方面会考虑企业内部组织因素和顾客因素等。产出服务化的主要作用是通过企业提供产品与服务的组合实现差异化，增加企业的收益，提升竞争优势。施耐德服务化程度较高，提供的服务的数量和维度广，具体表现为施耐德基于 UPS 产品的服务体系，包括提供预防性维护、远程监测服务、托管维护服务和服务计划等。施耐德电气还能够提供涵盖正确维护程序的各个方面的综合性解决方案，其中包括所有的硬件、供应商管理、预防性维护时间安排、紧急响应、关键站点文档记录，以及监督维护。施耐德彻底的预防性和预测性维护程序能够减少人为错误的风险，并有助于预测和防止故障。施耐德的能效管理专家团队提供基于能效目标的解决方案和投资回报分析，与用户一起制订长期节能增效项目投资计划。另外，施耐德电气能效服务团队将根据用户生产线资源状况及用户生产工艺要求，为用户量身定制节能方案实施规划。

施耐德基于 UPS 产品的服务化体现了产出的服务化，且服务化水平较高。制造业服务化最初的概念主要是指产出服务化，即制造企业的产出由物品转向提供物品、服务、支持、知识、自我服务的集合。产出服务化是激烈的市场竞争的产物，是制造业竞争模式的转变，制造业将提供差异化的服务作为企业创新的新途径。产出服务化的表现是制造企业为客户提供产品与服务的组合，服务活动贯穿于售前、售中和售后。制造业企业产出服务化的客户既可以是最终消费者，也可以是企业。例如，海尔集团向消费者提供的电器设计、购买、安装、调试、维修和整体升级等全方位服务属于面向消费者的产出服务化。陕西鼓风机集团在向上海宝钢等大型制造企业出售设备的基础上为其提供方案设计、产品开发改进、设备状态管理等服务，这属于面向企业的产出服务化。

3.4.3 服务价值差异化

提供差异化的服务是企业实现制造业服务化的重要条件，也是确保竞争优势的根本所在。由于服务并不像制造那样具有技术密集的特点，这使竞争者易于模仿，因此制造业服务化能够成功的关键在于确定区别于竞争者的服务包，设置竞争者难以模仿的具有创新性的进入壁垒。当竞争者开始提供相关的核心服务时，企业应附加额外的服务价值，确保服务价值的差异化。Baines 等（2009）提出，制造业服务化转变需要实现高价值的商业活动和差异化，Oliva 等（2003）提出，制造业服务化的关键是需要在商业模式视角下进行创新活动，这表明制造商需要通过特定的模式实现服务价值的差异化。Vandermerwe 等（1988）提出通过制造业服务化提高利润和锁定客户，需要通过提供精细服务实现差异化。施耐德抓住客户选择 UPS 产品普遍存在心理担忧的问题，能够基于 UPS 产品的特点提供一套完整的服务体系，在为客户提供解决方案的过程中排除客户的心理担忧，体现了其服务价值的差异化。服务体系包括提供 UPS 全系列产品的技术支持，涉及产品选型及替换、故障处理、简单应用问题及安装问题，并为客户提供常见技术问题的解答。为施耐德签约客户提供订单处理支持，以及向所有客户提供物流及商务信息咨询，包括价格、库存、交货期、发票查询等，并处理退换货，以及提供电子商务支持。遍布中国 50 个城市的专业技术团队将及时提供 7×24 小时的售前售后服务，训练有素且经验丰富的行业资深服务专家将为客户提供最专业的服务方案，以及实施最高效的现场处理。

制造企业是否有能力和设施培养服务是实现服务化的必要条件之一，这需要制造业在服务设计方面进行相关的资源投入。施耐德能够实现基于 UPS 产品的服务化的基本条件是其已经具备了卓越的人力资源和管理经验，其组织结构和技术水平也在行业中处于领先地位，这是其服务能力的主要表现。Gebauer 等（2011）提出，实现制造业服务化的关键是企业的组织文化和能力，以及组织安排。可见，施耐德作为电器领域的领导者，长期以来积淀的产品优势、分销渠道、管理模式和技术水平也是其服务能力的重要支撑。

参考文献

［1］Baines T., Lightfoot H., Peppard J., et al. Towards An Operations Strategy for Product-centric Servitization［J］. International Journal of Operations & Production Management, 2009, 29（5）：494-519.

［2］Baines T. S., Lightfoot H. W., Benedettini O., et al. The Servitization of Manufacturing：A Review of Literature and Reflection on Future Challenges［J］. Journal of Manufacturing Technology Management, 2009, 20（5）：547-567.

［3］Gebauer H., Gustafsson A., Witell L. Competitive Advantage through Service Differentiation by Manufacturing Companies［J］. Journal of Business Research, 2011, 64（12）：1270-1280.

［4］Neely A. Exploring the Financial Consequences of the Servitization of Manufacturing［J］. Operations Management Research, 2008, 1（2）：103-118.

［5］Oliva R., Kallenberg R., Managing the Transition from Products to Services［J］. International Journal of Service Industry Management, 2003, 14（2）：160-172.

［6］Vandermerwe S., Rada J. Servitization of Business：Adding Value by Adding Services［J］. European Management Journal, 1988, 6（4）：314-324.

4 全生命周期管理

(韩伟伟 北京邮电大学现代邮政学院)

4.1 产品全生命周期管理概念与发展历程

4.1.1 概念界定

伴随绿色、可持续发展成为世界各国发展经济的共识，制造业企业越来越强调基于产品需求分析到淘汰报废或回收再处置的全生命周期的系统运作与管理。借助于不断提升装备智能化水平和依靠网络服务平台，有效进行远程在线监测、故障诊断、远程维护等售后保障服务。某些特种设备、专用设备制造业企业并不直接出售产品，而且选择根据使用流量、时间计费的模式，从提供产品到提供全生命周期管理（PLM）。产品全生命周期管理是指管理产品从需求、规划、设计、生产、经销、运行、使用、维修保养直到回收再用处置的全生命周期中的信息与过程，是现代制造企业中一项重要的信息化发展战略，也是企业信息化的关键技术之一。

从国际上看，产品全生命周期管理的研究起始于美国"计算机辅助后勤支援"计划。20 世纪 80 年代末期，计算机辅助后勤保障（Computer-Aided Logistic Support，CALS）扩展了内涵，使 CALS 应用由武器装备向民用扩展，并且迅速向英国、法国、德国等国传播，推动这些国家开展产品全生命周期管理研究和应用。目前，世界许多知名企业尤其是制造业企业纷纷推行或实施产品全生命周期管理。

从国内看，我国对产品全生命周期管理的应用还处在探索和起步阶段。一些企业在系统分析国际上现有主要 PLM 系统的技术、产品、解决方案的基础上，提出了具有 PLM 特征的技术框架。

产品全生命周期的内涵随着管理技术与开发技术的发展而不断扩展。目前，国内外研究人员普遍认为，广义的产品全生命周期是指产品从市场需求分析、工程设计、制造装配、包装运输、营销、使用到报废的整个生命过程，是从产品整个生命周期内质量及可靠性、价值链等角度出发提出的，要求企业不仅要整合内部业务流程，而且要和合作伙伴协同，共享资源，实现产品数据的集成。因此，各单元技术和各解决方案之间、企业内部与外部之间如何集成与协同，如何解决生产全过程的信息化和自动化尤为重要。过去人们比较关注产品全生命周期内各个阶段上的单元技术，如各种先进的产品工程设计技术，或者侧重于某个环节的解决方案，从产品整个生命周期内企业内部与外部协同的角度则考虑得较少。产品全生命周期管理是管理者在对产品全生命周期过程的控制和管理的基础上，扩展员工资源，并操作产品信息的全过程。产品全生命周期系统框架如图 4－1所示。

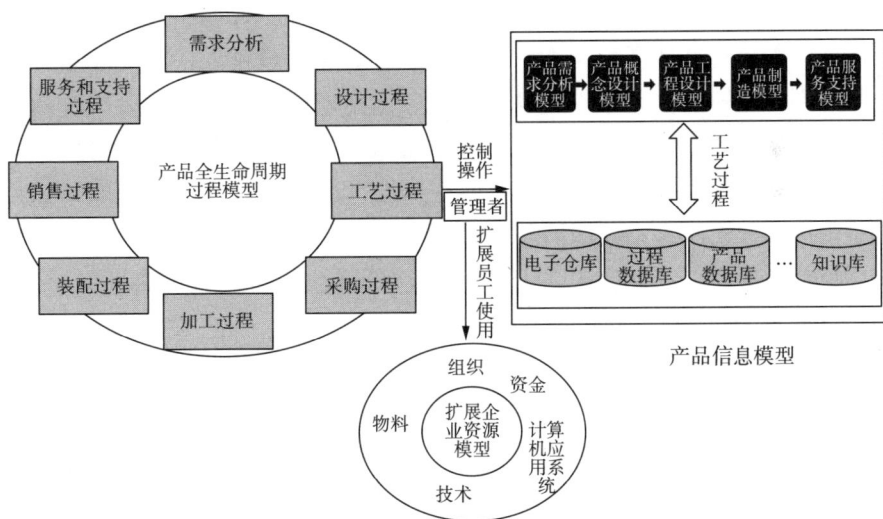

图4-1 产品全生命周期系统框架

4.1.2 发展历程

4.1.2.1 国外 PLM 发展历程

20 世纪五六十年代，Dean（1950）和 Levitt（1965）先后在《哈佛商业评论》上发表了关于产品市场战略的文章，首次在经济管理领域提出产品生命周期的概念。作者在文章中依照一款产品在市场中的演变发展过程，将产品的生命周期划分为推广、成长、成熟和衰亡四个阶段，并依次进行定量分析。第一阶段是推广期，是指产品经过设计制造后投放到市场的初期阶段。在这个阶段，由于产品数量少，客户对产品不太了解，除了因为好奇心而产生的购买之外，很少有人因为需要而购买该产品。此时，企业为了推广产品，必须投入大量的促销费用和推广费用，让客户逐步了解产品的性能和功效。此阶段产品生产量小，制造成本高，市场推广费用大，产品价格偏高，企业很少能够盈利。第二阶段是成长期，是指产品被越来越多的消费者接受，销售规模逐步扩大。在这个阶段，市场的需求量和企业销售额迅速上升，企业的生产成本开始大幅下降，利润快速增长。同时，市场上出现越来越多的竞争者，推出类似的产品，消费者的选择余地越来越大，产品的价格也越来越低，企业的利润虽然在增加，但增长率已经开始下降，最后该款产品为企业创造的价值达到最高点。第三阶段是成熟期，是指产品开始规模化稳定生产，市场需求达到饱和。此时，产品的普及化和标准化程度越来越高，竞争者不断进入该领域造成市场的激烈竞争，企业不得不在产品质量、款式、包装、个性化等方面投入费用，造成产品的利润率不断下降。第四阶段是衰亡期，是指产品进入了被淘汰的阶段。由于科学技术的发展及客户需求的不断提高，产品原有的性能和功效已经无法满足消费者的需求，产品的销售量和利润率不断下降。此时，企业生产的产品开始滞销，无法为企业带来利润，该款产品生命周期也即将结束，到最后企业完全停产，在市场上彻底消失。

进入 20 世纪 80 年代，伴随着全球化市场经济的不断发展，汽车制造企业传统的产品串行研发模式已经无法适应快速变化的产品更新换代的需求，因此，并行工程管理的概念被引入整车新产品研发项目的管理过程，产品生命周期的概念也相应地从经济管理领域逐步扩展到工程项目领域，应用范围也从市场销售阶段前移至产品研发阶段。经过一段时间的探索与实践，产品生命周期的概念已得到广泛的认可和进一步拓展完善。企业可以通过信息化的手段管理一个新产品，实现市场分析、概念设计、样车研发、生产制造、市场销售、售后服务及废弃回收的全过程的完整覆盖。全生命周期管理使项目管理者思考如何在激烈的市场竞争环境中，运用最有效的方式和手段来降低生产成本，增加企业的销售收入，这既是一门技术，又是一种先进制造理念。

4.1.2.2　国内 PLM 发展历程

改革开放以来，我国持续不断地引入国际先进生产制造技术发展国内制造业，得益于国内充足而且廉价的劳动力，经过几十年的快速发展，我国已经成为国际上的制造业大国。从 20 世纪 90 年代开始，伴随着我国市场经济发展的深入，各大制造型企业间的品质与产能差距逐步缩小，而新产品对企业盈利能力的影响越来越大，产品研发逐渐转变成企业管理的重心。各个企业也逐步向小批量、多品种的生产模式发展，通过增加多样化和定制式的产品来满足不同客户的需要，对一个企业的新产品研发能力提出了更高的要求，成为一个具有竞争实力的企业的重要特征。然而，研发工作不像生产流程那样可以被直接观察到，一款新产品的设计和研发过程是研发人员通过脑力劳动创造出来的，既没有具体的投入，也缺乏项目及研发成果数等比较间接的指标，因此在改进研发效率时自然会遇到困难。在这种背景下，进入 21 世纪以来，为了提高企业研发效率和缩短新产品研发周期，国内很多大型制造类企业纷纷引入 PLM 系统，成为企业信息化领域的重要组成部分。目前，国内一些航空部研究所和飞机制造公司，以及上海通用、上海大众、一汽丰田、东风集团等大型汽车制造企业已经在逐步引入和完善 PLM 系统，在企业员工与员工、企业与合作伙伴、企业与产品最终用户之间搭建起一座信息沟通桥梁，摆脱时间、空间条件的束缚，让所有相关人员参与到企业产品研发设计的各个环节中来，使其产品从最初的设计开始就充分体现用户的需求，把 PLM 系统作为企业实现产品数据管理的平台和工具。

4.2　产品全生命周期管理的特点及相关研究进展

4.2.1　产品全生命周期管理的特点

4.2.1.1　全生命周期管理的顺利实施需要一定的知识、技术和资金等基础作为支撑条件

在制造业企业通过全生命周期管理模式实施服务化转型的过程中，因为制造业企业最初都是单纯的产品（设备）制造商，有着一定的设备维修

维护人才和技术储备作为专业化维修服务的基础，同时能够大量提供和集中储备设备零部件，因此这类制造业企业在服务化转型中把专业化的运维服务和备件备品集中储备作为服务化转型的第一步。另外，制造业企业所采用的服务支持系统是建立在信息技术发展和专业维修技术的基础之上的；金融融资等服务也是在自身的资金和信贷信誉基础上实现的；再制造等其他技术则是以制造业企业自身独有的核心技术、产品、项目管理及系统集成等知识体系为基础，通过战略和管理创新实现的。因此可以说，制造业企业通过全生命周期管理实施服务化需要一定的知识、技术、人才、资金等构成的网络基础。即如果没有相应的基础作为服务化的支撑，企业很难依靠全生命周期模式开展服务型制造。

4.2.1.2 企业服务化过程有着一定的阶段性特征

在制造业企业服务化转型初期，制造企业需要将传统的"被动服务"理念改变为"主动服务"理念，建立专业的服务团队来实施面向单产品的运维和零部件提供等服务。当产品的运维服务体系趋于健全后，设备检修故障知识储备也更加全面，加上信息技术的支持，远程服务支持系统才能发挥出更大的效用。另外，金融服务是以企业充裕的资金、长期以来的口碑和良好的信贷信誉作为基础的，这需要一个资金和信誉积累的过程。再制造等技术则更需要企业在核心产品、服务、管理和集成系统知识等各个方面形成一个基础网络体系，如此才能实现系统集成和整体方案等服务提供。因此，在服务化转型的初期，制造企业以实施的单产品的服务化为主，当服务化转型取得一定成效之后，企业的产品组合服务才能逐步给顾客以全生命周期管理的服务。企业从产品制造商到全生命周期管理提供商不是一次性完成的，而是需要知识、技术和人才等积累到一定程度才能逐步实现，所以这一服务化转型过程中呈现出阶段性特征。

4.2.1.3 企业可以同时实施两种不同的服务化模式，且两种服务化模式之间可以形成互补

从产品全生命周期管理的发展历程可以看出，在制造业企业的服务化转型初期，单产品导向虽然在一定程度上是产品组合导向服务化模式实施的基础，但是当企业有了一定的服务化网络基础作为支撑以后，两种模式是可以同时实施的。并且从一定程度上来讲，单产品导向的服务是产品组合导向服务化的基础，因为产品组合导向的服务化模式所提供的服务内容是"产品+服务"的整合，是由多个单产品被特殊的知识、技术或者服务连

接而成的，在全生命周期管理的项目中，产品设备的运维、零部件服务及金融服务都是其顺利实施的基本保证；同时，针对单产品实施的服务难以形成独特的差异从而不能使产品增值，只能保证该产品功能正常实现，而不能保证其功能以最佳方式实现，而产品组合能够通过整合手段针对客户需求设计出一体化最优解决方案。因此，在产品全生命周期管理的模式中可能存在两种子模式，这两种子模式可以同时实施且具有互补的作用，企业可以根据不同的产品和不同的客户需求来实施服务化，使服务化达到最优的效果。

4.2.2　产品全生命周期管理的相关研究进展

产品生命周期的概念最早出现在经济管理领域，是由 Dean 和 Levitt 提出的，目的是研究产品的市场战略。当时对产品生命周期的划分按照产品在市场中的演化过程分为推广、成长、成熟和衰亡四个阶段。经过 50 多年的发展，以及随着并行工程的提出，产品生命周期的概念从经济管理领域扩展到了工程领域，产品生命周期的范围也从市场阶段扩展到了研制阶段，形成了覆盖从产品需求分析、概念设计、详细设计、制造、销售、售后服务，直到产品报废回收全过程的产品生命周期的概念。在行业生命周期管理领域，PLM 已成功应用于商业、制造业、采掘业、建筑业、种植业、包装业、运输业等行业的管理中。Saur（2003）对 PLM 在商业中的应用进行了探讨，认为较高的管理水平、营销理念、采购、产品设计及研发等因素是应用 PLM 的条件，而法规、金融机构、市场和管理则是促进 PLM 发展的驱动力。针对许多发展中国家环境数据不易获取的特点，Brent 等（2005）选取水耗、能耗和废物排放三个参数，提出了制造业生命周期管理中的环境表现与资源影响指标（EPR Ⅱ），并以南非为例，对原始设备制造商的环境表现进行了评价和比较，识别了其改进潜力。Brent 和 Labuschagne（2006）提出了加工业实施生命周期管理的社会影响指标，用于评价项目和技术的社会可持续性。Oscar Ortiz 等（2009）运用生命周期管理思想，针对居民建筑住宅的生命周期过程中环境影响的最小化提出了一系列的可持续发展指标。Okasha 和 Frangopol（2011）提出了基于生命周期管理的高速公路桥使用寿命的计算平台和框架，分析了高速公路桥可控制元素的优化模式。在国内的相关研究中，制造业的研究较多。徐树杰等（2014）借助 GREET 软件，构建单位质量原生与再生材料能耗、排放差异模型，从汽车全生命周期角度研究轻量化设计、新能源汽车对节能减排的影响，结果表明，轻量化汽车、新能源汽车固然在汽车行驶过程中减少了能源消耗，降低了尾气排放，但在汽车生产过程中需要消耗更多的能源，排放更多的温室气体。张明静等（2011）鉴于产品全生命周期管理效益评价在工业界的重要作用，提出了全面以企业目标为出发点的产品全生命周期管理效益评价模型，并成功运用到黄海船厂、京城重工等八家著名制造企业产品生命周期管理效益评价实践当中。吴潇峰（2013）针对服装行业产品生命周期管理系统现状，在对服装行业产品生命周期管理系统实际需求进行分析的基础上，提出了一种服装行业产品生命周期管理系统的设计方案，同时运用全文检索引擎软件工具，设计并实现了服装行业产品生命周期管理系统。

由于应用对象不同，各行业生命周期管理的工具和方法存在一定差异，但总体的研究思路基本上都是一致的，即选取可行的生命周期管理方法，对不同行业的价值链和产业生态链进行详尽的解构，并以此评估各环节的资源利用效率、物质消耗强度及环境影响程度等，为产业部门的可持续生产和消费提供科学依据。

4.3 产品全生命周期管理对顾客的意义与价值

4.3.1 产品全生命周期管理对顾客的意义

产品全生命周期管理可以根据顾客的不同需求实时地提供个性化的技术信息服务。企业的员工、合作伙伴和顾客等，都可以跨越时空的限制，参与到企业产品研发设计的各个环节中，使其产品从最初的设计开始就充分体现顾客的需求。这样一来，生产出来的产品才能最大限度地满足顾客的需求。同时，产品的设计信息将直接进入企业的生产制造系统，与供应链上的采购、生产、销售、商务各个环节联系起来，从而简化了流程，缩短了新产品从创意到上市的时间周期。产品全生命周期管理的实施可以提供一个全新的看待问题的角度，对顾客的意义如下：

（1）顾客可以在不增加成本和等待时间的前提下获得符合自己个性化需求的产品。企业为了使每个阶段收益都达到最大化或成本最小化而对产品采用标准化设计，这样既缩短了产品的投放时间，又使产品成本得以降低，却牺牲了顾客的个性化需求。在 PLM 实施前，如果企业为顾客提供符合其个性化需求的产品，就必须延长交货时间，增加的成本转换为高价格转嫁给顾客，这无形当中增加了企业的竞争对手的优势。PLM 的实施使顾客参与到产品研发设计的各环节，在合理的时间以合理的价格获得符合自己需求的产品。

（2）顾客可以在整个产品全生命周期内享受企业的服务。传统的服务只存在于顾客购买产品的时间和产品维修的时间内，顾客享受到的服务非常有限，但 PLM 的实施可以使顾客享受到整个产品全生命周期的服务。例如，考虑产品生命周期，企业会协同顾客设计产品，通过 PLM 系统缩短产品从设计到交付的时间，通过再制造模式延长顾客手中原本需要报废的产品的生命周期。

（3）传统的成本会计支持的是附加价值的概念，而考虑生命周期则支持价值链的概念。传统的价值链概念着眼于单个企业来分析企业的价值活动，是指产品从原材料采购到最终产品的所有过程和活动。新的价值链概念是指价值链不仅是由增加价值的成员构成的链环，而且包括由虚拟企业构成的网络，称之为价值网——一种立体的空间思维模式，它突破了传统价值链的直线式沟通，与所有网络内成员，包括供应商、顾客等多项沟通，共同创造价值，是一种全面的资源整合形成的全新的动态商业模式。

（4）降低了顾客的消费成本。以往的企业只关心产品的生产成本，对顾客购买产品后的消费成本却不足够重视。PLM 的实施使企业认识到顾客消费成本的重要性。因为顾客会十分注重营运和支持成本与产品采购成本之比这一重要因素，所以在设计产品时也要考虑到它的消费成本，从而降低了顾客的消费成本。

4.3.2 产品全生命周期管理中顾客价值的形成过程

一个世纪以前，通过增加运作效率降低运作成本是企业实现竞争优势的主要手段。然而在当前市场环境下，维持和提高顾客满意度和忠诚度才是企业提高竞争力的首要任务。在信息技术和网络技术高度发达的今天，将顾客纳入产品提供过程，能使企业更好地了解顾客需求，生产出更符合顾客需求的产品，使企业和顾客间的竞争关系转变为有共同利益的合作关系。在产品全生命周期管理中，顾客通过参与企业价值链上的各个环节来获取自身价值，各价值模块在对顾客的个性化需求做出快速响应的同时，也能让企业取得更大的竞争优势。

（1）在产品开发设计阶段，由于产品的"需求"信息存在于顾客，因此让顾客参与产品设计创作，由企业设计部门从技术上进行提炼来开发顾客需要和愿意接受的产品。

（2）在产品制造阶段，通过顾客对个性化、高质量产品的需求，发现生产系统中可以改进的地方，以便更好地生产产品。顾客参与产品制造还能发现设计与制造间的矛盾，通过与制造工程师沟通，及时协同设计部门调整设计方案，提高生产效率。

（3）顾客还可以通过参与产品营销来帮助企业进行宣传，提高企业形象。营销成果的好坏取决于顾客的消费体验，在互联网高速发展的今天，顾客之间的产品与服务推荐及消费体验分享，会比传统的企业宣传产生更好的效果。

（4）通过让顾客参与企业的生产运作过程，可以为企业绩效测评提供更多的指导。传统企业对顾客的满意度测评更多的是处在企业制造过程的外部，很难找到产生问题的根源，而通过顾客参与企业运作，可以对企业生产系统的先进程度、产品质量、系统管理水平、生产技术水平和企业效率进行科学评价，从而进一步激励企业对产品及服务进行改进与创新。

（5）通过回收与再制造服务，可以进一步发挥顾客手中产品的剩余价值，减少产品对环境的影响，同时以较低的价格为顾客再提供质量不亚于新机器的再制造机器，完成了逆向物流，实现了资源的循环利用，从而进一步督促企业发展再制造技术。

4.4　产品全生命周期管理与顾客服务

4.4.1　基于产品全生命周期各阶段的服务

传统的顾客服务是从产品卖出去的那一刻开始，在产品使用期间提供维修服务，直至产品报废时刻为止，但产品全生命周期管理则是将顾客服务向前和向后分别进行了延伸。产品全生命周期管理是指管理产品从需求、规划、设计、生产、经销、运行、使用、维修保养直到回收再用处置的全生命周期中的信息与过程。它既是一门技术，又是一种制造理念。它支持并行设计、敏捷制造、协同设计和制造、网络化制造等先进的设计制造技术。可以说，产品全生命周期管理模式包含了需求管理、产品开发技术及管理、制造过程管理、使用和维护管理和绿色环保服务。

（1）需求管理。需求管理主要是指管理来自于企业外的市场、客户和来自于企业内的制造、工艺、生产等对产品在外观、性能、结构、维修等方面的特殊要求的信息。需求信息包括对产品性能、功能、结构、成本、预算、标准规范等方面的规定和限制，以确保产品设计意图、加工制造等方面与产品需求相一致，从而提高产品投放市场的成功率，降低成本，缩短开发周期。特别是在产品设计阶段，关注产品的需求显得尤为重要，设计质量是影响产品全生命周期内产品成本的最重要的因素。

（2）产品开发技术及管理。产品开发技术包括产品的数字定义和数字装配（Digital Definition & Digital Makeup，DD&DMU）、知识工程及知识驱动自动化（Knowledge Based Engineering & Knowledge Driven Automation，KBE&KDA）、数字工厂、虚拟产品及开发过程（Virtual Product Process Development，VP2D）、Web 产品签审流程、3D 在线签审和圈阅。在 Web 环境下基于 PLM 的产品开发体系的核心技术是产品数据的共享与集成。

（3）制造过程管理。客户个性化需求的增长及产品生命周期的日益缩短等对制造业的制造模式提出了新的要求。制造过程管理主要包括工艺管理、制造资源管理、生产计划与调度管理、生产过程监控管理等，其目标是制造过程的全程优化和协调。从环境保护及资源的再生利用等角度出发，要求企业对产品的回收进行监督和管理。

（4）使用和维护管理。使用和维护管理包括产品在运输、安装、调试、使用、维护和维修过程中所需要的技术信息和技术支持，具体包括产品及其零部件的主要性能、参数、正常工作状态、可能的故障信息、检测手段和工具、维护措施等信息的管理，是产品全生命周期管理中的重要环节。这个环节是产品实际为顾客创造价值的环节，也是顾客最关心的环节。为了保证产品的正常工作状态、延长产品的使用寿命、提高产品为顾客创造价值的能力，企业需要为用户提供产品运行状态测试和监控、运行咨询服务、产品功能优化和价值咨询、维护和修理、再制造、更新处理等方面的管理。

（5）绿色环保服务。绿色环保服务是指建立实体产品的售后维修体系和旧件回收体系，开展回收及再制造、再利用等绿色环保服务。其中，产品回收管理是指从环境保护及资源的再生利用等角度出发，要求企业对产品的回收进行监督和管理。在这方面，一些发达国家正在推行更为严格的产品回收法规。再制造是指它以旧的机器设备为毛坯，采用专门的工艺和技术，在原有制造的基础上进行一次新的制造，而且重新制造出来的产品无论是性能还是质量都不亚于原先的产品。在这方面，我国不仅出台了相关的法律法规，而且国内的几家企业也在积极试点再制造模式并获得了积极的市场反馈。

4.4.2　基于产品生命周期管理系统的服务

产品生命周期管理系统是基于产品生命周期理论发展而来的企业级信息系统，它涉及企业的战略、流程、资源等各个要素，跨越企业价值链各个环节，并使企业之间的协作成为可能。业内的咨询公司各自给出了 PLM 的定义。如 CIMdata 公司认为，PLM 是一种战略性的企业应用，它通过一组解决方案，支持产品定义信息的协同创建、管理、传播和使用。这种协同跨越企业边界和产品全生命周期，集成了人、流程、业务系统和信息。而 Aberdeen 公司则认为，PLM 是覆盖了从产品诞生到消亡的产品生命周期全过程的、开放的、互操作的一整套应用方案。建设这样一个企业信息化环境的关键是要有一个记录所有产品信息的、系统化的中心产品数据知识库。AMR Research 公司对 PLM 的看法是：PLM 是以产品信息为核心，集成业务应用和用户，实现协同的技术辅助策略。综上所述，并根据 PLM 产品和应用的现状，可以认为 PLM 是"以产品信息为核心，支持企业产品相关决策、产品生命周期业务协同和产品数据财富管理的企业信息系统"。这一定义强调了 PLM 作为企业级的信息系统，其关注的信息以产品信息为核心；PLM 系统的功能既包括信息资源的管理，又包括与产品相关的业务流程的协同及产品相关决策的支持；与产品相关的业务协同，从时间角度跨越产品全生命周期，包括产品的概念产生、开发试制、商业化和成熟退出等阶段，从空间角度跨越企业各业务部门（营销、研发、采购、生产、服务等），并包括企业的供应商、客户和合作伙伴。

PLM 建立了数字化的平台来支持分析和确认、原型建模、模拟和维护支持的能力。在这样一个全数字化的环境中，任何一个产品生命周期中被授权的参与者，包括设计、制造、财务、市场、销售和服务等一系列的团队成员都可以共享和交换产品数据，使企业能够交互地解决那些影响整个产品生命周期成功与否的关键性问题。PLM 从分析企业的产品和市场需求开始，然后把这些需求转化为相应的创意、概念、原型、零部件、产品定义、物料清单、流程模型和售后服务定义。它使企业能够发现和再利用它们原有的产品、流程、资源、供应商和客户，这样的最终结果是产生了一个产品数据知识的框架体系。任何生命周期中的参与者，包括企业价值链中的任何一个任务项目，都可以利用这个体系来协助进行产品构想，互相合作并且做出重要的商业决策。

具体来说，PLM 可以在以下各方面为顾客和企业提供服务：

（1）市场分析。PLM 提供了跟踪和创造新的市场机会的能力，允许管理者基于顾客的需求信息，获得新产品或产品设计改进的概念。产品的改变可能来自于一次维修过程的结论、一个顾客的建议或者生产过程中发现的问题或建议等。

（2）产品需求管理和计划，提高获取顾客需求的准确度。PLM 在整个产品开发过程中贯彻质量功能配置原则，其起始于识别顾客需求和顾客期望的"产品质量"，并且将这些需求转化成产品的功能，识别并配置相应的可用资源，提供最佳的产品。这是一个分析投入什么、投入多少、谁受影响或者对其他产品有什么影响的过程。

（3）模型与设计。PLM 系统提供的信息和工具有助于传统的产品设计思路和先进的数据管理技术相结合以完成产品设计。这是一个合作协同的过程，允许顾客、供应商及异地工作人员一同参与。

（4）资源准备。将全球产品与服务供应商纳入产品开发体系，经过批准后寻找采购所需要的资源。系统提供所需资源的可用性、报价、供应商及替代品等相关信息。

（5）数据管理。其包括文档、产品结构、部件分类和工艺路线等多方面的管理，同时使设计物料清单 EBOM（Engineering Bill of Materials）快速转换成生产物料清单 MBOM（Manufacturing Bill of Materials）。

（6）制造执行。根据研发工程师建立的设计规格和采购的器件与材料进行生产。通过质控/质检或其他控制方法来检查生产是否与设计规格一致，并对实际的生产成本进行预测与控制。

（7）资源配置。产品通过渠道到达顾客手中，同时决定如何分配现有资源，决定是否需要设立新的厂房、车间或者分销机构。

（8）售后支持。其包括产品维护、服务和维修等几部分，并根据售后服务信息为今后的产品改进提供建议。

不同于企业资源规划等管理信息系统，PLM 独立运作于企业的另外一个层面。PLM 在企业构思、设计、制造、维护及改进产品的过程中优化产品的全生命周期。从时间的范围上，PLM 对产品的管理过程覆盖了从产品（包括其后续和派生的产品）的原型构想到产品的最后一个零部件的报废为止。

4.5　产品全生命周期管理的服务传递和价值创造机制

4.5.1　产品全生命周期管理的服务传递

当前社会，技术高度发达且消费者需求多样化，使顾客不再满足于产品本身和产品功能的实现，而是追求与产品匹配的各种相关服务及产品功能实现的方式。正是基于此，企业特别是制造企业的利润和收益不能仅仅局限于一次性的产品销售行为，而应该是从产品的研发、生产、销售到报废及回收等一系列经济活动，也就是说，制造企业要获取更多的收益就必须关注产品的全生命周期。这样一来，制造企业不能仅仅致力于生产和销售，而是务必高度重视产品的有效使用及其辅助性服务，把服务作为企业核心竞争力的主要来源。从消费者和企业两方面来讲，顾客消费观念的改变引起企业生产方式的改变，使两者之间的关系也必须发生改变，因为企业和消费者之间只有保持不断的互动和交流，建立长期合作的关系，企业才能完成对产品全生命周期的服务（不管是服务外包还是自行实施服务），这样就促进了制造业和服务业的有效结合。

对于消费者来说，产品不仅包括实体产品，还包括各种能为人提供某种满足感的服务，甚至有些产品本身不过是一种满足感而已。产品的本质是实现消费者心理价值的载体，是买者的一种"需求物"或"满足物"，产品本体是功能的一种特殊表现形式，是功能形式化的扩展，产品是具有某种功能的物品或者"物品+服务"的组合。顾客的真正需求和产品设计的目标是实现产品的功能，而非产品本身。消费者对产品的需求不仅包括产品能为消费者提供的功能性需求，而且还有产品能够满足的消费者的社会性需要。即消费者对产品的需求包括功能性需求、附加性需求和社会性需求。

在产品全生命周期管理模式下，顾客和企业能够实现双赢是其主要的特征和优势之一。传统的顾客只是产品的被动接受者，而在产品全生命周期管理模式下，顾客成为产品生产的合作者，企业可以在多个合作环节传递服务。首先，顾客参与产品的设计和生产使产品在研发阶段就遵照顾客价值来进行，将顾客的个性化需求注入到产品的设计、生产和销售方式等各个环节中。这样实现了企业生产和顾客需求的无缝连接，降低了企业研发和生产制造的风险，同时能够及时有效地以顾客偏好的方式提供其需要的产品和服务，这样既提升了顾客价值，又使企业获取应有的利润，传递了个性化的定制服务。企业在扩展自身利润空间的同时，很好地维护了客户关系，有利于持续不断地实现顾客价值。其次，制造业企业通过向顾客提供一些面向效用的产品或者服务，在使用过程中持续地传递消费服务。例如，陕鼓为客户提供的是一种全生命周期的系统服务，涵盖了从系统设计方案，到设备制造及系统集成、安装调试、系统维护，再到最后的系统升级的各个环节，对服务范围进行了拓宽和延伸，并与具有共同价值观的下游大客户结成战略合作伙伴关系，为合作伙伴提供全程、专业、系统的服务，战略合作伙伴在项目选择上则优先考虑陕鼓。最后，制造业企业通过再制造技术充分发挥产品的价值，并以低廉的价格向顾客提供性能不低于新产品的再制造产品，提升了顾客价值和满意度。当产品到达报废阶段时，本应是一个企业向顾客传递服务的终点，但再制造技术使顾客可以持续性地消费本公司的产品，一个终点变成了新一轮服务传递的起点，不仅延长了产品的生命周期，更延长了服务传递的周期，完成了服务的闭环传递。例如，潍柴动力为顾客提供以旧换新的服务，顾客可以25%的价格将旧发动机卖给潍柴，然后以新机75%的价格买一个再制造的发动机，这相当于客户用不到一半的价格购买了质量上不输于新发动机的动力服务。

4.5.2　产品全生命周期的价值创造机制

4.5.2.1　传统价值链的价值创造

基于价值链理论，从公司角度来看，公司实际上是创造和提供顾客价值的一系列价值创造活动的集合——价值链。对于价值链，波特主要研究以一个制造企业为核心的企业价值活动、企业与供应商和顾客间的关系及企业如何在价值活动中获取竞争优势等企业价值增值问题。因此，波特所提出的价值链通常被认为是传统价值链（见图 4-2）。

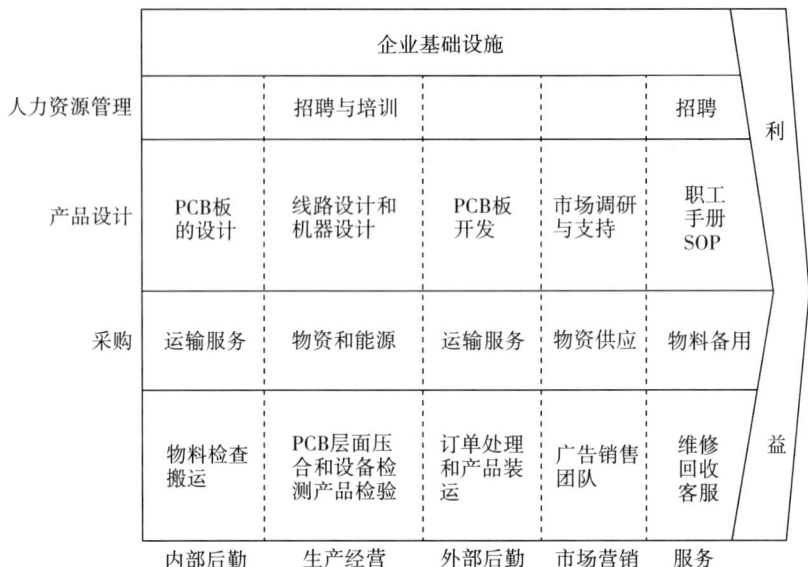

企业基础设施					
人力资源管理		招聘与培训		招聘	利
产品设计	PCB板的设计	线路设计和机器设计	PCB板开发	市场调研与支持	职工手册SOP
采购	运输服务	物资和能源	运输服务	物资供应	物料备用
	物料检查搬运	PCB层面压合和设备检测产品检验	订单处理和产品装运	广告销售团队	维修回收客服	益
	内部后勤	生产经营	外部后勤	市场营销	服务

图 4-2　某公司 PCB 生产企业价值链

在传统制造业的价值链活动中，企业通过提高生产流程的管理水平和降低单位成本，获取优质的产品质量和规模效应以降低产品成本，实现企业价值的最大增值，与顾客最大的利益关系存在于产品质量和产品交易环节。在物料转化为产品直到顾客消费的过程中，企业的产品增值主要依赖产品质量和产品价格。

（1）产品质量。质量是企业产品得以生存的根本，是获取利益的源泉。传统制造环境中，顾客对于产品最多的是需求识别而不是现在经济社会的顾客满意度，当然也离不开产品质量，质量是产品附加值增值的保证。对于传统的价值链增值模式，产品质量是其最大的依赖与最突出的特点，不同于制造业服务化的独有特点——"产品+服务"包。

（2）产品价格。价格是过去与未来始终不变的产品交易主题，是企业实现价值增值的有效手段之一。如价格战就是制造业企业在激烈的市场竞争中为保全自己而努力地在有效的范围内降低产品价格，促进企业的资源流通和资金运转。随着制造业服务化的发展，顾客对于商品的选择更多的是基于服务价值的实现而不再是传统产品价格的高低，由此表明，价格不是唯一的选择，服务价值的实现是制造企业最重要的价值增值方式。因此，制造企业有必要提高附带于产品的服务水平。

4.5.2.2　产品全生命周期的价值创造

产品全生命周期管理可以从企业资源计划、供应链管理、客户关系管理系统中提取相关的资讯，并使之与产品知识发生关联，进而将其用于扩展型企业，使从制造到市场、从采购到支持的所有人都能够更快速、高效地工作。这样就允许在公司间的整个网络上共同工作来进行概念设计、产品设计、产品生产、产品维护，对整个网络的操作就像对一个单独的机构操作一样。PLM 允许扩展型企业在公司间共用产品的业务流程和产品知识，包括从提出概念到产品退出市场整个生命周期的各个阶段。这种网络结构促使企业和顾客间形成独特的基于产品全生命周期的价值链（见图 4-3）。

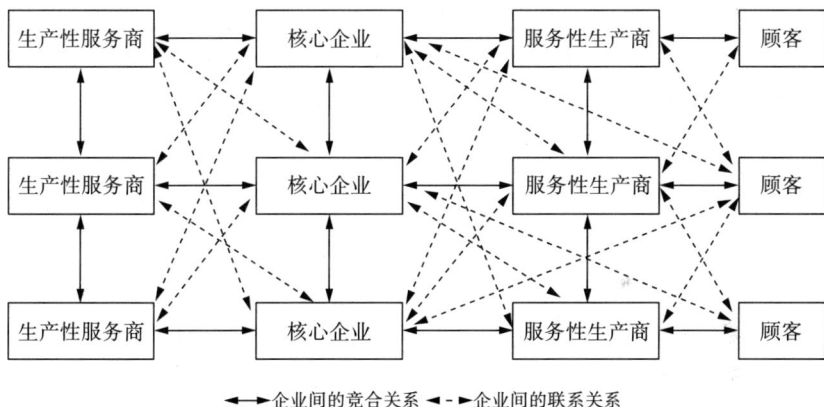

➡️←　企业间的竞合关系　◄－►　企业间的联系关系

图 4-3　产品全生命周期的价值创造机制

产品全生命周期管理的发展使传统制造企业一方面不再局限于企业本身的产品和服务及价值链的价值创造，另一方面不再单纯追求大而全的发展（由一家企业完成对产品的全生命周期管理），而是逐渐将企业发展为价值链节点中的核心企业，并重点发展自身的核心能力，然后企业会把一些非核心价值环节出售或业务外包，由一些专门的生产服务部门或服务性生产机构来承担。由于企业的核心能力与关键资源并非一种或一类，有可能存在两种核心能力甚至多种核心竞争力，因此，具有多个交叉点的价值网络系统的模式是产品全生命周期模式中价值链的发展趋势。这种价值链具有以下特点：

（1）价值创造的网络化发展。在产品全生命周期管理网络中，企业价值链的发展不再局限于与企业有直接利益关系的原上下游企业，还包含了因企业价值链增值活动而分离出去，形成独立且与企业有直接或间接利润价值关系的企业。价值创造不再是单链状结构，而是构成了跨企业发展的价值创造网络链。

（2）服务对象的增加使产品全生命周期管理网络运行与管理的组织形态发生变化。传统供应链体系主要是围绕体系内核心企业来形成稳定的供应关系，追求的是资金流、物流、信息流的三流合一，并多为单向流动。制造业服务化网络不仅仅围绕少数核心企业运作，其服务的对象更加宽泛，企业网络真正实现了由链状结构变成跨层级的复杂拓扑关系网络，并通过增加服务流和价值流实现了五流合一。

（3）由于市场竞争的不确定性，产品全生命周期管理网络摒弃了传统价值链的稳固性，产生价值实现目标的差异。传统供应链企业通过生产顾客满意的产品来实现价值创造；实施产品全生命周期管理的企业基于产品服务系统，通过顾客全程参与，各价值模块在网络结构中将与顾客间的竞争关系转变为建立在共同利益基础上的合作关系，实现客户价值创造与企业价值实现的双重目标。

在产品全生命周期管理网络中，顾客根据自己的需求，参与企业各类价值增值活动，网络内各价值模块基于各自核心能力进行业务流程协作，互相提供生产性服务和服务型生产，共同完成满足顾客的"产品+服务"包来实现服务型制造中不同利益主体的目标。这种模式通过顾客全程参与、价值模块协作到通过回收与再制造实现环境友好进行价值创造。

（1）顾客全程参与的价值链增值。在信息技术和网络技术高度发达的今天，将顾客纳入产品提供过程中，能使企业更好地了解顾客需求，生产出更符合顾客需求的产品，使企业和顾客间的竞争关系转变为有共同利益的合作关系。在制造业服务化网络中，顾客通过参与企业价值链上的各个环节来获取自身价值，各价值模块在对顾客的个性化需求做出快速响应的同时，也能让企业取得更大的竞争优势。

首先，在产品开发设计阶段，由于产品的需求信息存在于顾客，因此让顾客参与产品设计创作，由企业设计部门从技术上进行提炼来开发顾客需要和愿意接受的产品。其次，在生产制造阶段，通过顾客对个性化、高质量产品的需求，发现生产系统中可以改进的地方，以便更好地生产产品。顾客参与产品制造还能发现设计与制造间的矛盾，通过与制造工程师沟通，及时协同设计部门调整设计方案，提高生产效率。再次，顾客还能通过参与产品营销来帮助企业进行宣传，提高企业形象。营销成果的好坏取决于顾客的消费体验，在互联网高速发展的今天，顾客之间的产品与服务推荐及消费体验分享会比传统的企业宣传产生更好的效果。最后，通过让顾客参与企业的生产运作过程，可以为企业绩效测评提供更多的指导。传统企业对顾客满意度的测评更多的是处在企业制作过程的外部，很难找到产生问题的根源，而通过顾客参与企业运作，可以对企业生产系统的先进程度、产品质量、系统管理水平、生产技术水平和企业效率进行科学评价，从而进一步激励企业对产品及服务进行改进与创新。

（2）价值模块之间的协作。在产品全生命周期网络中，基于业务流程分工产生了不同类型的价值模块，各价值模块之间将自己不擅长的或者竞争优势不明显的业务流程外包给其他价值模块来完成，通过市场选择最优的协作模块，相互衔接组成一个新的价值网络平台，各个价值模块之间基于清晰的接口定义进行业务协作，实现对分散的制造和服务资源的整合，在整合、协作、创新、竞争中综合考虑顾客的个性化需求，以更低的成本、更高的效率、更短的时间为顾客提供最适合的"产品+服务"包，实现各价值模块的价值增值。

（3）环境友好的价值创造。产品全生命周期网络是由服务企业、制造企业（核心企业）和顾客自发形成的网络聚合体，每一个价值模块都具有对环境的开放性和适应性，不同的主体之间为了达到各自的目标而在非线性互动中体现出服务型制造的网络结构和协作关系，并随着外部环境中社会、政治、经济、法律和文化等的影响，实现网络系统与环境的协同演化。

这种演化过程往往会形成在制度、管理、技术等方面的竞争优势，制造业服务化网络通过保持开放式的结构，使这种竞争优势不断地增强和扩展，从而影响整个行业的发展，形成有利于企业发展的外部环境，通过正反馈再次强化企业的竞争优势。这种动态开放结构下的网络系统同时也进一步为企业创造价值。

首先，网络内企业通过各种协作关系来提高资源的利用率和企业效率，建立有效的回收和再制造体系，在响应政府和顾客的绿色需求的同时有效降低生产成本，为企业带来绿色价值。

其次，随着外界环境的变化，企业之间的竞争和协作关系也在不断变化中。这个过程是企业不断适应外界环境变化、不断学习的过程，环境不确定性程度越高，企业越倾向于相互协作，通过信息沟通、资源共享，降低外部环境的复杂性，逐渐产生共同的合作价值理念，自发形成共同的价值行为准则，有效降低制造业服务化网络的协作成本，增加共同的收益。

最后，网络内企业对环境变化的快速响应能更深层次地挖掘顾客的需求，并在相互交流和协作过程中增强自身的创新能力，增强满足顾客能力的同时为顾客和自身带来更多的价值，实现企业和顾客的双赢。

4.6 产品全生命周期管理服务案例

4.6.1 卡特彼勒

卡特彼勒是全球最大的建筑机械、矿用设备机械、柴油及天然气发动机、工业燃气轮机和柴电混合动力机车的制造企业，2017 年在《财富》500强中排名第 264 位，成为工业工程板块中可持续发展的领头羊、世界前 20位最受尊敬的公司之一。

作为全球工程机械、矿业机械及能源和动力系统的标杆企业，卡特彼勒十分注重可持续发展，并以全新的理念和表率引领世界再制造的发展。卡特彼勒开展再制造业务 40 多年来，在全球已建立了 17 座再制造工厂，并拥有完善的全球旧件回收系统和再制造产品销售系统，产品包括发动机、变速箱、驱动桥、液压零部件、电子控制单元等，每年回收处理 200 万个旧件，再制造回收处理 8 万吨材料，已发展成为全球最大的再制造企业。

2005 年底，卡特彼勒在上海临港注册成立全资子公司卡特彼勒再制造工业（上海）有限公司，把"再制造"这一全新的理念导入中国。目前，卡特彼勒再制造工业（上海）有限公司主要再制造连杆、水泵、油泵、缸盖和喷油器等发动机零部件。

卡特彼勒再制造提供从发动机、发动机零部件到传动系统及液压件（见表 4-1）的一切再制造服务，再制造成品完全达到卡特彼勒工程师们制定的标准。所有卡特彼勒再制造产品都能达到与新零件相同的规格和性能指标，这意味着顾客能用远低于新产品成本的价格获得等同于新产品的质量和价值。而且顾客能随时从卡特彼勒代理商处购买到再制造零件。与新品相比，卡特彼勒再制造的产品具有以下几个特点：①一样的外观，再制造的整个流程注重产品的美观；②一样的性能；③一样的可靠性；④一样的耐用性（生命）；⑤一样的维修保障。

表 4-1　卡特彼勒再制造范围

产品大类	产品名目
变速箱与控制部件	变速箱、变矩器、终传动总成与部件、离合器踏板、车辆电子控制装置、监控系统、终传动发动机
液压系统	液压气缸和杆、液压泵和马达、泵和回转驱动马达、震动荚（路面机械）
发动机部件	公路卡车发动机、车辆发动机、长机体、短机体、气缸盖、曲轴、曲轴和套件、气缸套件和连杆、燃油喷油嘴和喷嘴、燃油喷射泵、空燃比调节装置、涡轮增压泵、水泵、机油泵、起动器、摇臂套件、挺杆、摇臂、凸轮节块、活塞和衬垫、交流发电机、油冷器、空气压缩机
悬挂与制动系统	前部悬浮总成、制动总成、制动带和履带板

20 世纪 70 年代初，工程机械行业国际元老级企业美国卡特彼勒公司开始涉足再制造领域，迄今为止已经积累了近 40 年的技术和运营经验。用过的柴油发动机、卡车传输装置和其他重型设备组件，经过卡特彼勒公司的"再制造"，被赋予了新的生命。它们被贴上新价签，并附上了新质量保证书，再次投放市场。目前，卡特彼勒是全球最大的再制造商之一，每年重复利用 200 多万件和 6 万多吨的核心材料。

与许多无心插柳的创造一样，最初卡特彼勒的再制造只是为了解决一个内部维修管理中的问题，没想到当初的一个想法到现在已经发展成了一门价值数十亿、市场前景广阔的大买卖。当工厂里使用的一组发动机总成面临报废需要更换时，出于降低成本考虑，卡特彼勒选择了对机器进行一次彻底的"翻修"。卡特彼勒将机器上的所有零部件拆下来，将主要铸件翻新，将一些不能用的小零部件替换，然后重新组装成一台发动机。凭借先进的再制造技术能力，经过"翻修"的发动机无论在质量还是在性能上几乎与新产品没有区别，而这个过程的成本却只有制造新产品的 1/3。很快，卡特彼勒发现这种模式其实不仅仅适用于发动机内部维修，也同样适用于自己的主营产品。不久，卡特彼勒再制造出来的机器和零部件，除了在工厂内自己使用之外，也开始卖给经销商和客户甚至其他的生产制造商。再制造产品与同类新产品相比，平均价格仅为后者的 30%~40%，再制造顺理成章地成为卡特彼勒的一项新业务。

机缘巧合使卡特彼勒向工程机械再制造领域迈出了关键的第一步。决定大干一场主要是因为卡特彼勒看中了再制造产品的低成本和高增长率。由于全球原材料价格上涨和供应短缺，许多制造行业的利润空间受到挤压。但再制造产品却不受原材料的限制，而且价格低廉，使市场大大拓宽。环境保护的考虑是卡特彼勒公司加紧"再制造"步伐的又一因素。再制造与再循环有相似之处，但显得更加粗放。再制造的过程是：将产品拆分开来，进行清洗、修理或更换已破损部件，然后在有需要的地方进行技术更新，最后再将零部件组装成产品。

工程机械再制造形成产业化，卡特彼勒需要解决若干问题，首先是技术问题。毋庸置疑，作为工程机械行业的世界顶级企业，卡特彼勒经过 80多年的积淀，已经拥有了一套最完善、最先进的制造技术，为工程机械再制造业务的开展提供了首要的支持。产品转化为商品需要销售出去，新事物的兴起必定要经过一个接受的过程，卡特彼勒这时要面对消费者观念的问题。由于再制造是以废旧产品为基础生产出来的，因此消费者会习惯性地对其安全和质量抱有顾虑。为此，卡特彼勒建立了严格的 ISO 和 QS9000认证，以精益求精、尽善尽美的技术实力保证了工程机械再制造产品的安全和质量。在产品推广中，美国政府提供了必要的政策支持，基于汽车行业发动机再制造的成熟经验，对再制造产品做出合理的认定，从法律层面打消消费者的顾虑，同时对再制造企业不再制定特殊的资质要求，这对卡特彼勒再制造业务的开展起到了极其关键的作用。

卡特彼勒开展再制造业务的初衷是降低成本，根本目的还是盈利。单个零部件的再制造仅仅等同于定制，本身并不具备盈利的可行性；只有在足够的产品回收量的支撑下，再制造才可能通过规模降低成本。如果没有足够的回收旧件，再制造带来的经济效益就会大打折扣。作为一家全球性企业，卡特彼勒同一型号的产品分布的地理跨度可能非常广，回收绝非易事。卡特彼勒独特的分销和物流系统在旧件回收过程中发挥了重要作用。除了了产品，卡特彼勒的名气还在于遍布全球、高效率的分销系统。这个无与伦比的分销系统实现了对产品全生命周期的有效管理，不仅适应了可持续发展的需要，也为产业链各方创造了共赢的价值。

近几年，卡特彼勒再制造业务在全球迅速铺开。2004 年是卡特彼勒再制造里程碑式的一年，在接连完成了对英国 Wealdstone 工程公司等再制造业内三家公司的收购之后，卡特彼勒成为全球最大的工业再制造商之一，拥有雇员 2500 人。2006 年，卡特彼勒以 10 亿美元的价格收购了北美洲最大的铁路设备再制造企业 Progress Rail 公司。2007 年，卡特彼勒收购了雷米国际旗下公司 Franklin Power Products, Inc. （FPP）和 International Fuel Systems, Inc.（IFS）的部分资产，成为北美领先的柴油发动机再制造商。同年，卡特彼勒又完成了对欧洲再制造公司 EurenovS. A. S. 的收购，这是卡特彼勒不到一年的时间里在再制造领域的第三次收购，使其再制造进一步进入欧洲汽车和工业发动机及变速箱再制造市场，并扩展到东欧。2008 年，卡特彼勒收购 Gremada Industries, Inc. 部分资产，拓展再制造业务。截至目前，卡特彼勒已先后在美国、英国、法国、墨西哥、中国等多个国家建立了近 20 个再制造工厂，并计划在新加坡新设一家再制造工厂，扩大卡特彼勒在亚太地区的再制造经营。这是卡特彼勒扩大再制造经营和完善亚洲采矿市场支持服务这一战略计划中的一项举措。新工厂将作为矿用卡车发动机、变速箱和变矩器等重要再制造零部件的区域性供应基地，预计 2010 年全面投入运营。

2006 年 9 月，国家发改委资源节约和环境保护司与卡特彼勒签署了合作意向书，组建了一个再制造项目合作小组，卡特彼勒向发改委和中国研究机构提供专门的机械设备及其零部件再制造技术，支持中国再制造业的发展。同年，为了更好地为中国的客户、经销商和其他亚太地区的客户提供服务，卡特彼勒率先取得了营业执照和许可，在上海临港工业园建立了区域再制造中心，这也是第一家在中国获得再制造许可证的外资公司。

2009 年上半年，卡特彼勒与国内两家本土代理商信昌机器和易初明通合作，分别在顺德、成都建立了面向消费终端的再制造回收点。尽管在美国市场已经建立了成熟的模板，但卡特彼勒目前在中国推广再制造的过程并不顺利。除了进口旧零部件会遇到政策瓶颈之外，更大的问题来自消费文化。与西方客户普遍接受的全生命周期估值不同的是，目前在国内客户中占据主导的是一次性消费观念，客户总是希望看到全新的东西，即便是那些国外客户完全接受的再制造部件，在中国也会遭到冷遇。但是它并没有因此止步，卡特彼勒认为，在市场发育转型的过程中，这是客户心理的一个必然历程。市场需要一个时间，让客户慢慢提高认识度。消费需求的回归自然会为再制造指明道路。目前，中国工程机械的一些细分市场，如挖掘机市场，由于单个产品的价值较高，已经出现了一些对再制造有利的消费倾向。市场空白正是卡特彼勒看重中国市场的原因所在，这项被很多人看成是不转圈的小买卖，终究会在某一天变成一笔大生意。据估计，致力于发展循环经济的中国，再制造市场每年的规模可达 100 亿美元。

4.6.2　潍柴动力

潍柴控股集团有限公司创建于 1946 年，是目前中国综合实力最强的汽车及装备制造集团之一。集团在全球拥有员工 5 万余人，2012 年实现营业收入 807 亿元，名列 2013 年中国企业 500 强第 147 位、中国制造业 500 强第 65 位、中国机械工业百强企业第 6 位。2008 年 3 月，国家发改委确定了潍柴动力股份有限公司及其授权的潍柴动力（潍坊）再制造有限公司作为首批 14 家汽车零部件试点企业。同年 4 月，潍柴动力（潍坊）再制造有限公司成立，是潍柴动力股份有限公司的全资子公司，专业从事发动机及其零部件的再制造业务，项目总投资接近 3 亿元。时隔一年，2009 年 4 月 9 日，再制造技改项目一期建设完成，新厂房投入使用，再制造公司正式搬迁到工业园新建厂区内，开始再制造发动机的批量化、机械化生产。潍柴再制造公司的主要定位是集发动机再制造所涉及的拆解、清理、修复加工、装配、出厂试验、喷涂和包装全工艺流程为一体，并涵盖再制造产品研发、质量检测、仓储物流等方面，立足于建立国际一流的现代化再制造基地。

作为潍柴的最主要产品之一，潍柴动力致力于为用户提供全系列、全领域发动机总成，可以为用户提供客车、卡车、工程机械、船舶等的全系列发动机产品（见图 4-4）。

市场经济条件下，用户真正需要的不是"产品"，而是"功能"。客户对于将"功能"招标，由一家公司持续地提供用户所需的"功能"的服务模式认可度越来越高，这为潍柴的服务业务的开拓提供了广泛的市场需求。再加上传统业务的竞争越发激烈，利润不断降低，这也使潍柴的服务化转型成为其突破市场竞争的一个有效途径。作为一家典型的发动机制造企业，潍柴动力致力于为客户提供动力总成。从客户角度而言，他们需要的是动力而非简单的发动机；从企业角度而言，为客户提供符合其需求的动力服务才是企业生存的根本。这从产品角度为企业的产品再制造提供了可能性，即客户看中的是产品的性能而非产品本身，只要是可以为客户提供动力的产品都具有一定的市场和潜力。

然而，当前很多制造业企业尚未明确这一点，认为只要向客户提供产品就可以了，并未从产品的性能角度考虑客户的真正需求。正如涂料制造商以为客户需要的是涂料，而没有意识到客户的真正需求是刷新服务。又如教练飞机制造商以为客户需要的是教练机，而没有意识到客户的真正需求是培训飞行员。但潍柴动力及时地意识到了这一点，它们基于自己的产品特性，开始提供发动机的再制造，即将不满足使用条件的旧发动机拆解后，根据零件的失效程度，替换或修复不符合标准的零件，再按新发动机制造标准进行装配，恢复其技术性能的过程。

（a）客车发动机

（b）卡车发动机

（c）工程机械发动机

（d）船舶发动机

图 4-4　潍柴的发动机系列

发动机的再制造，从社会的需求性、技术的先进性、效益的明显性等几个方面来说，是废旧产品再制造工程中最典型的应用实例。再制造技术使客户可以 25% 的价格将旧发动机卖给潍柴，然后以新机 75% 的价格买一个再制造的发动机，这相当于客户用不到一半的价格购买了质量上不输于新发动机的动力服务（见图 4-5）。同时，再制造技术延长了发动机的生命周期，对于发动机而言，产品的生命周期已经不仅仅是产品的制造、使用和报废处理三个阶段，再制造发动机诞生后，发动机的生命周期不仅要考虑上述三个阶段，而且潍柴在发动机的设计阶段就开始充分考虑发动机的维护及采用包括再制造在内的先进技术对报废发动机进行修复和再制造，从而使发动机的动力性能和价值得以延续。即对于潍柴的发动机而言，应该报废的发动机的生命并未终结，经过发动机的再制造，它可以再度使用，从而将发动机的全生命周期链条拉长为产品的制造、使用、报废、再制造、再使用、再报废的过程，延长了企业的获利时间（见图 4-6）。

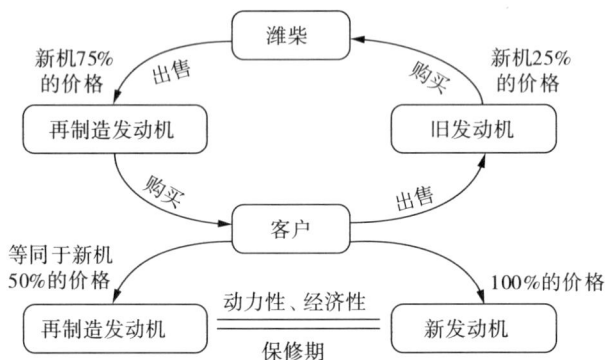

图 4-5　潍柴发动机的再制造特性

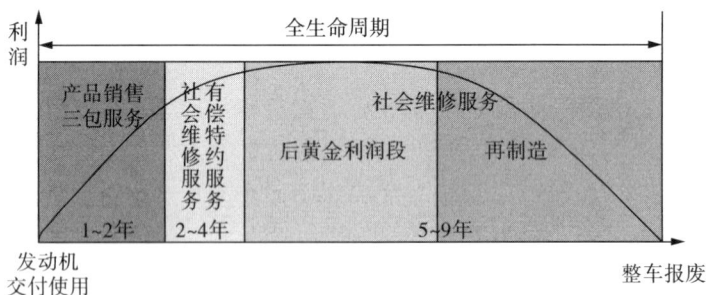

图 4-6　再制造发动机的全生命周期

　　潍柴的再制造发动机主要适用于客车动力、卡车动力、工程机械动力、路用发电动力。再制造发动机比新机有更多的选择空间，根据客户的需求，再制造公司推出了标配版、简化版、短装版等诸多发动机配置，让客户可以有更多的选择，为客户节约了成本。

　　（1）再制造发动机三大特点、优势—标配版。三大特点：质量和新机一样，性能和新机一样，保修期和新机一样。技术优势：技术平台与美国 SRC 公司（美国斯默菲再生资源公司）战略合作。设备优势：主要设备从国外引进。网络优势：5700家服务网络遍布全国。

（2）再制造机—简化版优点。为降低用户更换成本，在再制造标配版柴油机的基础上，去除增压器、高压油泵、发电机、起动机、水温传感器、机油压力传感器。

（3）再制造机—短装版优点。为更进一步降低客户更换成本，满足不同客户的需求，发动机经过整机出厂试验并满足性能要求，在整机的基础上取消了进气管、出水管、排气管、空压机、增压器、水泵等外围零部件，以低廉的价格更优地满足客户换机要求。

（4）再制造机—解剖教学版优点。为使客户对发动机的结构有直观的认识，对柴油机汽缸体、汽缸盖、飞轮壳、齿轮室、出水管、进气管、排水管、发电机、增压器等主要零部件进行解剖，使用户能够直观地观察到柴油机主要零部件的构造。备启动电源，使柴油机能够低速地进行运转，使用户更直观地观察到柴油机的运行方式。

（5）再制造零部件优点。对零部件进行完全的分解，经过完整的再制造流程，重新进行组装，进行性能测试，使之达到新品零部件的使用性、可靠性。以更低廉的价格满足不同客户的需求，享受原装正品配件的保修服务。

由于我国的汽车行业的回收利用工作近几年刚刚起步，2008年3月，政府推动的汽车零部件再制造试点工作才开始。各企业正在积极探索，目前行业内没有完整的成功模式可以借鉴。在节能减排的大背景下，装备再制造的产业化发展是我国发展循环经济的重要举措，如何将再制造模式产业化是实现我国经济可持续发展的一项重要课题。因此，借鉴国外成熟的模式，结合我国汽车及零部件企业的自身特点和外部环境，对我国汽车企业的再制造流程做有针对性的研究和分析，提出合理可行的发展模式，将对企业乃至行业的发展产生积极有利的影响。潍柴动力就在这样的一个大环境下成为了"第一个吃螃蟹的人"。

汽车再制造企业运作模式主要包括以下四种：原产品制造商模式（Original Equipment Manufacturer，OEM）、独立再制造商模式、为OEM服务的承包性再制造商模式，以及联合再制造商模式。潍柴动力采用的是目前主流再制造企业的OEM再制造服务模式，即由整车厂或原配件供应商直接投资再制造企业，通过经销商和特约维修站来回收旧件，交由OEM进行再制造加工后，再通过售后服务网络进行销售。该模式下，OEM企业直接从事零部件再制造，再制造件的质量规范由原零部件生产企业制定，与新件相同，原零部件生产企业承担保修责任。

潍柴动力在经典的 OEM 模式基础上针对自己企业的情况加以修改，形成了具有潍柴特色的发动机再制造模式。在传统的发动机运作模式中，制造商向客户出售新发动机，而后客户使用发动机直至其最终报废，这样的运作模式是开环的。但是对于潍柴来说则不然，对于进入大修期的发动机，用户可以相当于新机 20%~25% 的价格卖给代理商，同时可以相当于新机 70%~75% 的价格购得一台再制造发动机，折合下来用户仅用新机一半左右的价格就可购得一台不低于新机质量、与新机享有同样"三包"服务的再制造发动机。这样的运作模式实现了发动机销售和使用的闭环循环，当客户的产品进入到大修阶段后就可以置换一台再制造发动机，然后再使用、再置换，一方面为潍柴提供源源不断的旧发动机货源，另一发面为客户提供源源不断的动力供应。这样，现有产品的分销系统可以转化为"双行道"，同时进行产品的回收，提高消费者的回购率，使再制造商从中获利（见图 4-7）。

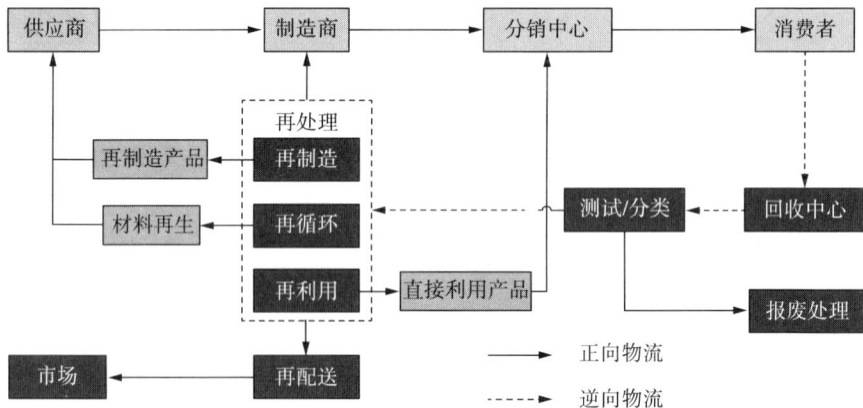

图 4-7 再制造模式中的产品回收途径

首先，潍柴动力（潍坊）再制造有限公司以超过 320 万台发动机社会保有量为基础，依托由 36 个服务中心和 4700 家维修站组成的营销服务网络，回收旧发动机。潍柴动力现在只针对自己的产品回收旧件，便于制造商对产品全生命周期进行管理，产品在设计时就考虑到其报废后的回收再造，开展可再制造性设计。因此，潍柴开展再制造不仅培养了客户的忠诚度，更重要的是获得源源不断的旧件来源，支持再制造商业模式的持续发展。

其次，再制造并不是单纯的一笔买卖，它是潍柴的企业战略和商业模式，考量的是公司整体的竞争优势。潍柴动力充分地发挥生产企业的技术和质量保证能力，运用高科技手段实现旧发动机的拆卸、清洗、检测、再制造加工、装配和整机测试，这其中又涉及一系列的工艺问题，保证其再制造产品的质量一致性，避免再制造产品与新品的知识产权纠纷，保护了潍柴动力品牌，实现了市场共享，树立了企业良好形象。

最后，正如企业的回收网络一样，潍柴动力也是依托36个服务中心和4700家维修站组成的营销服务网络，销售再制造发动机。在这种模式下，潍柴无须新建物流网络，同时也能够进一步落实"生产者责任制"。通过向用户提供达到新机质量标准和服务水平的再制造产品，潍柴动力现已成为带动再制造行业发展的成功典范。

再制造模式为潍柴动力带来多方面的效益：

（1）发展绿色制造，实现循环经济。已经投放市场的发动机越来越多地进入到报废期，如果不进行再制造，大量报废的发动机和零部件将给环境保护带来巨大的压力。然而经过再制造，再制造产品质量完全达到新品质量要求，质量标准等同于新品质量标准，具有经济性、资源节约性和环保性等特点。再制造产品与新品相比，成本只是新品的50%，节能60%，节材70%，几乎不产生固体废物，大气污染物排放量可降低80%以上，有利于形成"资源—产品—废旧产品—再制造产品"的循环经济模式，可以充分利用资源，保护生态环境。

（2）提供多元选择，提高客户忠诚度。相较于其他的发动机企业，潍柴动力为客户提供了除大修和更换新发动机之外的第三种选择——再制造发动机。用户购买一台再制造发动机并且扣除旧机的价值后，可以节省一半的成本。尽管这个价格仍然高于大修的价格，但是由于再制造发动机的性能和质量与新机相同，因此大大降低了发动机的故障率，提高了客户的出车率和综合效益。潍柴如同与客户签订了服务契约，以此持续地绑定顾客。

（3）新经济增长点，支持后市场战略。在再制造的发展进程方面，我国远远落后于西方国家，但它却能成为全球经济危机后，拉动我国经济持续增长的新动力。开展再制造业务缓解了公司的维修服务压力，有效地支持了集团公司后市场服务战略；用高品质、低价格的再制造产品来取代以往维修时间长、维修质量低的服务模式，促进了发动机更新换代，为再制造发动机的推出提供了一个非常大的潜在需求空间。另外，对维修站来说，这是一个新的卖点和利润增长点；对用户来说，这是以低价获得质量等同于新发动机的再制造发动机，节约了成本；对整个供应链环节来说，这是一种全新的共赢战略，是对资源的重新利用。

4.6.3　海尔模具

为了响应国家"两化深度融合"的号召，按照海尔集团的模块化战略要求，向"数字化""知识化"工厂转型，实现信息化与工业化的深度融合，达到精准高效生产的目的，建设有海尔特色的智能工厂成为海尔模具信息化建设的一个重要战略目标。

2013 年上半年，海尔模具与国内领先的智能工厂方案供应商——北京兰光创新科技有限公司，针对模具制造行业特点，共同为海尔模具量身打造出了国内领先的兰光 CPS 管理系统。该项目以国家"两化深度融合"战略为指导思想，充分借鉴了德国工业 4.0、美国 GE 工业互联网等先进理念，以生产设备为中心，以生产协同管理为主线，实现了信息—物理系统之间的深度融合，实现了企业生产数字化、智能化、少人化、高效化的目标，明显提升了企业的生产效率与市场竞争力，取得了良好的经济与社会效益。

通过 CPS 系统的实施，海尔模具在信息化建设方面取得了长足的进步，建成了国内领先的智能工厂，并取得了显著的实施效果：

（1）实现了信息软件与生产设备的深度融合。系统实施后，海尔模具所有的数控设备全部联入了 DNC 网络，设备由以前的信息化孤岛变为了信息化节点，所有加工程序实现了安全的集中管理、严格的流程审批、高效的自动传输、可靠的加工仿真，并对设备进行了 24 小时全天候的状态实时监控，包括设备开关机、故障信息、生产件数、机床进给倍率等信息均在第一时间及时获知，有效地减少了信息不透明导致的冗余沟通时间，实现了生产过程中信息最大程度的共享，生产过程中的生产准备情况、程序信息、机床状态、异常情况、生产进度等各类信息均实现了实时化、透明化、精益化的管理。

（2）以设备为中心，以生产为主线，实现了多部门的协作管理。将传统的模具加工的串行作业优化为并行作业，生产管理、CAD/CAM、工艺、计划、班组、质量、设备各部门紧紧围绕模具制造这一核心目标，全面实现了数字化的并行管理，最大限度地减少了等待等时间的浪费，明显提升了生产效率。比如，系统支持短信发送至手机、邮件自动发送、客户端登录提示等方式的交互方式，使班组长、操作工、设备维修组、电极准备室、刀具室的响应速度提高30%以上（见图4-8）。

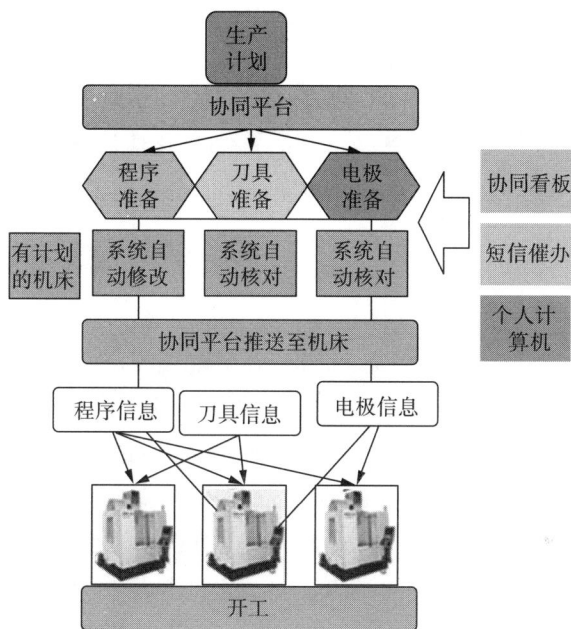

图 4-8　CPS 协同管理并行准备

（3）实现了基于大数据分析的决策支持。系统实施后，企业管理者可在办公室实时、直观地查看到模具加工计划的准备情况、工序状态、在制品信息、任务生产进度、生产过程中设备的详细运行参数等信息，并通过系统的大数据分析功能，从海量数据中提取、分析出各种图形与报表，设备的各种数据、运行趋势、异常情况等一目了然，管理者的决策建立在真实、量化、透明、智能分析的基础上，从而可以很好地实现生产过程的科学管理。

（4）经济效益明显。模具加工准备平均时间从1小时缩短到0.5小时，缩短了50%的生产准备时间；编程部、计划科、各个线体实现了90%以上的信息共享，缩短了50%的沟通时间；实施系统后，1个操作工可以操作5台设备，用工数量减少25%以上；实现了100%的程序自动传输，程序调用错误率控制在万分之一以下，设备有效利用率（OEE）平均达到75%以上。

OEE 已经远超国内企业 40%的平均水平，也高于欧美发达国家 70%的标准，逼近日本企业 80%的最高水准。

（5）取得了良好的社会效益。CPS 系统帮助海尔模具建成了国内领先的智能工厂，使企业实现了高效、少人化的管理，取得了很好的经济效益。现在，海尔模具已经成为海尔集团信息化建设的一面旗帜。全球工业 4.0 顶级专家、美国辛辛那提大学教授、美国 IMS 智能维护系统研究中心主任李杰教授在参观完 CPS 系统后，也给予了其高度的赞赏和充分的肯定。李教授说："海尔模具不只是管理理念先进，在信息化建设方面也非常领先。海尔模具 CPS 项目是对工业 4.0 很好的探索，值得其他制造企业借鉴！"

参考文献

［1］Aberdeen Group. PLM-it's for Any Manufacturer Striving for Product Excellence ［M］. Boston：Aberdeen Group，2002：35-38.

［2］A. C. Brent，J. K. Visser. An Environmental Performance Resource Impact Indicator for Life Cycle Management in the Manufacturing Industry ［J］. Journal of Cleaner Production，2005，13（6）：557-565.

［3］Alan Brent，Carin Labuschagne. Social Indicators for Sustainable Project and Technology Life Cycle Management in the Process Industry ［J］. The International Journal of Life Cycle Assessment，2006，11（1）：3-15.

［4］Dean J. Pricing Policies for New Products ［J］. Harvard Business Review，1950，28（6）：45-53.

［5］Levitt T. Exploit the Product Life Cycle ［J］. Harvard Business Review，1965，43（6）：81-94.

［6］Okasha N. M.，Frangopol D. M. Computational Platform for the Integrated Life-cycle Management of Highway Bridges ［J］. Engineering Structures，2011，33（7）：2145-2153.

［7］Oscar Ortiz，Cécile Bonnet，Joan Carles Bruno，et al. Sustainability Based on LCM of Residential Dwellings：A Case Study in Catalonia，Spain ［J］. Building and Environment，2009，44（3）：584-594.

［8］Rink D. R.，Swan J. E. Product Life Cycle Research：A Literature Review ［J］. Journal of Business Research，1979，7（3）：219-242.

［9］Saur K. Life Cycle Management as a Business Strategy for Sustainability ［J］. Environmental Progress, 2003, 22（4）: 237-240.

［10］川徐勇，李富柱，封士彩. 基于并行工程的机械产品研发研究［J］. 机械管理研发，2006，93（6）: 40-42.

［11］范李，刘启珊. 并行工程在汽车产品研发设计的运用［J］. 中国汽车制造，2007（2）: 18-22.

［12］龚菲. 产品生命周期模型识别研究［D］. 南京航空航天大学硕士学位论文，2003.

［13］吴潇峰. 服装行业产品生命周期管理系统的研究与实现［D］. 上海交通大学硕士学位论文，2013.

［14］熊光楞，徐文胜等. 并行工程的理论与实践［M］. 北京：清华大学出版社，2001.

［15］徐树杰，董长青. 基于 GREET 汽车全生命周期能耗排放研究［J］. 汽车工艺与材料，2014（2）: 10-13.

［16］于飞. PLM 在整车研发项目中的应用研究［D］. 华东理工大学硕士学位论文，2014.

［17］张明静，王清华，莫欣农等. 产品全生命周期管理效益评价方法［J］. 计算机集成制造系统，2011，17（2）: 362-368.

［18］张忠，金青，王晓宇. 基于网络的制造业服务化价值创造研究［J］. 常州工学院学报，2015（4）: 43-47.

5　信息增值服务

（韩伟伟　北京邮电大学现代邮政学院）

5.1　产品功能分析和信息增值服务概念

顾客购买产品是购买产品具有的功能。产品是功能的载体，是功能的实现方式。但顾客对实体产品不仅仅满足于购买和使用，分享经济、体验经济、技术服务、文化欣赏等形成了更大的客户需求。例如，客户使用手机体验新技术、共享经济搭车旅游、移动支付共享美食、医疗技术提升服务，人们不再仅仅关注产品本身，更愿意为技术服务、美好体验的过程买单。顾客对通过将信息增值服务打包到产品中提供全过程服务的模式的认可度越来越高，顾客需求的这种深刻变化构成了推动信息增值服务模式发展的需求动因。为此，制造业企业借助软件和网络技术延展产品服务，开展线上线下多元化数字内容增值，有效提高产品附加值，实现生产经营管理的信息集成和协同运营。在生产领域，为企业客户提供设备状态监测、产品质量监测、在线技术支持、生产运行分析等服务；在消费领域，为终端消费者提供基于硬件产品的增值服务和个性化服务。例如，美国苹果公司依托庞大的手机用户群，建立在线 App 应用、歌曲、视频、图书商店，开发基于地图、语音、支付的各种增值服务，推出能够监测穿戴者的运动、健康信息的 Apple Watch，建立社交网络，提出个性化建议。

5.2　信息增值服务的发展历程

20 世纪 80 年代以来，西方发达国家的一些传统的制造业企业开始重视伴随其有形产品的信息增值服务，希望通过提供具有针对性的服务满足顾客日益提高的个性化需求，在有形产品的生产效率和功能已经被充分挖掘的情况下进一步为顾客创造更高的效用。

中国工业化发展晚于欧美发达国家200多年，但在最近30多年的时间里中国制造业实现了突飞猛进的发展，规模迅速扩大，现在已经成为世界工厂。在中国制造业企业普遍面临市场竞争同质化、产能过剩、产能落后、缺乏自主创新能力、发展乏力的困境时，服务型制造为中国制造业提供了创新和发展的机遇。服务化还可以在更高的层次上帮助中国经济整体转变增长模式，由中国制造向中国创造转变、由产品经济向服务经济转变、由工业化向信息化进而向服务化转变。服务与制造不同，其对从业人员的职业素质、知识、技能、经验有更高的要求，所以服务型制造还能有效帮助提高制造业从业者整体的素质，提供更多就业机会，帮助政府解决城镇化过程中的人口就业问题。

在服务型制造发展的驱动下，我国的电子设备供应商也加快了自身的信息增值服务化转型。以小米公司为例，作为互联网行业的一个实物品牌，小米高居全球50大具创新力品牌的第3名。2014年底，还没有上市的小米市值评估为450亿美元，成为中国最值钱的私人公司之一。小米是典型的轻资产的商业模式。小米不投资制造工厂，而是为了实现从质量上与大牌手机抗衡，选择最好的原材料供应商。信息服务方面，小米在研发环节投入巨大的财力和人力，是典型的以众包方式做研发，MIUI系统每周都会升级一次，目前已经发布了200多个版本。小米并没有搭载第三方应用软件供应商，而是建立自己的"小米应用"商店，方便用户在官方平台获取信息服务。同时，MIUI系统与安卓系统兼容，允许客户安装其他应用商店下载的应用。小米的论坛也是极其活跃的地方，每天都会新增20万个帖子，小米会筛选出8000条反馈给工程师，每个工程师必须回复150个帖子，这等于将管理工作下放到用户和工程师，而粉丝的回赞让工程师也很开心。因此，小米手机30%的功能改进来自粉丝的建议。

除了电子设备供应商以外，传统的制造业代表——机械装备制造企业也加快了自身的服务化转型。

对于高新技术企业来说，提供信息增值服务既是企业经济利益的新增长点，也是这类制造企业服务化转型的大趋势，主要表现在：

一是信息增值服务环节在价值链中的作用越来越显著。随着先进制造

业自动化程度不断提高，智能制造不断实现，制造在企业价值链中的比重
不断下降，而上下游产业链诸如研发设计、电子商务、咨询服务、信息服
务等服务环节不断得到延伸。制造业企业从依托制造环节开始向上下游的
信息服务业拓展，这样使信息服务环节在企业价值链中的地位得到明显
增强。

二是制造企业由以产品为中心向以信息服务为中心转型。生产企业由
原先只关注产品本身即以产品为中心，正转向产品+信息服务，再到以信息
服务为中心的新型发展模式。这个阶段制造与服务边界呈现出模糊化趋势，
企业运营模式发生了转变，由传统的以生产为核心的模式逐渐转向客户提
供综合服务的模式。

三是制造企业业务不断核心化。许多企业将非核心业务剥离出去，做
强做精核心业务，自身专注于高附加值、高利润、高质量的信息服务活动，
将生产活动剥离出来，转由其他企业完成。工业云、网络协同研发、全生
命周期运营等新技术、新业态出现，使企业能够为顾客提供产品及其全套
应用解决方案，满足顾客多样化、个性化需求。制造业的信息服务化趋势
在微观上更多地表现为制造企业向信息服务提供商转变。

5.3　服务型制造与信息增值相关研究进展

5.3.1　服务型制造与信息化

服务化（Servitization）的定义最早由 Vandermerwe 和 Rade 在 1988 年给
出，他们认为服务化是以客户为中心的，向客户提供由产品、服务、支持、
自我服务及知识组合而成的"产品—服务包"。服务型制造是制造企业行为
转变的动态过程，从"物品（或物品+附加服务）"的提供商转变为"产
品—服务包"的提供商，其具体表征形式有二：一是投入服务化，即服务
要素占制造企业全部投入的比重增加；二是业务服务化，即服务产品的产
出在制造企业中的比重增加。如上所述的服务型制造属于服务型制造运营
的其中一种制造模式。服务型制造发展的主要动力因素是用户需求、技术
推动、竞争优势构建、利益追求等共同的产物，然而服务型制造的实施也
会面临一些困境，如制造链相关环节的不协调（如以销售实体产品的零售

商利益的损失)、竞争的加剧(制造企业在并不擅长的服务领域存在许多新的或旧的竞争对手)、企业对变化的抵制(战略转型带来的运营管理模式的冲突、惯性思维的抵制)、信息化发展瓶颈(信息化水平还不足以支撑新业务模式的实施)等。

徐升华等(2004)通过实证得到,将信息产业作为新的经济增长点必然能起到促进国民经济可持续发展的助推作用。党的十六大提出的"以信息化带动工业化"战略目前已初见成效,信息化对工业化的拉动作用日趋显著,相关数据可查阅电子信息产业历年的统计公报。2010~2015年电子信息产业统计公报的数据显示,电子信息产业及其对工业增长的贡献率继续保持平稳发展,然而电子产业增速却呈现逐年下降的趋势。究其根本在于:首先,我国处于转型升级的关键阶段,错综复杂的国内外环境使其发展面临诸多困难和挑战;其次,信息化与服务业两者之间的联动效应还不明显,服务业需求量还未充分挖掘;最后,我国科技创新能力不足,在世界49个主要国家处于中下游水平,对外技术依赖程度较高。如前文所述,信息化瓶颈是制约服务型制造实施的主要困境之一,不论是信息技术在制造加工环节的渗透程度,还是在制造链两端的应用深度,我国制造业与美国、日本、德国等发达国家的制造业在信息化方面存在较大的差距。在服务经济背景下,制造企业的竞争优势将日益体现为企业基于信息技术优化服务流程的能力。信息技术的发展为制造企业感知用户需求的个性化、与客户的互动、与网络成员企业的协同服务,以及对市场的快速响应等提供强大的技术和服务平台。

信息技术的创新和应用对服务型制造效率的影响已越来越大。例如,Sharp等(1999)指出,IT可以帮助减少分层管理控制,提高员工之间的沟通效率,从而增加了服务的敏捷性。Adrian等(2002)探讨了IT在制造业中的演进,采用实证方法指出其在敏捷制造中的重要性。Frayret等(2001)通过分析,发现IT(ERP和数据通信技术)的应用可以降低产品设计时间,并能提高产品质量等。信息化与服务型制造是当前全球制造业发展的两大趋势。信息化是服务型制造水平提升的基础支撑,也是服务型制造的重要驱动力量,同时在制造业和服务业融合方面起到"黏合"作用。目前关于制造企业信息化的文献多集中于信息化指标构建及测度、实施策略,以及案例研究等方面,由于制造企业服务化程度的指标难以衡量或者相关数据难以获取,因此信息化对服务型制造影响机制方面的实证研究还不多见,然而这并未阻碍学术界对两者联动效应研究的步伐和热衷。

5.3.2 信息增值服务及信息平台

基于信息增值服务的服务型制造通过在互联网络上配置、租赁和管理应用服务解决方案，能集成信息资源、整合各类社会资源，为顾客提供专业化的技术服务。相应的信息平台降低了中小企业的信息化成本，降低了中小企业与龙头企业的协作门槛，成为推进中小企业服务化、提升企业竞争能力的重要手段。其内容包括以下三大方面：一是围绕产业链的业务协作平台；二是基于软件托管/软件即服务（ASP/SaaS）的应用服务平台；三是制造业信息化资源集成平台。

（1）围绕产业链的业务协作平台。制造与服务的融合发展促进了企业间业务的协作，也给中小制造企业带来了重大机遇。独立于具体企业，构建在产业链基础上的公共服务平台得到很大的发展，成为了企业间业务协作的桥梁，为企业特别是中小企业创造了更高价值。面向产业链的公共服务平台正从提供产业链上的信息服务、采购和物流管理、电子商务等分散的和局部的服务，向支持建立产业联盟和支持产业链整体协作的公共服务平台方向发展。

（2）基于SaaS的应用服务平台。基于全球信息网络开展制造服务自20世纪90年代兴起以来，得到了全球的广泛关注并一直蓬勃发展，特别是ASP和SaaS模式的兴起和发展，使基于网络的公共制造服务得到了业界的广泛认可，已成为制造服务不可逆转的趋势。目前，国际国内已逐渐发展起一批著名的公共服务商，如Salesforce、Xtools、GlobalSpec、MFG. com、阿里巴巴、金蝶有商、金算盘、用友伟库等公司，这些企业在自身经营上取得巨大成就的同时，对其服务的区域、产业和制造企业的发展也起到了举足轻重的作用。

其发展趋势主要有以下两个方面：第一，面向企业产品研发的公共服务平台，正从为企业提供产品设计环节的支持和服务，向为企业提供产品整体解决方案、产品研发全过程技术支持、产品成套服务等集成服务的方向发展；第二，面向企业经营管理的公共服务平台，正从为企业提供电子商务、进销存、财务管理、项目管理、客户关系管理和日常办公等局部环节信息化软件服务，向支持制造企业特别是广大中小企业产品生命周期综合管理和集成服务的方向发展。

（3）制造业信息化资源集成平台。制造业信息化资源集成平台在我国已经发展了较长时间，并形成了一些典型的应用，例如 e-works、成德绵区域网络化制造 ASP 平台、面向服装行业的专业化 ASP 服务平台等，但目前还存在一定的局限性，并正从为制造业信息化建设提供基础和单元信息服务，向提供制造业信息化知识挖掘、整体解决方案、高级人才培训等全方位和高端服务方向发展。

公共服务平台在我国已取得较大的进展，但依然存在一些问题，主要表现在以下几个方面：第一，服务平台量少面窄，不能起到很好的带动作用；第二，产业链间协作支持不足，影响制造服务的推进；第三，平台的盈利及运营模式还在探索，效益不高；第四，平台的发展没有很好地遵循中小企业信息化规律，体现不了价值。

与此相对的是苹果公司等国际大企业创建的资源集成平台 App Store 的长足发展，App Store 是 iTunes Store 中的一部分，是 iPhone、iPod Touch、iPad 及 Mac 的服务软件，允许用户从 iTunes Store 或 Mac App Store 浏览和下载一些为 iPhone SDK 或 Mac 开发的应用程序，且消费者购买和下载 App 的来源完全安全可靠。这样的信息平台能够为顾客提供海量信息，且吸引着顾客为了使用这些信息而购买苹果公司的产品，自 2008 年上市以来已经为苹果公司及 App 开发商赢得了巨额的利润，有着非常成熟的盈利模式。

因此，结合我国现实情况，加大力度发展信息服务，通过技术攻关、应用推广发展壮大我国的服务型制造业非常有必要。

5.3.3 服务型制造信息系统

服务型制造模式的实施需要整个制造服务链的物流、资金流及信息流的共享和协同，而信息协同是"三流"协同的重要前提和基础条件，只有基于准确、充分、及时的信息共享，节点企业才能高效地进行物流、资金流的协同运作决策。Barratt（2004）将信息协同分为外部协同和内部协同。外部协同是跨组织之间的信息协同，内部协同是企业内部人员与部门之间基于信息的协作。Datta 等（2011）将信息协同划分为信息不协同、信息初级协同、信息高级协同。信息不协同是指供应链节点企业间只有基本的交易信息共享，除此之外其他信息均不共享；信息高级协同是指供应链节点企业间基于共同的目标，充分、及时、准确地共享信息，同步决策，实现物流的协同。供应链节点企业间信息流的协同运作可以有效提高供应链的可见性和透明度，通过高度的信息共享实现信息共享的价值，促进整个供应链实现协同。然而，传统的产品制造供应链中，节点企业之间信息协同程度较低，甚至可以说信息不协同，各个企业"各自为政"，使在市场需求多变、客户追求个性化服务的前提下，必然制约了制造企业对市场需求的准确快速响应，影响了对客户的服务满意度。

信息高度协同是实施服务型制造模式的必然条件，信息系统作为信息协同的重要载体，不仅可以使整个制造服务网络实现跨地域、跨企业之间的信息共享和交互，同时还可为感知客户需求及客户的全程参与提供技术平台。目前，有关对企业内和企业间的信息资源与信息系统进行有效集成，构建综合性的协同制造服务平台的研究也得到部分学者的关注。国内外学者对服务型制造信息系统的相关研究主要集中在架构构建、概念模型、部分功能系统的设计及开发等方面，代表性成果如目前有关服务型制造模式信息系统的研究。例如，Giret 等（2016）为服务型智能制造系统设计了一个完整的框架，该框架由名为 ANEMONA-S 的多代理工程法及服务型制造多代理系统实现和执行的 Tomas 平台两部分组成，用于解决寻找系统中即将执行的服务、对服务如何去描述、如何策划和安排服务以支持系统的功能实现等问题。Xie 等（2012）基于 SOA 服务模型和 Web 服务体系架构，构建了制造集成服务平台的集成服务实现模型，该模型可以有效地整合软硬件、服务提供者、服务消费者、服务支持者与平台功能模块的对接。金青等（2013）为了解决资源整合和业务流程协同问题，提出了服务型制造模式以能力知识为中心的业务处理信息概念模型及基于本体的能力知识体系架构。Morariu 等（2013）基于标准 SOA 引擎和 BPEL 执行程序设计了服务型制造系统中的订单管理功能模块。Shin 等（2011）为了保证建筑供应链中资源准时交付，基于 RFID/WSN 提出了一个面向服务的无缝集成的信息管理框架。Valilai 等（2013）提出了基于云计算范式面向服务的分布式制造系统集成与协同方法，并开发了一个协同制造平台，该平台可以支持分布式制造系统的协作及数据集成，能较好地满足分布式协作的要求等。上述研究丰富了服务型制造模式中信息系统研究领域的理论和方法，对本章企业信息系统功能模型构建及基于 Agent 的软件工程方法应用具有很好的参考价值。从上述文献可以看出，研究学者更加关注解决制造服务过程中的协同、信息共享等信息系统的功能实现问题，围绕信息系统演化机理与关键动态特性的问题尚须得到更多的关注和系统的研究。

5.4 信息产品与信息的意义与价值

5.4.1 信息产品与信息对顾客的意义与价值

（1）企业提供信息为顾客带来更加精准的信息来源。作为服务型制造的重要模式，信息增值服务使企业可以整合客户对信息的需求，避免客户从不规范的第三方获得不精准的信息。不精准的信息既增加了客户的时间成本，也分散了信息服务带来的经济效益，失真的信息甚至会反噬客户对产品的忠诚度。因此，从效益角度看，为客户提供信息增值服务不仅可以将企业的盈利点从有形产品扩展至信息服务，还可以提高客户忠诚度，进而增加有形产品带来的经济效益。

（2）信息产品在一定程度上打破边际收益递减规律，降低了顾客使用信息的成本。传统的农业经济和工业经济均是物质资源依赖型经济，其使用价值在某一时刻只能被一个使用者占有和使用，同时，物质资源是稀缺的，使用则消耗，成本也随其使用量的增加而提高，最终导致生产者收益递减。而信息资源具有共享性，同一信息可以被多个人同时占有和使用，并且在使用过程中不会消耗它，甚至还会产生新的信息。信息资源在使用时还是一个累积和开发的过程，在重复使用过程中成本递减，从而给企业带来递增的收益，降低了顾客使用这些信息产品的成本。

（3）信息产品的网络效应吸引更多的顾客加入。信息产品以网络为基础，从而遵从网络的一个基本经济特征：连接到一个网络的价值取决于已经连接到该网络的其他人的数量。以 App Store 为例，苹果公司作为平台提供商有着大量网络用户，对于还未进入的开发者而言，销售平台上更多的顾客意味着加入销售平台后可能获得更多的利益；对于还未进入的顾客而言，更多的开发者发布软件意味着其获得高效用的信息服务的可能性更大。这种模式是由正反馈引起的，而在网络经济中，正反馈也由顾客引起，在这种情况下，很多人已经使用某种信息产品时，下一个顾客更倾向于购买同样的产品来享受同质的信息服务。

5.4.2 信息产品与信息对服务型制造企业的意义与价值

由于信息产品与传统物质产品相比具有很大差异，其生产、流通和利用等方面的特征使信息产品尤其适合在网络环境下开展，对服务型制造企业的意义和价值与传统制造业有很大差异。

（1）由于网络对人们的生活具有很强的渗透性，而且其信息传播的速度极快、范围极广、信息搜寻成本极低，因此有利于服务型制造企业掌握并了解顾客的信息需求，进而进行信息产品的定制化生产。现在很多服务型制造企业就是利用互联网对用户的信息行为进行观察、跟踪，结合对其网上注册信息中的年龄、性别、收入、教育水平、职业等消费者基本情况的分析研究，预测其信息需求，然后有针对性地设计出适合该类用户的信息产品，为不同用户提供差异化的服务，满足其不同的信息需求。

（2）网络为很多服务型制造企业了解用户的个人基本情况、消费习惯、信息需求等至关重要的营销信息提供了很好的环境和工具。互联网的互动性使很多服务型制造企业可以根据人们在网络上注册的资料，得到关于他们的职业、爱好、教育水平、地区等信息，同时观察并跟踪其访问互联网的点击流、浏览路径、搜索行为等，一对一地分析其信息需求，量身订制地为其设计个性化的产品和服务，并根据用户的消费习惯及其他特征估计其对产品的个人评价，以提供合适的价格，对信息产品进行差异化定价。

（3）网络技术及信息传播媒体迅猛发展，加上信息产品本身就具有的非物质性等特征，使信息产品分销渠道的扁平化可以进一步实现。信息产品强烈的时效性，也要求经营者选择合理的渠道策略，保证购销的通畅，以使用户快捷、安全地获取信息产品。网络营销的出现为信息产品扁平化分销渠道的实现提供了机遇。实行网络营销可以节省店面成本的投入，提高企业反应速度，降低库存，降低行销成本，而且经营规模不受场地的限制。企业可以通过网络和用户进行直接、互动的信息交流，加强企业与消费者之间的直接信息沟通，更为快捷、准确地理解用户的信息需求，降低交易成本，缩短配送时间，而且可以更方便地提供售后服务。

而且，由于大部分信息产品具有非物质性，因此可以利用网络实现全世界范围内的高速传播。用户可以在互联网上访问数据库，获取所需信息，免去了以往购买光盘等存储设备耗费的时间成本；用户可以在网上下载软件，并在网上付费，以最快的速度体验最新的软件功能，而且可以进行在线升级，更为方便地享受售后服务；等等。这些都是传统制造业模式所不能比拟的。此外，电子商务技术的发展、网络付费机制的出台、网络安全措施的完善，使信息产品的网络营销步伐进一步加快，如顾客可以将自己的 App Store 账号与支付宝绑定，直接在线购买需要的软件和扩展服务。

（4）大数据、传感设备及实时监控技术的发展使服务型制造企业可以随时监控顾客托管的设备，将检测到的设备信息与信息大数据分析的设备状态进行比对，在顾客设备产生问题之前就可以发出预警，并提供维修服务，免去了以往顾客发现设备问题后再通知企业维修而产生的停机问题，提高了企业的反应速度，减少了顾客的停机损失。

5.5　信息增值模式中的服务

从 20 世纪 60 年代至今，在全球经济持续增长的大背景下顾客的消费习惯发生了巨大的转变。顾客从关注产品本身的物理功能转变为对产品的个性化及整体解决方案的追求，他们更加关注的是能够更为便捷地使用产品，依托产品为其创造价值。在这种背景下，信息服务被附加到传统产品中，贯穿于产品的设计、生产及售后服务等各个环节。

5.5.1　产品设计阶段的信息服务

随着市场上企业之间竞争的日益加剧，及消费者的个性化需求日益强烈，企业要想在激烈的竞争中取得优势，就必须将消费者的个性化需求融入产品的设计过程中，以最快的速度、最低的成本提供质量最好的产品。而且在产品的设计过程中，概念设计是产品设计的重要阶段，它直接影响产品功能的创造、功能的分解及功能和子功能的结构设计等环节。因此，企业有效地利用相关信息服务提高在概念设计阶段的设计效率和创新水平对提高整个设计过程的效率和价值有重要的意义。

随着电子商务的兴起，越来越多的消费者在网上购买商品，用户开始在网站、论坛、微博等平台发表他们对某产品的功能、性能和服务等方面的态度和意见，在这些用户评论中蕴含着企业的需求信息。同时，专利是产品设计知识的重要来源，专利知识反映了新技术、新产品和新工艺方面涉及众多学科领域的最新研究成果，具有很强的实用性和创新性，有目的地重用产品专利中的设计知识，有助于缩短新产品的开发周期，降低新产品的开发风险，而且专利数据和论文之间存在着内在的关系，基于专利可以找出相关的论文为产品开发设计提供相关的技术支持。还有其他相关网上数据资源比如技术博客等都可以为产品设计提供相应的知识服务。

从顾客的角度看，在追求个性化的同时，他们会积极地参与到产品的设计过程中，制造商和服务提供商就可以根据顾客在各种平台中的个性化需求信息来改进产品，设计出最符合其需求的产品，这样制造业企业就能够在市场上避免同质化竞争，实现双赢。因此，在产品设计阶段，顾客需要一个需求信息的反馈渠道，企业应当对这些信息进行抓取和加工，转化为对产品设计的指导。

5.5.2 产品生产阶段的信息服务

制造业企业的生产是多个复杂环节的复合体。在组织生产过程中企业面临各种问题，如怎样实现跨地区的协同研发、如何在保证数据安全的基础上实现数据共享、如何提高市场响应速度，以及如何拓展和开发与服务相关的业务。信息化的迅猛发展给我国的制造业发展带来了新的机遇，促进了制造业信息化。为了解决上述问题，制造业企业纷纷推出信息化平台，这样的平台可以为企业提供如下全方位服务：

（1）信息查询服务。利用搜索引擎、元模型和 SOA 等技术方法，为顾客提供制造业企业在研发、生产、销售等供应链环节上所需要的各种信息，包括产品信息、技术信息、原材料信息、加工设备信息、管理信息、市场信息和管理信息等。

（2）资源检索服务。信息化服务平台集成了区域乃至全国范围内制造业的资源信息，顾客可以根据自己的需要，输入关键词，查询检索相应信息，包括原材料的质量、价格、市场供应等系列资源信息。

（3）产品展示及销售服务、多级联动连接服务。平台提供产品展示区，同时采用多级联动连接服务。顾客可以选中所需产品，通过平台连接功能与供应商直接对话，该平台为购买者和供应商提供方便的直接交易平台。

（4）生产技术支持服务。为顾客提供制造生产过程中应用的先进技术，包括制造数控化技术服务、重点行业信息化技术服务、产品数字化设计服务、生产过程智能化技术服务等，运用元模型和 SOA 技术方法，构造标准高拟合度的优化模型，为企业提供高效的技术服务。

（5）物流中心推介服务。信息化服务平台收集到为制造业提供配送运输服务的物流中心基本信息，包括装备配置、人员配置、配送流程、配送费用和反应速度等，最大限度地为顾客节约成本、节约时间。

（6）培训及人才服务。企业可以通过平台对客户进行培训，这种方式下的培训时间、地点更加灵活，可以在任何时间、任何地点，对经销商、用户进行"面对面"的培训和交流，在不同地方的用户通过平台可以共享工程师的同步讲解及播放的一系列三维仿真培训课件。这种利用计算机三维数字模型通过信息平台传输培训的方式，展现了产品构造，实现虚拟拆解、装配、训练等功能，在进一步增强顾客对相关操作规程的理解和认识的同时充分实现了知识的共享。

信息平台的搭建最直接的价值在于降低劳动成本与强度，节约资源，提高劳动生产率，而深层次的意义在于这些制造业企业在信息化领域的不断开拓创新，不仅强调硬件的生产，更加强调软件的研发，为推动国内制造业发展方式转变提供了强有力的产品实物支撑，在更短的时间内为顾客提供质量更好的产品。

5.5.3 产品使用阶段的信息服务

传统的售后服务模式是当产品出现问题时消费者再联系售后，然后由售后单位提供相应的服务。在信息化高度发达的今天，制造业企业通过拓展系统集成和系统运维等服务领域，搭建远程运维平台，为顾客提供实时的产品状态监测、产品质量检测和生产运行分析等服务。

（1）主动的预防性运维服务。传统制造业企业的运维服务普遍采取的定期维护会导致过度维护或维护不足，定检维护对关键点维护无能为力，处理突发或偶发故障的事后维护缺少有效的预警等。为有效解决上述问题，推出运维信息增值服务的企业纷纷推出了针对产品的故障预警平台。以金风科技为例，其推出的预警平台在 2 万台风机核心部件上安装监测传感器（每台风机 200 多个），通过可编程逻辑控制器将传感器数据采集后，利用光纤将运行状态数据实施回传至大数据中心；然后汇聚全球监控中心的专家团队对机组运行数据、运维数据、环境预测数据进行收集、存储和深度挖掘，提供设备工况的预警、环境安全的预测分析，以此来保证机组运行稳定，有效降低现场备件消耗、机组的停机时间和故障费用损失，实现风电场维护从被动的故障维修向以信息化、数据化为基础的主动性、预防性运维转变。据统计，金风科技预警模型的预警准确率达到 74%，使机组年平均故障排除时长较非金风运维时下降 29%。

（2）全生命周期运维服务。运维服务中的计划、处理问题的流程及标准化管理不到位，使运维人员缺少对产品状态全方位、持续的监测和预警，加上随着技术的发展，产品更新换代的速度越来越快，只进行管理运行维护单一环节，已经不能保证产品的稳定性和生产效率。因此，产品使用阶段运维服务应当从间断式运维向全生命周期运维转变，将企业旗下产品在运行中出现的故障、处理方案建立庞大的数据库，依托大数据库与物联网、云计算等技术的结合，建立全生命周期精益化管理系统。这样的系统平台将设备的运行状况、故障预警、备件需求与企业的零件库资源系统集成在一起，通过内部信息模块的设置，自动收集并记录设备档案，跟踪设备从开始安装到设备的运作监控再到运营维修的全周期。这不仅保证了技术的可追溯性和财务的透明性，也为规范标准服务流程和操作提供了基础数据，为产品使用阶段的运营管理提供了决策依据。

（3）系统集成运维服务。集中化、共享化、智能化发展趋势使企业对产品的运维由传统的硬件设备运维迈向先进技术融合下的提供集中共享、集成系统解决方案的智慧运营。部分企业前瞻性地将产品的大数据、智慧运维嵌入设备制造及产品的整体解决方案之中，提出了智慧运营平台解决方案，也由此产生了服务型制造的一种新型模式——系统解决方案。依然以金风科技为例，该企业的平台将科技智慧能源服务和全生命周期资产管理平台融合在一起，依托北京设立的全球监控服务中心，全国布局的九大片区事业部、92 个备件库、四大备件维修中心、12 个维修基地，为超过 2 万台机组提供集风电场并网管理（风功率预测、风电场能量顾客管理、电能质量监测）、监控管理、运营维护管理等系统集成运维解决方案。以集中功率预测模式为例，相比分散的单风电场预测顾客模式，其在硬件投入及后期维护成本上总体顾客可降低 30%。

（4）消费增值的信息服务。传统的产品提供的功能是固定的，被设计和生产环节限制，但随着智能技术的研发，制造业企业可以创新消费领域增值服务。电子终端、家用电器、轻工纺织、家居建材等制造业企业可通过研发制造智能终端、可穿戴产品和智能家居等产品，为客户提供环境监测、医疗健康、生活服务、在线教育等高端服务。通过持续不断地提供新的信息服务来增强顾客黏性。以苹果公司为例，自苹果公司推出 APP Store 这一运营模式以来，在线应用市场得到了飞速的发展，这不仅促进了移动互联网的发展，更改变了移动增值业务的收入结构，推动了移动网络产业链的重新整合和完善。

5.6 信息增值模式的服务传递和价值创造机制

5.6.1 信息增值模式中服务的传递机制

（1）从产出的角度看，信息增值服务模式的转变过程就是向客户提供的最终产品中有形产品部分的比重逐渐减少，无形信息服务部分的比重逐渐增加，直至为他们提供基于产业链的整体信息服务方案。可以用图 5-1 来表示这个过程。

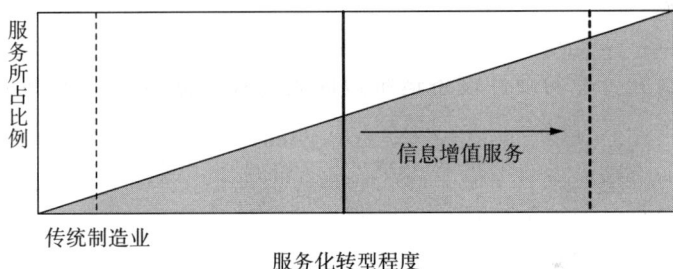

图 5-1 服务化转型比例

在图 5-1 中，空白区域表示最终产品中有形产品部分的比重，阴影区域表示信息增值服务部分的比重。可以看出，传统的制造业主要以提供产品为主，服务处于附属地位。随着企业对信息服务的重视，增加了信息服务的供给，所以现在的苹果公司、三星公司、小米公司、福田雷沃重工公司、远景能源公司和陕鼓集团等推行信息增值服务的公司处于图中粗线所示的位置，以提供核心产品为主、提供信息服务为辅。以苹果公司为例，其目前以提供 iPhone 手机和 iPod 音乐播放器为主，以提供 App Store 和 iTunes 这类信息服务平台为辅。这类企业服务化转型的最终结果是使企业以主要提供产品的功能或效用为主，即直接为最终顾客提供其需求，使有形产品处于附属地位（图中粗虚线的位置）。

（2）从产品和服务提供方式看，信息增值服务化转型的过程是作为制造企业向客户主动提供相关服务的过程。它要求这类企业深入研究客户需求，发现现有市场不具备为客户提供相应服务的能力，因此客户希望制造商可以提供全面的信息服务，即与制造商形成长期的信息服务合作，为客户带来更大的效用。这不仅帮助客户节约了时间和金钱成本，也为企业带来了更多的经济效益。

（3）从投入的角度看，建立这种服务化转型模式的企业所提供的信息服务要素往往具有知识密集、技术密集的特征。投入上从以资本、劳动为核心转向以提供信息服务为中心，通过搭建的信息服务平台来组织资本、劳动、原材料等其他生产要素。依然以苹果公司为例，其通过整合应用和音乐平台，使客户可以一键式获得所需要的视听享受，这一整合的背后是大量知识和技术的投入。

（4）从效益的角度看，这种服务化转型模式使企业可以整合客户对信息的需求，避免客户从不规范的第三方获得不精准的信息。不精准的信息既增加了客户的时间成本，也分散了信息服务带来的经济效益，失真的信息甚至会反噬客户对产品的忠诚度。因此，从效益角度看，为客户提供信息增值服务不仅可以将企业的盈利点从有形产品扩展至信息服务，还可以提高客户忠诚度，进而增加有形产品带来的经济效益。这一点不只苹果这类从提供有形产品到提供信息增值服务转变的企业意识到了，谷歌这类以往提供信息服务的企业也意识到了，它们以 HTC G1 为开端，向全球提供谷歌手机，因此服务信息企业也有向服务型制造企业转型的趋势。

5.6.2　信息增值模式中价值的创造机制

价值创造就是提高顾客满意的过程，是使顾客在某些方面感觉比以前更好的过程。价值创造不仅能够提高顾客满意度，同时也能提高企业的经济利益。由于价值创造在当今市场竞争中扮演越来越重要的角色，服务型制造企业想方设法为顾客创造更高的价值，包括提供信息增值服务，通过从产品设计研发、生产到使用的全过程的信息化管理，与顾客实现无缝互动，共同创造顾客价值。与其他的服务型制造模式相比，信息增值服务由于更加强调企业与顾客在产品或服务设计、生产和消费等价值创造全过程的互动与合作，因此是一种新的价值创造模式——价值共创。

信息增值模式的价值共创随着企业的服务化转型（产品主导—服务主导—顾客主导）而逐渐地从生产领域转变到消费领域，实现了价值增值，具体价值创造机制如图 5-2 所示。

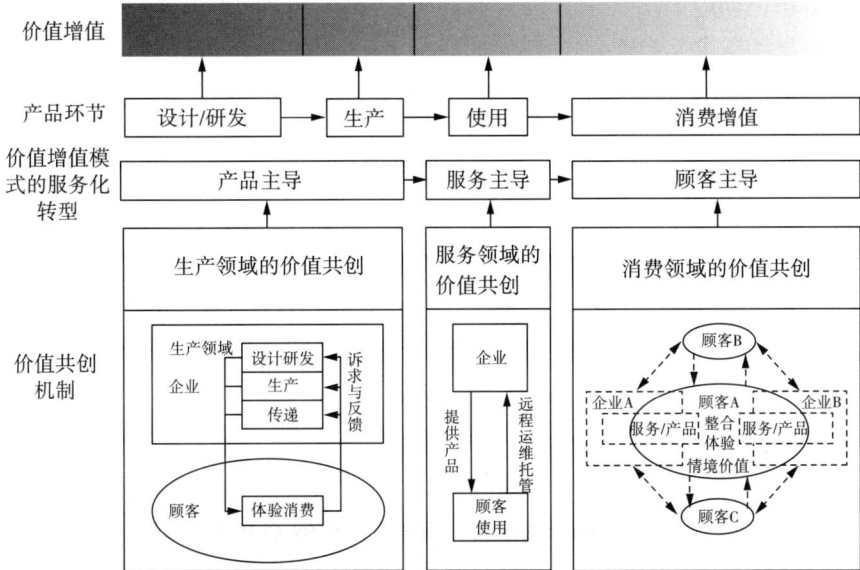

图 5-2　信息增值模式的价值创造机制

5.6.2.1　产品主导—生产领域的价值共创

产品主导阶段形成于工业革命背景之下，工厂是世界经济的基本生产单位，由于当时航运和通信十分落后，可供出口的具有生产特性的有形产品是国民财富的基本来源，专业化和劳动分工的理念深入人心。在产品主导阶段，生产者作为价值的唯一创造者，整合各种资源自主决定价值创造，其提供的产品或服务就成了价值创造的载体，实现产品或服务的交换价值（Value-in-exchange）是生产者关注的核心利益；消费者只代表市场需求，是企业服务的目标群体，消费者通过市场交换来获取自己所需的产品和服务，并在消费过程中消耗或"毁灭"价值。此时，产品是信息的载体，也是信息唯一的传播途径。因此，消费者是价值的被动接受者，被排除在价值创造过程之外。在生产者单独创造价值的模式下，信息在传播之前已经由生产者创造，并固化在产品和服务上，市场交换是信息的价值得以实现的唯一途径，生产与消费是两个相对独立的过程，生产者与消费者之间泾渭分明，两者只是在市场交换中进行交互。信息增值服务还未成为制造业企业服务化转型的有效模式。

对于处在这个阶段的制造企业来说，信息增值服务主要应用在生产领域中，企业鼓励顾客参与到传统上应由企业独自完成的研发、设计、生产、传递等价值创造的活动中，以提高价值创造的能力。因为企业明白，顾客了解自己的需求，且具备较高的选择能力，让顾客提供其需求信息，参与甚至主导产品的设计和研发活动，能够激发创意、提高效率，更好地满足顾客需要，提高企业竞争优势，为企业和顾客创造更大的价值。通过生产领域的信息增值服务，企业就可以在价值共创过程中为实现其自身的价值目标，将各种自身具备的有形资源与从顾客一方获得的无形资源（需求信息）投入价值创造系统，根据顾客的价值诉求提出价值主张，整合顾客投入价值创造的资源，通过与顾客的间接互动与合作来完成价值共创（见图5-2）。

5.6.2.2　服务主导——服务领域的价值共创

随着消费实践的发展和理论研究的深入，企业逐渐发现，产品主导并不能完全吸引消费者的注意，尤其是随着社会发展和消费观念变迁，顾客不再只追求产品上的革新，更注重对持续性服务的追求。服务主导提出消费者是价值的共同创造者，强调操纵性资源（Operant Resources）（如知识、技能、经验等无形资源）在价值创造过程中发挥的决定性作用，认为操纵性资源是竞争优势的源泉。而消费者是操纵性资源的拥有者，是竞争性服务产品的共同生产者，他们把自己拥有的无形资源投入价值创造过程，价值则通过整合利用各方资源由企业与顾客共同创造。服务主导逻辑认为，服务是企业与对方协作并利用企业资源为对方带来利益的过程，顾客不再只是企业的营销对象，而是成为企业资源的一部分。顾客通过参与，投入体力、智力，完成价值的感知和获取，完善自身需求，并影响企业实现其价值。服务主导逻辑下的价值共创不同于传统的价值创造模式，这种新型的价值创造模式更为关注顾客与企业的互动。共创价值通过分享创意、共同设计或相关产品的共同生产等顾客参与行为体现出来。在价值共创的过程中，顾客能够通过参与，以其喜爱的方式与企业进行互动、实现交易，将其价值观纳入其中，借以反映出自身价值期望。

对于这个阶段的制造业企业来说，信息增值服务主要应用于服务领域的价值共创，是通过企业与顾客的直接互动完成的，顾客不仅局限于将需求信息或建议反馈给企业，参与企业产品和服务的设计、研发、生产或传递，更提出让企业实现对产品的全面托管，顾客只需要关注产品为自己创造的价值即可（见图5-2）。通过企业和顾客间的信息共享，企业直接关注自己生产的产品的运行状况，实现设备的远程托管，当设备存在隐患时，企业可以及时提供服务，这样企业就把潜在的价值转变为现实价值。在这种互动中，信息平台扮演着重要角色，因为它们代表企业与顾客产生直接接触，信息的准确与否直接关系企业产品/服务的营销走向，信息平台的功能和应答速度也会影响顾客对产品/服务价值的感知。企业与顾客互动过程的质量是价值共创至关重要的影响因素，企业通过理解顾客的消费实践和顾客在互动过程中整合资源的方式与顾客实现价值共创。

5.6.2.3　顾客主导——消费领域的价值共创

尽管服务主导阶段强调服务最终须由顾客体验，但是由于企业是服务的提供商，因此依然是企业在主导价值创造过程。而实际上，服务主导强调操纵性资源在价值创造过程中发挥的决定性作用，认为操纵性资源是竞争优势的根本来源。但是这种以知识、技能和经验为代表的操纵性资源完全掌握在顾客手中，顾客的知识技能决定着价值共创的方式，所以有些学者进一步提出，不仅价值由顾客决定，而且价值的创造也由顾客掌控，营销的焦点不是关注顾客如何参与进企业的价值共创中，而是企业应努力参与到顾客的生活中去。企业在价值共创过程中只起促进作用，企业考虑问题的角度不应是自己的产品和服务能为顾客带来什么，而应该是顾客利用这些产品和服务能够干什么。例如，苹果公司原本只是一家硬件设备制造商，为顾客提供电脑、手机等硬件设备，但实际上顾客是用硬件设备来完成再创作的。相比单纯由企业主导的价值共创（硬件价值+服务价值），顾客主导的价值共创（设备价值+服务价值+顾客创造价值）能够产生更多的价值增值。

从顾客角度来分析价值共创就能明白，价值创造产生于顾客的日常生活实践，即顾客通过企业提供的产品或服务结合自身可利用的其他资源和技能，通过日常生活实践为自己创造价值，因而共创的价值是生活价值（Value-in-life）或者情境价值（Value-in-context）。企业不再以顾客提供产品和服务为目标导向，而是以顾客如何利用产品或服务达到自己的目的为目标导向。

对于这个阶段的制造企业来说，信息增值服务主要体现在消费领域的价值共创。价值创造由顾客主导和控制，顾客体验成为顾客主导的价值创造过程的核心内容。与服务领域中的体验不同，消费领域中的体验超越了顾客与企业互动的范畴，是情境价值形成的全过程体验。在价值共创系统中，顾客作为资源整合者，根据自己的价值主张，顾客将企业提供的资源

（产品或服务）与自身其他可供利用的资源和技能相结合，通过日常生活实践为自己创造价值。如图 5-2 所示，在现在或未来的某个情境中，顾客出于各种目的，凭借自身的知识和能力，将从企业 A 获得的资源（例如苹果手机）与企业 B 的资源（例如由开发者提供的 App）整合，或者将过去获得的资源与现有的资源整合，获得一种全新的价值体验。就如买手机是一种体验，若没有开发者提供各类 App，当下的顾客很难从手机中获得价值，只有手机作为载体与 App 结合，顾客才能获得一种全新的使用体验。在这个过程中，企业与顾客之间有时并不存在直接互动，顾客利用企业的提供物单独创造价值，这种价值既可以是客观的效用价值，也可以是主观的感知价值。

消费领域中顾客的价值创造过程也可能受社交网络情境影响，因为消费体验有时也是一种群体性行为，他们的购买行为、购买体验和满意水平也会受到其他顾客的影响。顾客 A 对产品/服务的期望或感受会受到顾客 B 或顾客 C 的影响，他们以自己的知识或经验为顾客 A 提供评价或建议，反过来，顾客 A 以自己现有的消费经验影响顾客 B 或顾客 C 未来的消费体验。使用的顾客越多，投入价值共创的主体就越多，进而又会再吸引更多的顾客，这样顾客参与的价值创造就是一个动态的、体验的过程。顾客可以单独或是在社会网络情境中创造价值，通过多种不同的资源，例如顾客根据自己的经验或者他人的口碑选择在手机上装载不同的 App，或者向其他顾客推荐自己喜爱的 APP，而这种推荐既可以是现实中的推荐，更可以是更加广大的平台上的评分和推介。

当然，现实的情况是三种价值共创机制之间并没有严格的界限，相反，不同的价值共创机制是动态变化的。在生产领域，企业可以创建网络信息平台、客服中心等，邀请顾客直接参与到企业产品的研发、设计和生产中，与顾客产生直接的互动，实现价值共创，顾客也可以主动参与企业的生产领域，这就拓宽了服务领域价值共创的平台。根据顾客主导逻辑，企业也可以跨越与顾客之间的界限延伸进顾客的消费领域，提供增值信息和服务，未来营销的焦点不是关注顾客如何参与进企业的价值共创中，而是企业应努力参与到顾客的生活中去。

在整个价值共创系统中，顾客为企业提供需求信息（反馈），企业将这种操纵性资源进行整合，应用到定制化产品/服务的研发、生产等相关环节，提高产品/服务质量，满足个性化需求，然后将这种定制化产品/服务传递给顾客，顾客在生活实践中消费、体验，再提出反馈，这样就形成了一个"反馈—（企业）整合—传递—（顾客）整合—反馈"的循环模式。

5.7 信息增值服务模式案例（各类信息增值服务）

5.7.1 福田雷沃

福田雷沃国际重工股份有限公司（以下简称福田雷沃重工）是一家以工程机械、农业装备、车辆、核心零部件、金融、房地产等业务为主体的大型产业装备制造企业，成立于 1998 年，现有资产 161 亿元，员工 1.6 万人。2012 年实现销售收入 186.3 亿元，同比增长 16.4%；2013 年实现销售收入 226.4 亿元，同比增长 21.5%。2014 年，福田雷沃重工凭借在内涵增长、结构调整、全球化方面的卓越表现，"雷沃"品牌评估价值攀升至264.98 亿元，同比增长 22.9%。公司被认定为"国家重点高新技术企业"，公司工程技术研究院被认定为"国家认定企业技术中心"。2013 年，福田雷沃重工全年实现整车销售 91.98 万台，销售收入 226.4 亿元，同比增长21.5%。旗下雷沃农业装备业务销售收入历史性突破 100 亿元，达到 108 亿元，成为全国首个仅农机单一业务年产值超过百亿的农业装备品牌。优异的经营业绩有力地推动了雷沃品牌的影响力。

随着服务型制造的发展，在欧美市场，服务业务带来的经济收入在整个机械制造业销售收入中所占的比重越来越大，这也是欧美国家这些知名企业的市场竞争能力的体现，这构成了福田雷沃服务化转型的宏观动因（见图 5-3）。在国内同行方面，不管是工程机械业务还是农业装备业务，由于受到整个行业产能过剩的影响，整个行业的销售下滑。这就给包括福田雷沃在内的设备供应商提出了严峻的挑战，企业生存更加艰难，同行竞争更加白热化，这便是福田雷沃服务化转型的行业动因。而在深入研究顾客需求的过程中，不难发现，用户真正需要的不是产品而是功能。随着装备制造企业的项目普遍大型化、高档化，需求更加趋于个性化、专业化。这些趋势导致了装备制造企业对服务需求的深入化、柔性化和信息化思考，不能再仅仅关注机械设备本身的表现，更要关注整个机械功能的有效性和可靠性，以及提供针对用户的个性化信息服务，这就对装备制造企业提出了更高的要求。

客户对于将信息服务打包到产品中提供全过程服务的模式认可度越来越高，顾客需求的这种深刻变化便构成了福田雷沃服务化转型的需求动因。从以上分析中不难发现，福田雷沃服务化战略转型的外部动因完全凸显。服务化在整个机械设备制造行业中的比重越来越高；行业产能过剩导致企业利润下降，加剧了行业竞争；客户需求逐渐从单机设备转向附加信息服务的模式，这些特点和原因都为福田雷沃服务化转型提供了无穷的动力。

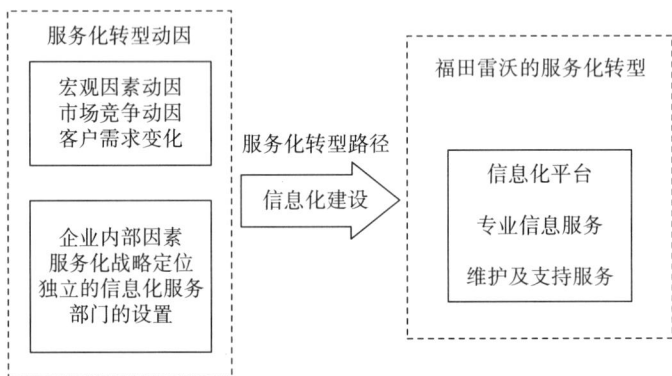

图 5-3   福田雷沃服务化转型的动因

如果说福田雷沃的外部环境为其服务化转型提供了外在动力，使其服务化转型具有必然性，那么福田雷沃的内部动因将是其服务化转型的压力，决定了其服务化转型的方向和基础。福田雷沃重工的业务覆盖面广、产品种类多而且业务模式较为复杂，其内部动因主要表现为福田雷沃很早就有了服务化转型的探索，服务化转型已经成为企业的战略之一，并为此一直建设企业的信息化平台，建立了信息中心，为提供新型服务模式打下坚实的平台基础，这样的服务化转型的探索也是对整个装备制造行业的拓展（见图 5-3）。

在上述动因的驱动下，福田雷沃重工规划并建立了自己的信息化平台。截至目前，福田雷沃重工已经搭建了基础运维平台、研发管理平台、供应链管理平台和营销售后平台，覆盖了公司的全部核心产品与业务。同时在 2003 年建立了信息中心，并基于该平台搭建了全国的三夏跨区作业信息服务中心，免费为全国各地农民用户提供技术支持、救援维修、作业指导等服务，全年 365 天、全天候向农民用户、经销商及服务商等群体提供规范化、亲情化、个性化、专业化的信息服务。2007 年，福田雷沃重工开始探索农业装备产品的智能化创新服务模式，目前已建立了以信息中心系统、GPS 智能信息系统、配件服务系统为主，集成了整车销售、融资租赁等系统的福田雷沃重工物联服务平台，利用信息化技术实现了服务模式的创新，提高了服务质量和客户满意度。2014 年 5 月，福田雷沃又正式推出了"雷沃云服务"，包含了全时云培训、三维仿真培训、24 小时客户关怀、电子配送服务和农机智能服务五大内容，为智能化服务模式再添新成员。

5.7.1.1　信息平台

福田雷沃重工的信息化平台主要包括基础运维平台、研发管理平台、供应链管理平台和营销售后平台，覆盖了公司的全部核心产品与业务（见图 5-4）。四大平台下又分为统一的 PLM 研发平台、统一的 SAP 平台、统一的呼叫中心平台及统一的基础网络平台等，能够根据业务需求快速调整，满足业务变革需求，同时考虑了全球化布局和扩展，能够有效支持企业的全球化扩张。正是基于强大的信息化平台，"雷沃模式"的服务才可以发挥作用。

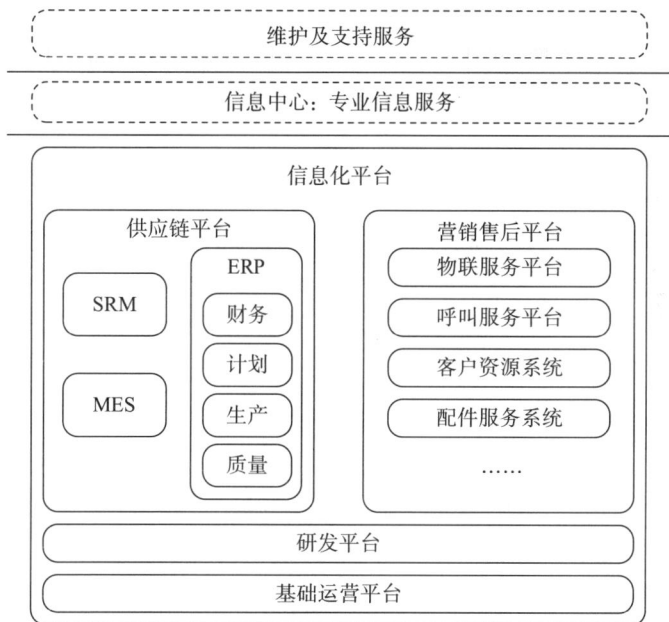

图 5-4　福田雷沃四大信息平台

（1）研发平台。福田雷沃重工搭建了以山东研发总部为数据中心、以欧洲农业装备技术中心和日本雷沃挖掘机技术中心为高端研发平台的四位一体的全球化研发体系，辐射 3 个国家，涵盖 6 个研发中心，支撑 5 大产业、14 个产品线。通过建立全球统一的 PLM 研发平台，有效整合全球资源，降低研发成本，实现跨区域的协同设计和知识共享；通过知识重用和数字化样机验证，降低了产品开发成本，缩短了产品开发周期；采用全配置 BOM（Bill of Material）管理方式，缩短了产品的交货周期，能够快速对市场需求做出反应。

（2）供应链平台。雷沃重工搭建了 SAP、ERP、并外延 SRM 系统协同供应商业务的财务业务一体化的供应链管理平台，实现与供应商在采购计划、物流配送、索赔业务、财务结算、对账等方面的协同。总之，立足集团信息化战略高度，从满足福田雷沃重工农业装备、工程机械、车辆三大产业发展战略需求，满足"总部+产业集团+工厂"的组织模式，满足可持续优化，支持供应链伙伴协同，对内资源有效配置，适应全球化发展的需求出发，规范和梳理公司各业务管理及流程，搭建公司供应链管理信息化平台。

（3）营销售后平台。搭建以 SAP、DMS 为主体的销售和配件服务平台，实现营销售后业务的一体化管理，集成呼叫服务系统、GPS 系统平台，搭建基于物联网的服务资源调度管理平台；为国内外客户、经销商提供优质、快捷的营销及售后服务。形成了以客户为中心的售后服务管理体系。同时，福田雷沃重工在现代制造服务方面进行了创新性探索，结合 GPS 系统、呼叫服务系统，由被动服务向精准服务和主动服务转变，初步实现两种物联服务模式的创新应用。

（4）运营维护平台。搭建了覆盖全球互联的企业网络，夯实基础设施平台，强化信息安全体系，通过负载均衡、防火墙、SSL VPN、带宽管理、网络准入等系统的实施，整合和集成内部资源，初步构建科学、协同的全球 IT 运维管理体系。

5.7.1.2　信息中心

多年前，当福田雷沃重工切入收获机械业务时，国内农机行业格局分散，农机服务与农业生产的实际需求脱节，农民买到机器难以得到有效的售后服务，整个行业的服务更无模式可言。就是在这样的一种形势下，福田雷沃重工敢为天下先，牢牢抓住了这个机会，不惜花费大量的人力、物力、财力，在服务上大胆创新，推出服务型制造的"雷沃模式"。"雷沃模式"一经推出，便以差异化的服务打破了传统的销售模式，给整个行业上了生动的一课。这一模式的产生在一定程度上改变了当时的行业竞争规则，树立了新的行业服务标准。如图 5-5 所示，福田雷沃在信息化平台的基础上于 2003 年建立了专门的信息服务化部门——信息中心，至今已连续进行四次较大规模的升级，累计投资 7000 余万元，目前已形成拥有 102 个全时坐席（其中专家坐席 22 个）日处理电话 50000 个、日发布信息 500 余万条、处于行业领先位置的大型专业客户服务中心。

　　针对三夏、三秋重要农事期跨区作业因农机作业集中度高、连续作业时间长，机器磨损大，机手对机器维修的及时性要求较高，对跨区作业相关市场服务信息需求强烈，以及机手在跨区作业过程中面临着流动盲目性大、对所跨区域天气和油料补给点不熟悉等现实困难，自 2006 年起，国家农业部依托福田雷沃重工信息中心平台，联合搭建全国行业唯一的三夏跨区作业信息服务中心，承担起了全国三夏跨区作业信息服务和调度的职能，连续 8 年为不限于福田雷沃重工全行业用户数十万跨区作业机手提供及时、准确、全面的信息服务，向农民用户、经销商及服务商等群体提供规范化、亲情化、个性化、专业化的信息服务等。自 2006 年以来，已累计受理用户来电 520 多万条，发送作业指导信息 57600 多万条，受益用户达 320 多万家。

　　同时，网络服务方面，全国跨区作业信息网在继续提供综合要闻、信息服务、农机资讯、各地聚焦、维修保养、绿色通道等相关内容的同时，重点突出信息服务模块的功能，强化维修保养模块功能及提高用户的操作能力，确保机器的有效利用率。为充分利用该信息化平台，2009 年起，雷沃农业装备还在全国范围内选择实力较强、较规范、具有代表性且辐射面较广的农机合作社进行合作，在每年的 3 月麦收前和 9 月秋耕前，通过采取课堂学习与实践相结合的方式，培训农机产品使用和维修知识、作业技巧和收益技巧等内容，同时为农机合作社提供全方位信息服务支持，此举也开创了企业牵头助力农机合作体系发展的先河。

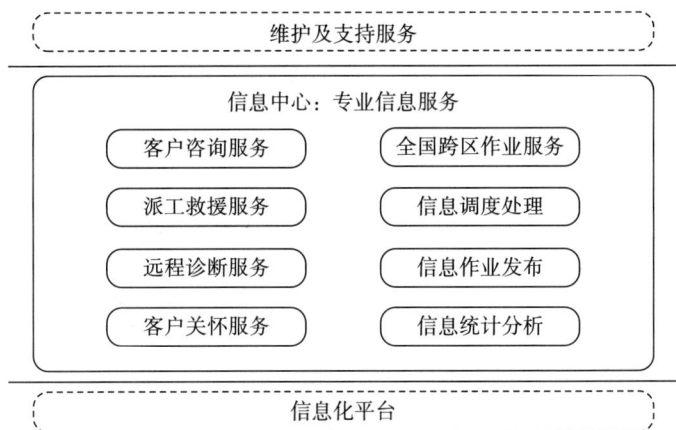

图 5-5　信息中心在服务化转型中的支撑地位

5.7.1.3　服务模式创新

目前，福田雷沃重工物联服务平台已实现集机械地理位置定位、工作参数回传、机械集群调度、自主跟踪导航、金融风险控制、语音交互应答、专业呼叫处理、故障远程指导、远程服务调度等为一体的综合性服务功能。

福田雷沃重工自 2007 年开始探索农业装备产品的智能化创新服务模式，目前已建立了以信息中心系统、GPS 智能信息系统、配件服务系统为主，集成了整车销售、融资租赁等系统的福田雷沃重工物联服务平台，利用信息化技术实现了服务模式的创新，提高了服务质量和客户满意度。福田雷沃重工结合 GPS 系统及呼叫服务系统，由被动服务逐步向精准服务和主动服务转变，还在 2014 年推出了云服务模式，初步实现了三种服务模式的创新应用（见图 5-6）。

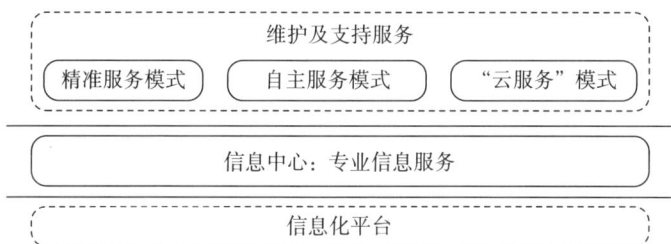

图 5-6　福田雷沃的服务模式创新

首先是精准服务模式，福田雷沃重工除了根据客户需求在农机产品上安装 GPS 系统外，在今年三夏服务车辆上也同样全部安装了 GPS 系统，真正实现了精准定位服务。这个被用户称为"金匣子"的 GPS 系统，给用户带来的雷沃服务体验将超乎以往，"金匣子"已经超越了过去的单一定位功能，它全面实现了雷沃谷神收割机、雷沃服务车与雷沃客户服务中心的信息共享与互换传递。信息中心接到用户报修或 GPS 终端自动反馈的故障信息后，精准定位故障车及周边服务车位置，并将故障车位置信息、故障信息派工给就近服务车上门进行维修服务。用户、信息中心和维修车辆形成一个循环的精准服务模式。

其次是自主服务模式，通过农机 GPS 终端监控机械运行状态，安装在收割机各关键部位的电子传感器将发动机转速、温度，目前的作业时长、亩数，故障预警等全部转化为电信号传递至收割机驾驶室的互动大屏幕，信息中心对故障进行诊断后，主动向用户发送预警信息，并派工进行上门服务，再通过通信网络将信号时时传递至雷沃客户服务中心的坐席系统。

如果收割机在作业中有任何异样，雷沃专职坐席员将第一时间获得"金匣子"传回的信息，随后转化为提醒的手机短信或语音通话告知机手进行及时调整，确保整个作业过程受控、高效。在自主服务模式中，信息中心扮演着重要的角色，向两端为用户提供服务、为维修车提供用户信息。

最后是"云服务"模式，雷沃云服务包含了全时云培训、三维仿真培训、24小时客户关怀、电子配送服务和农机智能服务五大内容。其中，全时云培训与三维仿真培训是福田雷沃重工在行业内率先启动的数字化培训系统，是一种新型的、互动性较强的网络培训模式。福田雷沃重工采用全时云培训的方式，培训时间、地点更加灵活，可以在任何时间、任何地点，对经销商、用户进行"面对面"的培训和交流，不同地方的用户通过全时云可以共享工程师的同步讲解及播放的一系列三维仿真培训课件。这种利用计算机三维数字模型通过全时云系统传输培训的方式，展现了产品构造，实现虚拟拆解、装配、训练等功能，在进一步增强用户对相关操作规程的理解和认识的同时充分实现了知识的共享。

通过一系列的措施，福田雷沃逐步完成了企业服务模式的变革，使企业由被动服务模式向主动服务和精准服务模式转变，推动我国机械装备企业服务模式创新的步伐，加速机械装备产品智能化和服务过程智能化的进程。福田雷沃重工的"两化"融合过程不仅充分体现了由"制造"向"智造"的过程转变，而且利用信息技术将智慧进一步融入服务之中，推动"两化"融合由"硬融合"向"软融合"阶段发展。

5.7.2　远景能源

远景能源是目前国内装机规模最大、业绩时间最长的智能风机设备提供商，累计装机超过240万千瓦，2013年位居中国前四。远景能源以"为人类的可持续未来解决挑战"为使命，致力于成就全球最具竞争力且备受尊敬的智慧能源企业，一个代表中国和人类智慧的企业，一个能激发员工创造力、激情和梦想、责任和使命的精神家园。目前集团国际员工占20%，硕士和博士超过60%，研发及技术人员达到80%。2009年10月，远景能源被《福布斯》评选为"中国科技先锋封面企业"。2012年8月，央视新闻联播专题报道远景智慧创新发展模式。2013年，远景能源位居全国新增风电装机排名前四。2013年12月，远景能源总经理张雷被中宣部选为"中国梦"创业先进典型，《人民日报》、新华社和央视新闻联播等持续报道。

2014 年，全球权威的商业杂志《哈佛商业评论》英文版就"下一代人才管理革命"为主题专题报道远景独特的以解决挑战为导向的人才发展模式。2014 年，张雷再次被《福布斯》杂志评为中美年度创新十人。

远景能源对于自己的定位是全球化智慧型企业，目前已陆续完成在丹麦、美国、墨西哥、日本及中国无锡、上海、北京、南京等地的全球战略布局，研发能力和技术水平处于全球领先地位。远景丹麦全球创新中心是中国风电企业在丹麦最大规模的研发机构。

随着制造业的服务化转型，越来越多的制造业企业开始关注客户的多样化服务需求，并以此获得竞争优势。为了应对这些变化趋势，我国的风电设备制造商也积极地向服务化转型。要进行服务化转型，就需要了解在整个风电产业链中有哪些环节可以进行服务化的延伸，远景能源就是在深入分析了整个风电产业链后，对关键环节进行针对性的渗透，逐步完成了自己的服务化转型。

风电产业链贯穿于风电相关的项目前期分析规划、施工建设、运营维护的全过程，涉及风资源测量、风电技术研发、风电设备制造、风电产业服务体系、风电并网等多个方面，其结构错综复杂，构成了一个庞大的系统集合体（见图 5-7）。从前期的风资源勘测到风电并网，需要不同的责任主体协同设计、实施细化解决方案。

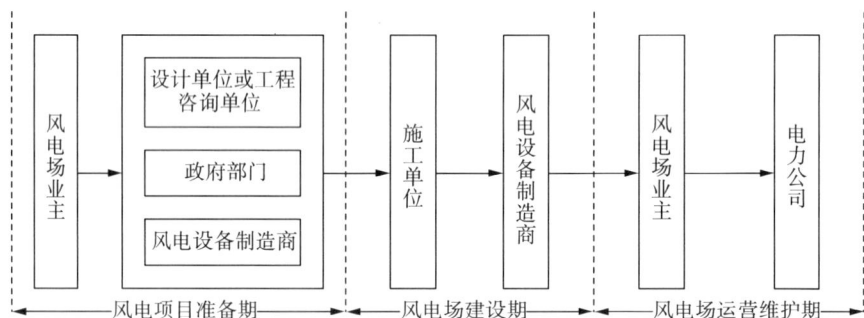

图 5-7　风电产业链结构

风电项目准备期包括从项目可行性论证到风电场建设前期，主要由风资源勘测与评估、风电场项目建议书、可行性论证及风电场规划设计等构成。而风电场项目建议书包括项目提出的必要性和依据、投资估算和资金筹措设想等内容，风电场项目可行性研究主要由风资料处理、地质勘查、风力发电机组机型选择机位优化及发电量估算、风电场接入电力系统及风电场主接线设计、土建工程设计、工程管理、施工组织设计、环境影响评价、工程投资概算、财务评价等构成。此阶段的参与方有风电场业主、设计单位或工程咨询单位、风电设备制造商、国家发改委、地方发改委等政府部门及科研机构。在这个阶段，风电场业主的服务需求包括风资源勘测与评估、风电场项目建议书、可行性论证、咨询设计服务、风电场勘察及其宏微观选址、风电场规划设计等。

风电场建设期分为施工前期准备、工程施工、工程验收三个阶段。风电场建设施工前期准备工作包括项目报建、编制风电场建设计划、委托建设监理、项目施工招标、签订施工契约、征地、现场四通一平、组织设备订货、员工培训等。工程施工包括现场工地勘探，基础混凝土浇筑，钢筋绑扎，风机基础环安装，升压站建设，沥质道路建设，组装平台建设，技术施工，风机调试，塔筒、轮毂、叶片、机舱运输（要运抵现场）和组装并接入系统，铁塔建设，电气设备安装调试，变电站建设，输电线路铺设，电控系统，风电场调试并网发电，接入电网，以及风电场工程施工过程中的工程施工许可证、工程施工管理、工程施工监理、工程施工质量管理、工程施工安全管理等。工程验收包括风电场试运行与验收。此阶段的参与方有施工单位、风电设备制造商，并由监理单位监理。在这个阶段，风电场业主的服务需求主要有工程施工、风电设备选型、采购、运输、安装、调试、检测服务及技术培训等。

风电场运营维护期包括风电场并网后的日常运营管理、维护等。期间需要保证风电场的正常运营，电力公司主要负责风电场入网，监督与管理投运的风电机组执行并网协议规定的低电压穿越能力承诺，并网运行风电场应满足接入电力系统的技术规定，风电机组须具备低电压穿越能力，否则容易引起大面积脱网。并网运行风电场无功容量配置和有关参数，整体应满足系统电压调节需要，配置的无功补偿装置要切实做到运行可靠。加强风电场二次系统监督管理，开展涉网保护定值（电压、频率保护）的核查和备案工作，风电场按电网要求进行涉网保护定值整定。这个阶段的参与方包括风电场业主和电力公司。在这个阶段，风电场业主的服务需求包括风电设备检测检修、报废、回收等资产运营维护管理，备品备件供应、存储，风电机组关键部件监控及故障诊断，以及并网等，从而完成整个价值链和产业链的运作。

通过分析风电的全产业链，远景能源发现，在每个阶段都可以进行服务化渗透，在产品的整个生命周期内满足服务需求所产生的利润要远远高于销售风电设备本身带来的利润。此外，随着信息技术在风电设备制造商的广泛应用和风电设备制造商对客户重视程度的不断提高，风电设备制造商已经不再仅仅关注风电产品制造这一个阶段，而是将业务范围延伸至产品的全生命周期服务，在对风电设备及项目全生命周期服务过程中，风电设备制造商不仅可以最大限度满足客户需求，也进一步拓展了自身的价值增长空间。于是远景能源提出全生命周期服务模式，从硬件到软件，为客户提供全生命周期一揽子的智慧能源管理解决方案，首先致力于研发高质量的智能风机设备；然后推出基于云平台的 Wind OSTM 智慧风场管理软件，为客户的风机提供实时的在线监控；现在他们还推出了基于云平台的风电场设计优化和投资风险管理的"格林威治"平台。

向产业链下游延伸，远景能源研发的智慧风场软件可以实时地监控风机的运行。而实时在线服务是指利用现代计算机实施全天候远程实时监控风机运行状况，在风机出现故障前及时预警，避免客户不必要的损失。该系统能够实时对风电机组进行远程状态监测与故障诊断，实现对风电场接入机电组进行远程状态监测与故障诊断，实现对风电场接入机组数据的监测、查询、调用及相应报表的生成。通过该系统，一方面，客户可实时了解机组运行状况；另一方面，远景能源也可以对项目现场每台机组进行远程实时监控，对一些不安全因素提前做出判断，以便对客户的需求做出快速响应。

（1）向产业链下游延伸，远景能源研发的智慧风场软件可以实时地监控风机的运行。作为一家"非典型"制造型企业，近年来，远景能源率先研发设计并制造出"智能风机"，利用自主研发的核心智能控制技术，彻底突破并超越了传统风机的技术水平，使风机发电效率提升 15%~20%。但在风机上安装传感器及部署智能控制算法只是智慧能源的第一阶段，或者说还只是单机版，是互联网能源的开端，远景的智慧能源系统解决方案中还有智能软件、智能平台等。通过接入远景 Wind OSTM 管理平台，全球任何一个风场的风机和变电站的运行表现都将被实时数据化。据悉，Wind OSTM 真正做到了管理平台的统一，将不同厂家的风机、变电站、测风塔等所有风电场的核心资产纳入同一个信息系统平台，消灭信息孤岛，并在电网调度的指令下统一做出优化、及时的能量管理响应。基于 Wind OSTM 平台的智慧风场高级应用，诸如风功率预测、风场协调控制、亚健康状态监测、智能故障诊断、风场全工作流程的移动应用管理、风场投资后评估与优化等，总体系统功能远超过业界其他竞争对手，将成为帮助客户实现风电场发电量提升的核心抓手。

随着大数据的发展和能源精细化管理要求的提高，越来越多的企业开始关注智慧能源管理，能源与互联网的结合是一个新的结合，不同的公司各有千秋，其中不仅有传统的能源企业，也有专业的软件企业。由于每个企业基因不同，创新侧重点也不一样。例如，IBM（软件公司提供风能管理）和维斯塔斯（制造公司提供软件）相比，IBM 只做软件开发，并未投入到风机硬件的生产中，对风机行业的了解不及远景能源等风机生产企业；而维斯塔斯软件开发虽然早，但是它的软件服务相对封闭，不是开放给客户，公司的侧重点更多的是风机的销售。西门子公司也是更倾向于硬件销售，它的软件用户体验稍差，太专业化，一般人使用起来较为困难。以上两家公司在能源管理软件方面与远景并不构成直接的竞争，反倒是类似于谷歌这样的软件公司更有竞争力（谷歌收购 Nest 公司），但谷歌更倾向于消费端的监测，而远景更倾向于生产端的监测。

远景在软件、互联网、通信、传感、控制等先进技术方面的设计集成能力是传统能源企业无法做到的，而对能源数据的积累和对行业的深刻理解又是软件企业无法企及的。可以说，远景的智慧能源管理目标是围绕能源全产业上下游打造的。今后的电力系统一定是更加顺畅的系统，信息越通畅，指挥管理越能带来价值。如果不是围绕全产业链开展智慧能源管理，效果将大打折扣。当然，这个全产业链的能源管理系统或许走得太超前了，国内对于风电场的精益管理理念还有待加强。

（2）向产业链上游延伸，远景能源研发的"格林威治"平台可以从风资源勘探时就介入整个风电产业。

在以前，国内的风力发电项目动辄数亿元乃至数十亿元的投资规模，在其长达两年的项目资源测量和规划设计周期内，缺乏成熟的信息化过程管控工具，并且项目规划设计的基因很大程度上受制于欧洲软件公司出于商业目的大幅度"精简"的流体仿真软件。格林威治风场设计云平台正是终结这一现状的有益尝试。基于与国家高性能计算资源的强强联手，将超过千万亿次的高性能计算资源引入风力发电行业实现高精度流体仿真和气象模式，并且基于大数据架构和云服务模式使之分享到整个行业，帮助风电投资商实现全过程把控项目投资风险、可靠优化资产投资的方案。

其实，更大的价值在于，远景"格林威治"云平台很可能会重新定义业内对于复杂地形风电场解决方案的认知。从"格林威治"云平台上的宏观规划与测风管理、风资源评估、微观选址与风电场设计、概算与经济性评价、资产运行评估与优化这五大技术模块可以看出，这是一个贯通风电场工程价值链的操作系统，其标准化、工具化和尺度化的内核及在使用上的便捷、高效和经济性，决定了它是一个行业共享的平台。

远景不靠"格林威治"赚取利润，而是希望它以云服务的方式承载业内共同验证过的标准化方法，并将其分享到市场，与有志于提升行业健康发展的投资商、设计院和设备供应商建立良好的合作关系，立足"格林威治"平台营造更精准、风险更可控的风电行业投资环境。

"格林威治"云平台将借助大数据分析和高性能计算技术，为客户提供风电场规划、风资源评估、精细化微观选址、风场设计优化、经济性评价、资产后评估分析等全方位的技术解决方案，帮助客户提升15%的风场设计发电量，提升风场实际收益20%以上。

"格林威治"云平台建立了专门针对复杂区域的耦合仿真模型，将中尺度模式与CDF模拟进行有效结合，准确模拟风场内的局部风流形态，成功开发了适用各种风电场特性的机位排布优化引擎，可高效解决宏观选址时容量规划问题及微观选址时多机型、多轮毂高度、多优化目标等复杂的机位最优化问题。

以远景能源为代表的国内风电产业一改此前"粗放型"的发展模式，把提高效率作为企业"稳增长"的当务之急。业内资深专家表示，我国风电产业正步入"精益管理"时代。精益管理需要在精细化上做文章，既包括前期的设计、投资、风险评估精细化，也包括中期通过合理的风机选型提高发电效率，还包括后期的智能化运维和资产优化管理，提升风电场的能量可利用率。

5.7.3   苹果公司

2008年3月6日，苹果公司对外发布了针对iPhone的应用开发包（SDK），供免费下载，以便第三方应用开发人员开发针对iPhone及Touch的应用软件。不到一周时间，3月12日，苹果宣布已获得超过100000次的下载，三个月后，这一数字上升至250000次。苹果公司一直以来推出的产品在技术上都保持一定的封闭性，如当年的Mac，此次推出SDK可以说是前所未有的开放之举。

继 SDK 推出之后，2008 年 7 月 11 日，App Store（是苹果公司为 iOS 设备及 Mac 创建的一种服务，App Store 允许用户从 iTunes Store 或 Mac App Store 浏览和下载一些为 iPhone SDK 或 Mac 开发的应用程序）正式上线。7 月 14 日，App Store 中可供下载的应用程序已达 800 个，下载量达到 1 千万次。2009 年 1 月 16 日，数字刷新为逾 1.5 万个应用，超过 5 亿次下载。2011 年 1 月 6 日，App Store 扩展至 Mac 平台。两年半的时间全球用户通过 App Store 的下载量已突破 100 亿大关。

App Store 模式的商业价值在于为第三方软件的开发者提供了方便而又高效的产品销售平台，不仅大大提高了这些开发商的参与积极性，同时也适应了手机用户对个性化应用的需求，从而使手机软件业开始进入了一个高速、良性发展的轨道。苹果公司把 App Store 这样一个商业行为升华到了一个吸引人参与的经营模式，开创了手机应用的新篇章，App Store 无疑将会成为手机业发展史上的一个重要里程碑，其意义已远远超越了 "iPhone 的软件应用商店" 本身。

App Store 是苹果公司战略转型的重要举措之一。App Store 是增加苹果公司收益的关键路径之一。苹果公司推出 App Store 的主要原因可以从两方面来解读：一是苹果公司由终端厂商向服务提供商转型的整体战略定位；二是苹果公司拟通过 App Store 增加终端产品 iPhone 的产品溢价，从而实现以 iPhone 提升苹果公司收益的战略意义。

在 "iPod iTunes" 模式的成功中，苹果公司看到了基于终端的内容服务市场的巨大潜力。在其整体战略上，也开始了从纯粹的消费电子产品生产商向以终端为基础的综合性内容服务提供商的转变。而移动增值市场的快速发展显现了比传统互联网内容服务市场更加巨大的市场潜力。苹果公司要构建自身完整的数字娱乐内容服务战略，需要借助一款产品或产品组合向移动增值市场进入，而 iPhone App Store 同时满足苹果公司为开拓内容服务市场空间的战略需求。

App Store 通过用户下载付费的形式获得收入，由苹果公司统一代收，然后苹果公司每周将应用收入按照 3∶7 的比例与应用开发者进行分成，即苹果公司获得收入的 30%，软件开发者获得 70%。App Store 的产业链简单明晰，共涉及三个主体，即苹果公司、开发者、用户，此外还包括第三方支付公司，但只是作为收费渠道，不是产业链的主要参与者。App Store 建

立了苹果公司、开发者、用户三方共赢的商业模式,各自在产业链中的角色与职责表现如下:

(1) 苹果公司:掌握 App Store 的开发与管理权,是平台的主要掌控者。其主要职责包括三点:一是提供平台和开发工具包;二是负责应用的营销工作;三是负责进行收费,再按月结算给开发者。此外,苹果公司经常会公开一些数据分析资料,帮助开发者了解用户最近的需求点,并提供指导性的意见,指导开发者进行应用程序定价、调价或是免费。

(2) 开发者:应用软件的上传者。其主要职责包括两点:一是负责应用程序的开发;二是自主运营平台上自有产品或应用,如自由定价或自主调整价格等。

(3) 用户:应用程序的体验者。用户只需要注册登录 App Store 并捆绑信用卡即可下载应用程序。App Store 为用户提供了更多的实用程序、良好的用户体验及方便的购买流程。

苹果应用商店成功的关键是 iTunes, iOS 设备的用户可以轻松地通过 iTunes 搜索和下载应用程序,并管理和同步到用户的设备上,而其他公司的应用商店都不具有类似的管理软件。苹果的 iTunes 和应用商店都遵循苹果一直坚持的理念——"让事情变得简单",使用同一个软件来管理所有的应用程序和不同的 iOS 设备,为用户提供了轻松的使用体验。

正是通过软硬件结合的方式,苹果公司首先通过门店或电商向顾客销售硬件产品,使顾客一次性获得产品的使用价值,其次利用 App Store 持续地为顾客提供信息服务以实现顾客的价值增值,最后顾客通过在硬件产品上使用信息服务创造新的价值增值。后两部分的价值增值使苹果公司的硬件产品比其他电子设备供应商更具有市场竞争力,成为新的利润增长点。

参考文献

[1] Adrian E. C. M., Sarhadi M., Millar C. Defining a Framework for Information Systems Requirements for Agile Manufacturing [J]. International Journal of Production Economics, 2002, 75 (1-2): 57-68.

[2] Barratt M. Understanding the Meaning of Collaboration in the Supply Chain [J]. Supply Chain Management, 2004, 9 (1): 30-42.

[3] Bi K. X., Gao W. Measuring and Method of Informatization Level for

Manufacturing Enterprise [C]. International Conference on Information Science and Technology, Najing, China, 2011: 520-527.

[4] Datta P. P., Christopher M. Information Sharing and Coordination Mechanisms for Managing Uncertainty in Supply Chains: A Simulation Study [J]. International Journal of Production Research, 2011, 49 (3): 765-803.

[5] Frayret J. M., Amours S. D., Montreuil B., et al. A Network Approach to Operate Agile Manufacturing Systems [J]. International Journal of Production Economics, 2001, 74 (1-3): 239-259.

[6] Giret A., Garcia E., Botti V. An Engineering Framework for Service-oriented Intelligent Manufacturing Systems [J]. Computers in Industry, 2016, 81 (9): 116-127.

[7] John P. T. M. The Role of Lean in the Application of Information Technology to Manufacturing [J]. Computers in Industry, 2009, 60 (4): 266-276.

[8] Kallenberg R., Oliva R. Managing the Transition from Product to Services [J]. International Journal of Service Industry Management, 2003, 14 (2): 160-172.

[9] Mathieu V. Product Services: From a Service Supporting the Product to a Service Supporting the Client [J]. Journal of Business & Industrial Marketing, 2001, 16 (1): 39-61.

[10] Morariu C., Morariu O., Borangiu T. Customer Order Management in Service Oriented Holonic Manufacturing [J]. Computers in Industry, 2013, 64 (8): 1061-1072.

[11] Prajogo D., Olhager J. Supply Chain Integration and Performance: The Effects of Long-term Relationships, Information Technology and Sharing, and Logistics Integration [J]. International Journal of Production Economics, 2012, 135 (1): 514-522.

[12] Ramanathan U. Aligning Supply Chain Collaboration Using Analytic Hierarchy Process [J]. Omega, 2013, 41 (2): 431-440.

[13] Sharp J. M., Irani Z., Desai S. Working towards Agile Manufacturing in the UK Industry [J]. International Journal of Production Economics, 1999, 62 (1-2): 155-169.

[14] Shin T. H., Chin S. Y, Yoon S. W., et al. A Service-oriented Inte-

grated Information Framework for RFID/WSN-based Intelligent Construction Supply Chain Management [J]. Automation in Construction, 2011, 20 (6): 706-715.

[15] Soroor J., Tarokh M. J., Shemshadi A. Theoretical and Practical Study of Supply-chain Coordination [J]. Journal of Business & Industrial Marketing, 2009, 24 (2): 131-142.

[16] Valilai O. F., Houshmand M. A Collaborative and Integrated Platform to Support Distributed Manufacturing System Using a Service-oriented Approach Based on Cloud Computing Paradigm [J]. Robotics and Computer-Integrated Manufacturing, 2013, 29 (1): 110-127.

[17] Vandermerwe S., Rada J. Servitization of Business: Adding Value by Adding Services [J]. European Management Journal, 1988, 6 (4): 314-324.

[18] Xie P. S., Rui Z. Y., Cao J. A Software System Infrastructure and Integrated Service Implementation Model of Manufacturing Integrated Service Platform [J]. Journal of Convergence Information Technology, 2012, 7 (9): 136-146.

[19] Zhong A., Cao B., Shen H. M. The Application Research of Manufacture Informatization Based on the Theory of Integration [C]. International Conference on Computer Application and System Modeling, Taiyuan, China, 2010: 526-529.

[20] 戴延寿. 企业服务创新若干问题的探讨 [J]. 集美大学学报 (哲学社会科学版), 2003, 6 (1): 39-43.

[21] 工信部. 2014 年电子信息产业统计公报 [EB/OL]. http://www.miit.gov.cn/newweb/n1146285/n1146352/n3054355/n3057511/n3057518/cc4650836/ontent.html.

[22] 顾新建, 张栋, 纪杨建等. 制造业服务化和信息化融合技术 [J]. 计算机集成制造系统, 2010, 16 (11): 2530-2536.

[23] 侯彦全, 程楠, 侯雪. 远程运维服务模式研究——以金风科技为例 [J]. 工业经济论坛, 2017 (2): 68-73.

[24] 金青, 丁兆国, 张忠. 服务型制造模式的能力知识体系架构 [J]. 科技进步与对策, 2013 (11): 1-9.

[25] 李靖华, 马丽亚, 黄秋波. 我国制造企业"服务化"困境的实证分析 [J]. 科学学与科学技术管理, 2015, 36 (6): 36-45.

[26] 李延锋. 制造业企业信息化建设评价体系研究 [D]. 合肥工业大

学博士学位论文，2007.

［17］刘继国，李江帆．国外制造业服务化问题研究综述［J］．经济学家，2007（3）：119-126.

［28］王夏阳．契约激励、信息共享与供应链的动态协调［J］．管理世界，2005（4）：106-115.

［29］徐升华，毛小兵．信息产业对经济增长的贡献分析［J］．管理世界，2004（8）：75-80.

［30］袁亚忠，胡观景．价值共创研究述评：内涵、演进与形成机制［J］．服务科学和管理，2016，5（1）：1-10.

6 产品金融服务

（冯　乾　王　晶　北京航空航天大学 经济管理学院）

6.1　概念与发展历程

目前我国已成为世界第一制造业大国。我国 22 个工业产品大类中的 7 个大类产量位列世界第一，其中包括 220 种工业品产量居世界第一。但我国制造企业面临大而不强的困境，具体表现在自主创新能力不强、产业结构不尽合理、质量品牌竞争力不强、智能化水平不高等方面。在新一轮产业变革竞争的大背景下，制造业重新成为全球经济竞争制高点，而服务型制造业为我国企业和我国经济转型带来前所未有的机遇和挑战。

产品金融服务是服务型制造中一种典型的运作模式，这种模式是制造业产品的全生命周期过程与金融业相关业务的不断融合创新而产生并不断发展的。本章主要介绍产品金融服务模式的概念与内涵及其发展历程。

6.1.1　概念与内涵

服务型制造中的产品金融服务是一种以解决制造业全流程或重点环节的金融需求为目标，将金融服务深度嵌入服务型制造系统内部，进而增强制造系统综合能力的服务模式。

产品金融服务模式将金融服务内化于服务型制造系统，并将其作为贯穿系统运行的核心服务要素之一。在这种模式下，产品金融服务不再是单纯提供资金等基础服务，而是深入到制造系统内部，将金融服务模块与生产制造各环节相结合，通过金融服务优化整个流程，降低生产经营风险，提高运行效率。例如，供应链金融、融资租赁等模式便是基于金融服务深入嵌入制造过程而产生的新型服务模式。正是由于将金融作为一种内化的要素，产品金融服务对于企业制造能力的增强作用更为显著，而金融服务与制造业融合的程度决定了经济发展的速度与质量。因此，可以将服务型制造中的产品金融服务模式理解为：一种以满足采购、制造、销售和售后服务等各个环节的金融需求为目标，将金融服务深度嵌入于服务型制造系统各个环节与层级，从而增强制造系统综合能力的服务型制造模式。

随着工业产品市场从卖方市场转向买方市场，生产企业为了解决消费者一次性购买巨额支付难题，在产品流通、销售、消费及使用阶段提供包括分期付款、赊销等方式的金融服务，降低了购买者的固定设备资金投入，提高了资金使用率和收益率，促进产品市场规模的快速扩张。20 世纪 50 年代以来，在技术含量高、资本密集型产品领域，各种基于制造产品的融资租赁金融服务不断涌现。多元化的融资租赁主要包括以下几方面：一是金融贷款服务，分期付款是制造企业最先发展起来的金融服务，零售商一般和消费者签订分期付款零售合同，约定客户在一定期限内向零售商分期支付。二是融资租赁服务。制造企业为客户提供基于产品功能的各种服务，客户通过购买（租赁）实物产品在一定时期内的使用权及相关支持服务，从而实现其效用，在这一过程中实物产品的产权没有转移。

在服务型制造的产品金融服务模式中，除了多元化的融资租赁服务外，还包括将供应链上核心企业进行整合来提供系统性金融融资服务的供应链金融服务。供应链金融指银行向客户（核心企业）提供融资和其他结算、理财服务，同时向这些客户的供应商提供贷款及时收达的便利，或者向其分销商提供预付款代付及存货融资服务。供应链金融是银行将核心企业和上下游企业联系在一起提供灵活运用的金融产品和服务的一种融资模式。在这个供应链中，竞争力较强、规模较大的核心企业因其强势地位，往往在交货、价格、账期等贸易条件方面对上下游配套企业要求苛刻，从而给这些企业造成了巨大的压力。而上下游配套企业恰恰大多是中小企业，难以从银行得到融资，结果最后造成资金链十分紧张，整个供应链出现失衡。供应链金融最大的特点就是在供应链中找出一个大的核心企业，以核心企业为出发点，为供应链提供金融支持。一方面，将资金有效注入处于相对弱势的上下游配套中小企业，解决中小企业融资难和供应链失衡的问题；另一方面，将银行信用融入上下游企业的购销行为，增强其商业信用，促进中小企业与核心企业建立长期战略协同关系，提升供应链的竞争能力。

在供应链金融的融资模式下，处在供应链上的企业一旦获得银行的支持，资金这一"脐血"注入配套企业，也就等于进入了供应链，从而可以激活整个"链条"的运转；而且借助银行信用的支持，还为中小企业赢得了更多的商机。

6.1.2 发展历程

服务型制造的产品金融服务是在原有的初级金融服务的基础上发展而来的。金融服务的发展有赖于实体经济的坚实基础，因此与制造业紧密结合的服务型制造产品金融服务模式也是率先从制造业和金融业较为发达的少数发达国家兴起的。此外，产品金融服务模式逐步从初级起步阶段演进至高级发展阶段。与制造业升级变迁的进程一起，产品金融服务模式升级进程不断加快，已经由起步和初期阶段的简单服务升级到服务模式更为多样、涉及领域更为广泛、参与主体极大扩充的更高阶段。从服务模式整体变迁来看，在与制造环节紧密结合的过程中，其细分模式不断丰富，服务体系更加复杂。从服务领域来看，开展产品金融服务的行业更加多样，涉及的生产环节更加广泛。从参与主体来看，产品金融服务模式的参与主体类型增多，功能角色发生调整。

从制造业的自身发展来看，相关产品金融服务产生的主要原因是生产网络中的核心企业为了提高价值链治理能力，进而对金融服务产生了升级需求。制造业的升级进程离不开金融服务的支持，对金融服务的需求也经由初级阶段的单纯资金需求转至较高阶段的综合式服务需求。在专业化分工的背景下，制造业的垂直解体使一件产品的制造需要越来越多的企业参与，主导生产网络的核心企业凭借自身的控制力搭建了规模更为庞大的供应体系。为了保证上下游可以按照计划稳定供应和销售，核心企业要对价值链上的从属企业进行管理，其中一个主要问题就是资金周转和风险防控。由于核心企业的资金总量相对有限，这就需要银行等金融机构作为资金提供方，缓解上下游的资金需求，这便促使金融服务要更深入地融入到制造系统的各个环节，这便形成了最初的金融服务。特别是在全球化加速推进的背景下，企业对于金融服务的需求更为强烈，不仅要求原有服务逐步强化，而且需要具备进行跨国金融活动的全球化服务能力。

从金融业的发展来看，传统业务的竞争加剧，迫使金融机构开拓新的业务领域。面向制造业的系统性结合与对制造业细分领域的研究对金融行业而言无疑是一个新的机遇，这也是产品金融服务可以形成的另一重要原因。传统信贷等金融产品服务内容与模式日益趋同，同质化的产品金融服务导致金融行业竞争较为激烈，金融机构不得不开始向更多领域拓展，制造业服务化中的产品金融服务模式便是其向制造业拓展的结果。

发展产品金融服务有利于提升企业制造产业链条的核心竞争能力，有利于弱化银行对中小型制造业企业本身的限制，有利于促进金融与实体经济的有效互动。产品金融服务模式的产生，既有满足制造业升级发展需求的原因，也有金融市场竞争和创新的原因，既是经济发展到更高阶段的产物，也是产融深度融合的结果。

6.1.2.1 融资租赁发展历程

服务型制造产品金融服务模式中的一种典型形式是融资租赁服务。现代融资租赁产生于"二战"之后的美国。"二战"以后，美国工业化生产出现过剩，生产厂商为了推销自己生产的设备，开始为用户提供金融服务，即以分期付款、寄售、赊销等方式销售自己的设备。由于所有权和使用权同时转移，资金回收的风险比较大，于是有人开始借用传统租赁的做法，将销售的物件所有权保留在销售方，购买人只享有使用权，直到出租人融通的资金全部以租金的方式收回后，才将所有权以象征性的价格转移给购买人，这种方式被称为"融资租赁"。1952 年，美国成立了世界第一家融资租赁公司——美国租赁公司（现更名为美国国际租赁公司），开创了现代租赁的先河。自世界上第一家融资租赁公司在美国诞生之后，融资租赁业务便在世界范围内展开。在 50 年的发展历程中，融资租赁业每隔 10 年左右就迈上一个新台阶。20 世纪 50~60 年代，融资租赁从美国传入西欧、日本和大洋洲等主要工业发达国家；60~70 年代，融资租赁在西方各国得到迅速发展，并开始向海外辐射扩张；70 年代中期，融资租赁进入亚洲、南美洲及非洲的发展中国家；70~80 年代，西方发达国家的融资租赁业进入成熟期，融资租赁成为这些国家租赁业务的绝对主体，比重达 90% 以上，同期发展中国家的融资租赁业也有了较大发展；80 年代至 20 世纪末，融资租赁业的发展势头减缓，但仍保持稳步上升的趋势，目前全世界已有 100 多个国家开展了该项业务。

融资租赁业的经营范围从最初的极其有限的机器设备（如制鞋机器、电话通信设备、汽车等）扩展到飞机、货运船舶、汽车、医疗设备、车床、工程机械、农用机械、电力设备、信息通信设备、办公自动化设备等广大领域，业务形式也从初创时期单一的直接融资租赁形式逐步衍生出转租赁、委托租赁、出售回租、杠杆租赁等多种形式。现在融资租赁已进入创新租赁阶段，风险租赁、税务租赁、合成租赁、结构式参与租赁等新品种已开始推广。目前的融资租赁业已发展成为集信贷、贸易和技术更新于一体的新型金融产业，融资租赁也已成为资本市场上仅次于银行信贷的第二大融资方式。

1981 年 4 月，我国第一家专业融资租赁公司——中国东方租赁有限公司成立，同年又组建了中国租赁有限公司。这标志着我国融资租赁业的诞生和融资租赁体制开始建立。1984 年底，中国银行信托公司、日本三和银行、德国德累斯登银行与中国机械、中国技术进出口公司等联合成立了较具规模的中国环球租赁有限公司。随后，国际租赁、北方租赁、华和租赁、包装租赁、光大租赁等多个较大规模的融资租赁企业相继成立，使中国的融资租赁业走向全面发展的阶段。90 年代初，上海、广州、武汉、无锡、济南、沈阳等城市先后建立起较大规模的融资租赁市场。我国的民航业、城市出租汽车行业、移动通信业基本上都是采用融资租赁方式引进国外飞机、汽车和设备后迅速发展起来的。云南烟草业的腾飞、江浙乡镇企业的异军突起、众多企业的产品结构调整、军品转民品都凝结着融资租赁公司的一份贡献。

6.1.2.2　供应链金融发展历程

公元前 2400 年前的美索不达米亚地区就出现了"谷物仓单"。随着经济的不断发展，物流和金融不断融合，20 世纪初沙俄出现的"谷物抵押"贷款成为供应链金融的雏形。20 世纪 60 年代，美国《仓库存储法案》的颁布标志着仓单质押开始规范化运作，随着后续的发展，美国最终建立了仓单质押的运作体系。

现代意义上的供应链金融概念兴起于 20 世纪 80 年代，主要是大型跨国公司为解决因采取全球业务外包而产生的供应链管理问题，与金融机构合作提出解决方案，由此逐步衍生出一系列金融支持服务模式。20 世纪末，很多人发现，全球性的外包导致的供应链整体融资成本问题，以及一些节点资金流的瓶颈效应，实际上抵消了部分由分工带来的效率优势。由此，企业开始了对财务供应链管理的价值发现，国际银行业为适应这一需求，也展开了相应的业务创新。2008 年全球金融危机后，经济形势日益严峻，企业生产经营环境持续恶化，世界各国对企业的传统银行信贷服务开始有所趋紧，但以供应链金融为代表的金融支持服务模式却逆势快速增长，并在更多国家中逐步兴起和迅速发展。Demica 公司的调查报告显示，近年来全球供应链金融发展势头迅猛，2011~2013 年全球主要银行的供应链金融业务年增长率超过 30%，预计到 2020 年之前，其年增长率将不会低于 10%。

6.2 相关研究进展

随着服务型制造在全球范围内的推进与实施，与产品金融服务模式相关的研究也层出不穷。在学术界和产业界，相关学者对服务型制造中的产品金融服务模式都进行了大量深入而广泛的研究和探讨。

6.2.1 学术界研究进展

服务型制造中的产品金融服务包括但不限于供应链金融、融资租赁等方面。在产品金融服务模式的各个方面，国内外学者都进行了深入的研究和探讨。

Basu（2012）建立了随机动态规划模型对预付账款融资模式进行可行性分析，并得出结论：预付融资订货可提高物流的时效性。李毅学（2010）从业务研究、资金约束下的物流决策、供应链金融中的银行企业风险控制三个方面梳理概述了供应链金融的国内外理论。占义芳（2012）通过构建多周期模型来研究供应链金融经典模式"预付账款融资模式"中最优订货量时的各方收益及整个供应链的效益，并与传统融资模式进行比较，证明金融机构的参与能提升供应链的整体效益。李毅学等（2011）对统一授信的供应链金融模式中质押率这一风控核心指标进行分析，构建资金约束下的报童模型，并通过斯塔克伯格动态博弈分析得出最优质押率。吴振广（2012）在介绍国内外融资租赁风险定价模型基础上设计构建了基于资本资产定价的风险模型，并对风险影响因素进行了实证分析。崔佳宁（2014）分别研究了上市公司进入融资租赁交易扮演承租人和出租人的行为动因，前者是为了获取信贷资源，后者是为了获取高额利润。

6.2.2 产业界研究进展

在产业界，有关服务型制造中的产品金融服务模式一般是从行业分析的角度来进行研究的。李响（2013）阐述了我国发展飞机融资租赁的意义，分析我国飞机融资租赁业的发展现状，并以工银租赁作为我国飞机融资租赁发展的缩影，通过研究其发展壮大的历程，分析我国飞机融资租赁业面临的机遇和挑战。陆晓龙（2014）介绍了汽车融资租赁业务的主要模式，结合全球融资租赁行业加强信用风险管理的趋势，分析了汽车融资租赁行业信用风险管理及公司信用风险内部评级模型的应用。兰志林（2015）根据自身的实践经验并结合对农机推广的市场调查，对农机推广中融资租赁技术的应用进行了进一步探讨与分析。

6.3 对企业和顾客的意义与价值

面向制造业开展的产品金融服务是一种基于更高发展阶段的产物，其发展既离不开具有坚实基础和不断升级的制造业，也离不开服务健全和加速创新的金融业，更重要的是两者之间的深度融合和耦合发展。产品金融服务不仅对制造类企业具有十分重要的意义，而且为相关企业和顾客创造了巨大的价值。

6.3.1 对企业的意义与价值

面对瞬息万变的市场环境，企业必须不断改进自身才能适应动态变化的市场环境并持续巩固和提升自身竞争力。近年来，围绕制造业服务化的改革创新内容，各种制造业与服务化融合的模式不断涌现。产品金融服务模式则是制造业与传统金融服务在企业升级创新过程中，两者深度融合发展而产生的新型制造业服务化模式。发展产品金融服务对企业的意义与价值主要体现在以下四个方面。

6.3.1.1 提升经济效益和竞争优势

产品金融服务可以为企业带来大量资金，满足企业的资金需求，而资金规模的扩大可以支持制造业生产规模的扩大。在产品金融服务模式的框架下，各种金融机构积极进行有针对性的贷款融资产品创新，不断适应制造类企业多元化的融资需求。例如，对经营、效益、潜力和信用特别好的企业，在做了足额有效保证的前提下，可对其尝试"客户综合授信"办法，为其确定一个实实在在的融资额度，使其在额度内能够随时获得所需的贷款、银行承兑汇票和其他融资，一次性签订融资合同，循环使用，甚至还可允许其在一定限额内办理"存款账户透支业务"，以满足制造类企业在转型升级过程中的资金需求。向顾客提供产品金融服务已经成为了许多现代企业新的利润增长点。

20 世纪 80 年代，通用金融业务下的通用资本开始承做杠杆租赁、杠杆收购等业务。因为通用资本公司涉足的是通用电气原有产业的衍生领域，所以通用资本与通用其他制造类业务的关系非常密切。通用资本立足于自身原有产业，向其他企业提供制造业财务的相关咨询服务从而盈利。

6.3.1.2 促进产品销售并扩大市场

产品金融服务除了能为企业本身带来企业发展所需要的大量资金之外，还能帮助企业促进产品销售从而扩大市场。制造类企业（特别是高端装备制造业）的整套成熟产品往往价格不菲。以往企业一般会使用传统的打价格战的方式来和同行进行恶性竞争，从而在市场上谋求更多的份额。但是从长期来看，价格战必定会以损害产品质量为牺牲，这不仅对以生产高质量产品为要求的企业不利，也会有损整个行业的健康良性发展。发展针对客户与顾客的多元化产品金融服务可以帮助企业充分挖掘因为融资问题而未被识别的潜在需求，促进企业自身产品销售，进而避免了行业内部的恶性价格竞争。产品金融服务包括多元化的服务模式，具体有融资租赁服务、分期付款服务、提供担保服务、赊账销售服务等。针对不同的顾客需求，企业可以采用不同的产品金融服务类型帮助顾客降低用于购买设备的一次性资金投入，提高资金的使用率和收益率，从而促进产品市场规模的快速扩张。

1929~1930 年，制造类企业因为投资者和消费者支出减少与失业增多，相关公司的销售额和利润大幅下降，通用电气公司也每况愈下。为了解决通用公司当时主营家用电器的销售问题，通用电气开始走上了为顾客提供分期付款服务的赊销道路。通用于 1932 年成立了通用信用公司，其刚开始的主要业务就是为购置通用大型家电产品的消费者提供分期付款服务。在大型家电产品行业整体衰落的时间段内，通用电气通过产品金融服务挖掘了更加广泛的潜在顾客，提升了销售收入并扩大了市场。

卡特彼勒也通过提供产品金融服务促进了产品的销售，从而扩大了市场份额。1989~2004 年，卡特彼勒金融服务交货额占卡特彼勒集团设备销售收入的百分比逐年上升，从 1989 年的 16% 稳步攀升至 2003 年的 85%，目前基本维持在 80%上下。卡特彼勒集团全球设备销售中，有接近 80%的销售是通过卡特金融服务公司实现的。卡特彼勒全球销售持续增长，很大程度上得益于卡特彼勒金融服务公司的巨大促销作用。

6.3.1.3　优化调整资源并提高资源配置效率

产品金融服务可以调整企业资源的支持方向与结构，支持关键领域的优先和集中发展。产品金融服务模式通过资源配置结构的变化推动生产网络的结构优化，并且引导企业制造类业务发展同企业自身金融业发展相协调，促进融资便利化，降低实体经济成本，进而提高资源配置效率。服务型制造中的产品金融服务的出发点和落脚点都是制造类企业的升级转型发展。通过实施产品金融服务，企业可以把更多的金融资源配置到自身发展的重点领域和薄弱环节，更好地满足制造类企业自身发展和顾客多样化的金融需求。在实施过程中，产品金融服务模式还具有一定的灵活性和创新性，可以提高资源的配置效率，进而提高制造业企业的综合效率，加快制造业企业的发展速度。

6.3.1.4　提高风险管理水平

在企业的生产经营过程中，会出现各种对实现企业预期盈利目标起到关键性影响作用的不确定性因素。这些不确定因素会形成企业面临的各种风险，由此可能造成预期之外的损失。制造业企业面临的运营和管理风险都在不断增多，企业需要采取必要的风险管理措施，将制造业未来可能遭遇的风险及时转化为发展的机会，并不断增强自身的发展实力和整体竞争力。高水平的风险管理能力也是一个现代企业具有较强竞争力的重要体现。

产品金融服务对风险有高度的敏感性，可以有效识别、分析并处理风险，提高制造业企业的风险管理水平。产品金融服务模式有助于企业建立健全的风险防范机制和风险管理体系，优化企业资本结构，降低企业的财务风险，加强企业投资前风险评估，提高投资收益。制造类企业通过实施产品金融服务，能够提升企业对复杂动态环境的应变能力，并且能够运用不同种类的金融工具提高自身企业的风险管理技术含量，用现代化的金融手段有效识别、分散或者转移风险，综合提高企业的风险管理水平。

福田雷沃重工目前的产品金融服务中就包括保险服务，通过购买或出售各类保险，企业面临的风险被有效分散或者转移，这样就在给顾客提供金融服务的同时有效控制了自身的风险。

陕西鼓风机（集团）有限公司提出了"金融企业+核心企业+客户企

业"的三位一体的融资服务模式。该融资模式是指由核心企业（制造业产品及各种配套服务的生产者）与客户企业（制造业产品及各种配套服务的购买者）建立市场联系，引入金融企业（即商业银行）向客户企业提供贷款，配以核心企业向客户企业的回购机制，降低核心企业和金融企业的共同风险。这种融资模式在降低自身企业风险的同时还实现了三方共赢，是服务型制造中产品金融服务模式的创新。陕西鼓风机（集团）有限公司通过事先的风险评估机制来评判客户企业的信用状况和还款能力，并通过设备回购机制来实现风险应急。由于设备的生命周期远大于融资合同约定的还款时间，因此设备的剩余价值比已经使用的价值要大得多，通过设备回购机制返厂检修后可以重新再利用，这样并不会对企业造成损失，从而抵御了无法收回尾款的风险。

6.3.2　对顾客的意义与价值

发展产品金融服务一方面能够帮助企业促进产品销售，综合提升企业的竞争优势和经济效益；另一方面对于顾客和客户而言，产品金融服务也具有十分重要的意义与价值。产品金融服务是一种能实现企业和顾客双赢的服务型制造模式，企业提供的多元化产品金融服务内容都是站在顾客和客户的角度来进行设计的，这些产品金融服务之所以能够帮助企业提升自身竞争力，原因就在于能够很好地满足特定顾客和客户的真实需求。针对不同种类的需求，企业可以设计不同的产品金融服务内容。顾客和客户无疑能够从这些产品金融服务中获益。综合来看，产品金融服务对顾客和客户的意义与价值主要体现在以下两个方面。

6.3.2.1　降低融资成本

在制造类产品流通、销售、消费及使用阶段，顾客和客户可能会面临需要一次性巨额支付的情景，生产企业为了解决顾客和客户无法一次性进行巨额支付的问题，提供了包括分期付款、赊销等方式的产品金融服务，降低了顾客和客户的固定设备资金投入，使顾客和客户能够以低于市场融资成本的价格融资，实现了融资成本的降低，并提高了资金使用率和收益率。分期付款是制造企业最先发展起来的产品金融服务，制造类企业和消费者签订分期付款零售合同，约定顾客或客户在一定期限内向制造类企业分期付款。除了分期付款服务，制造企业为顾客和客户提供了基于产品功能的各种金融租赁服务，客户通过购买（租赁）实物产品在一定时期内的使用权及相关支持服务，从而实现其效用，在这一过程中实物产品的产权没有转移。这种融资租赁方式也极大地减轻了顾客和客户的资金压力，以更低的成本满足了顾客的需求。

为了实现公司战略发展目标，福田雷沃重工推出了产品金融服务业务。这是一项以解决相关企业或个人融资难等问题为主要内容的金融服务，其业务重点在于帮助代理商和终端客户满足其在经营、购买福田雷沃重工实体产品过程中的融资需求。福田雷沃重工的产品金融服务涵盖了按揭、融资租赁、库存融资、保险、担保、休眠还租、售后回租和以旧换新等业务，全方位、多层次地满足了不同种类顾客和客户不同的金融需求，让广大农机用户花小钱办大事，大大降低了自身产品的购买、使用和维护门槛。

6.3.2.2 提高风险管理水平

制造类企业的顾客，特别是大型装备的购买者与使用者，在购买和使用产品的过程中也会面临各种财务风险。比如，在支付巨额资金购买产品后，客户面临资金链断裂、资金无法周转的风险。抑或是在顾客和客户使用产品的过程中，产品发生故障后企业类客户会面临运营风险，而终端类顾客也会面临需求无法被满足的风险。积极参与到制造类企业提供的产品金融服务中，可以帮助顾客和客户提高自身风险管理的能力，将一部分金融风险分散或者转移至上游制造类企业，以产品金融服务为纽带和制造类企业共同防范外部环境的动态复杂变化带来的风险。在产品金融服务模式中，担保作为一种常见的方式可以将顾客和客户的一部分金融风险转移到提供产品金融服务的制造类企业。某些制造类企业有着更加良好的信誉和资信状况，在它们的担保下顾客和客户能够向金融机构获得更多更好的融通资金。通过担保，顾客和客户将无法偿还贷款的风险转移至上游制造类企业，从而完善了自身的风险防范机制，提高了自身的风险管理水平。

6.4 服务传递与价值创造机制

产品金融服务对于企业和顾客都有着十分重大的意义和价值，产品金融服务的价值是如何产生的则是值得思考和探讨的问题。本章拟阐述不同类型产品金融服务的服务传递过程，并分析不同类型产品金融服务的价值创造机制，先从整体上综合描述产品金融服务的价值创造机制和运行保障机制，再针对产品金融服务的四种常见类型分别进行阐述。

6.4.1　整体价值创造机制

　　产品金融服务模式具有极强的灵活性，根据涉及的研发、设计、生产、运营、贸易、流通等不同环节和对象，以及企业和金融服务机构不同偏好，其具体运营机制千差万别，甚至因理念和文化不同而具有较强的差异性。通过总结各类产品金融支持服务模式，得出其模式运营效果的好坏主要依赖于评价机制、利益机制和风险机制三个方面（见图6-1）。

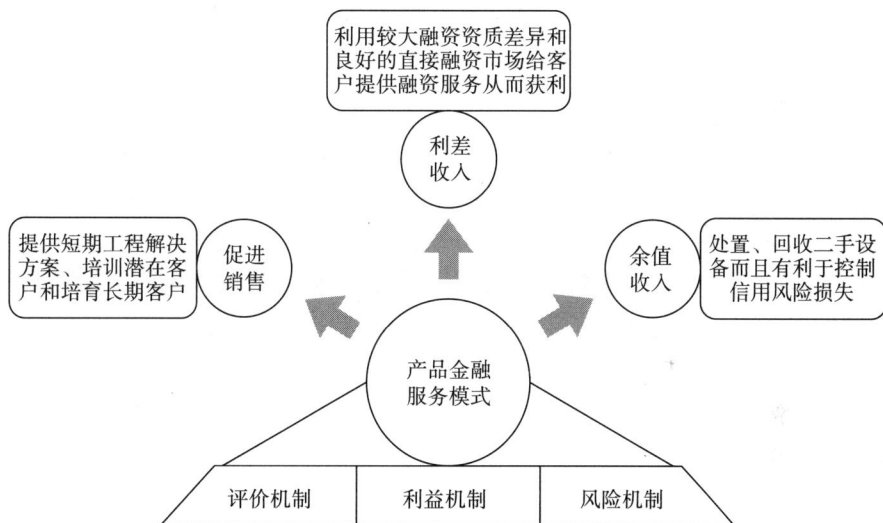

图6-1　产品服务金融模式整体价值创造机制

　　（1）评价机制是产品金融支持服务开展的基础。只有建立一套健全的评价体系和方法，才能够确定是否可以开展金融支持服务、为谁服务、如何服务。总体而言，建立良好的金融支持服务评价机制主要要求做好可行性评价、企业素质评价、金融服务能力评价。

　　（2）利益机制是金融支持服务模式的核心。只有明确各方利益结合点、提高整体绩效能力、合理分配相关利益，才能激发各主体的参与动力，保证该模式运行的活力。

　　（3）风险机制是产品金融支持服务模式顺畅运行的保障。只有做好对不同风险源的识别，设计风险预防措施，才能提前改进、减少损失。在产品金融支持服务方面，可能发生的风险包括经济周期风险、利率汇率风险、政策法律风险、企业主体风险等。在实际操作方面，最主要的风险包括政策监管风险、生产经营风险、金融操作风险、技术风险等。

产品金融服务模式可以从以下三个方面为制造业企业带来盈利：

（1）促进销售。促进设备销售是制造业企业产品金融服务业务的最大贡献，但也是隐形贡献，并不体现在其盈利之中。产品金融服务的经营目标首先是促进本企业产品的销售，企业的租赁服务门店实现了提供短期工程解决方案、培训潜在客户和培育长期客户的多重功能。虽然这些公司的产品金融租赁业务无法从扩大销售中获得更多的账面收益，但其对企业整体销售和业绩提升的贡献要远远超过其账面反映的利润数字。这一能力是厂商租赁公司特有的，也有很高的进入门槛，银行系租赁公司难以望其项背。

（2）利差收入。利差收入仍然是制造业企业发展产品金融服务最大的收入来源。这种盈利模式依赖于两个关键性因素：一是制造商和下游客户之间存在较大的融资资质差异；二是存在运行良好的、具有一定深度的直接融资市场。这些制造业企业长期信用良好的状况及稳定的资产组合使其能够不依赖于银行信贷，直接通过发行商业票据和中期票据获得所需的大量低成本融资。例如，2011 年的年报显示，卡特彼勒金融的短期债务约为 39 亿美元，其中商业票据为 28 亿美元，资金成本为 1%，即期票据为 5.5 亿美元，资金成本为 0.9%；长期债务为 216 亿美元，其中中期票据为 200.6 亿美元，资金成本为 3.9%。这些融资的成本均属于市场最低的范畴。与此同时，在工程机械的用户中，存在大量中小企业、个人经营者，以及资信状况低于制造业企业的大量承包商，它们因为规模或者盈利等原因，不仅难以从资本市场或者货币市场直接融资，也难以获得银行的贷款。这类客户能够接受远高于制造企业融资成本的利率，为其获得稳定的利差水平奠定了客户基础。

（3）余值收入。制造业企业租赁公司的另一项主要收入来自于设备的余值。作为设备的制造者，厂商对所回收二手设备的价值有着更准确的了解；也有现成的生产能力、技术手段和零配件用于翻新设备；此外，制造业企业为销售及售后维护建立的网络同样可以用来进行二手设备的销售或者再次租赁。总之，制造业企业租赁公司在设备回收和处置方面有着其他租赁公司无法比拟的优势。厂商租赁公司在处理余值方面的优势，同样体现在其信用风险损失控制方面。例如，卡特彼勒租赁公司 2011 年的数据显示，其租赁的逾期率为 3.54%，而实际损失率仅有 0.7%，违约债项的回收率高达 80% 左右，远远高于一般银行从获得同类抵押品中的坏账回收率（为 50%~60%）。

6.4.2 融资租赁类服务

融资租赁类业务是产品金融服务模式中比较早发展起来的业务种类，具体包括分期付款服务、租赁服务、融资服务和担保服务等。分期付款服务是指在产品购买合同签订后，顾客和客户先交付一部分货款给企业，其余大部分货款在产品部分或全部生产完毕后，或在货到安装、投入及质量保证期满时分期偿付。买卖双方在成交时签订合同，买方对所购买的商品和劳务在一定时期内分期向卖方交付货款。每次交付货款的日期和金额均事先在合同中写明。担保服务是指制造类企业自设的信用担保机构通过介入包括银行在内的金融机构、企业或个人这些资金出借方与主要为企业和个人的资金需求方之间，作为第三方保证人为债务方向债权方提供信用担保——担保债务方履行合同或其他类资金约定的责任和义务。融资租赁是指出租人根据承租人对租赁物件的特定要求和对供货人的选择，出资向供货人购买租赁物件，并租给承租人使用，承租人则分期向出租人支付租金，在租赁期内租赁物件的所有权属于出租人所有，承租人拥有租赁物件的使用权。融资租赁类型的服务传递机制如图 6-2 所示，其中图（a）是制造类企业和顾客直接进行融资租赁的服务传递过程，图（b）是有专业租赁公司介入的间接融资租赁的服务。

融资租赁类服务的价值创造机制如图 6-3 所示，不仅制造类企业能从融资租赁类服务中获得价值，顾客也能从企业提供的这类产品金融服务中获取价值，从而实现企业和顾客的价值共创。

6.4.3 功能定价类服务

功能定价服务是产品金融服务中企业应对市场竞争的一种新型的竞争模式和营销手段。功能定价服务模式的具体实施过程是产品的所有权归企业自身所有，制造类企业的技术和营销人员到顾客和客户依据顾客的实际需求进行全线操作，按照顾客使用产品过程中产品的消耗量收取费用，同时企业技术人员为客户提供全程的检测和跟踪服务。功能定价外在表现为计价方式的改变，但是实质上是企业由提供产品到提供服务的转变，是制

（a）双方直接租赁服务传递机制

（b）三方间接租赁服务传递机制

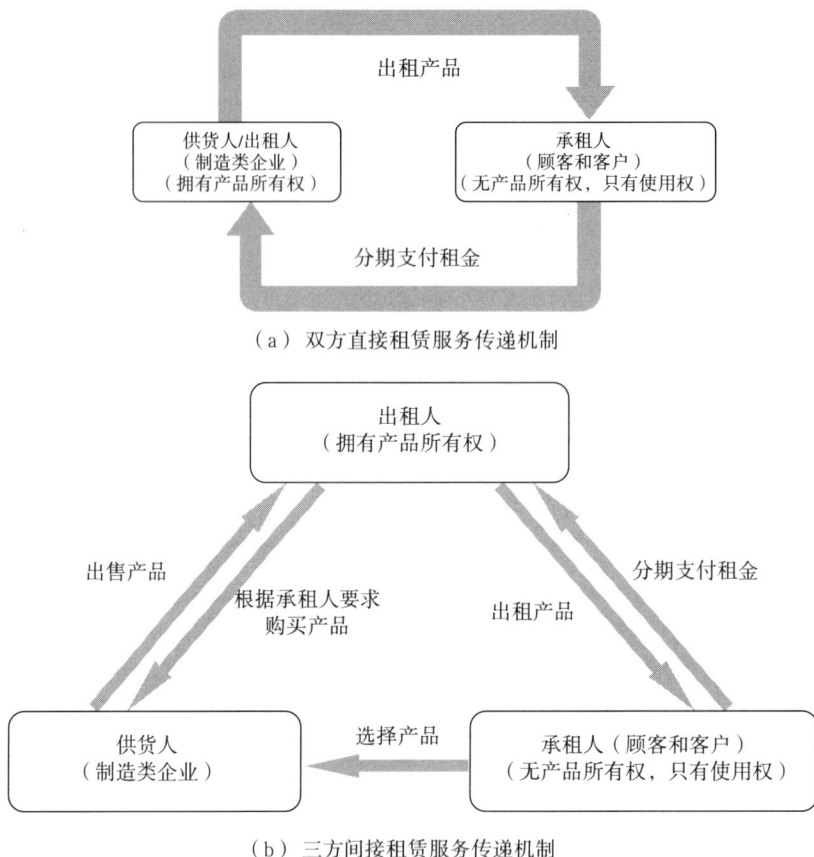

图 6-2　产品金融服务租赁类型服务传递机制

造类企业由提供专业化的产品转向为顾客和客户提供相应的配套服务，转化为按功能定价的方式能够体现制造类企业的技术优势和质量优势。图 6-4 为功能定价类服务传递机制。

例如，中钢集团邢台机械轧辊有限公司销售轧辊原来是按吨计价，轧辊的价格是每吨 1 万元。钢铁企业购买轧辊是用于轧钢，功能定价就是将钢铁企业生产每吨钢消耗的轧辊统计量转化为价格，例如轧钢线产出一吨钢需要使用 48 个轧辊，根据这 48 个轧辊的消耗量计算成本，即如每吨钢消耗轧辊 0.8 千克，折算为成本是 12 元。钢铁企业生产一吨钢需要消耗 12 元的轧辊，因此轧辊为生产一吨钢贡献了 12 元的功能，这种按照统计轧辊提供功能的计价方式就是功能定价。图 6-5 所示为功能定价类服务的价值创造机制。

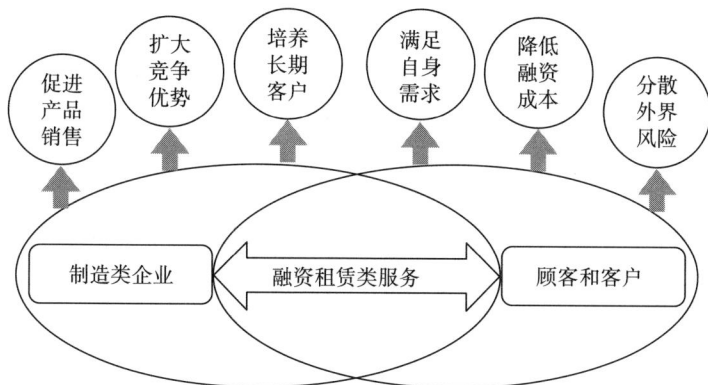

图 6-3 融资租赁类服务价值创造机制

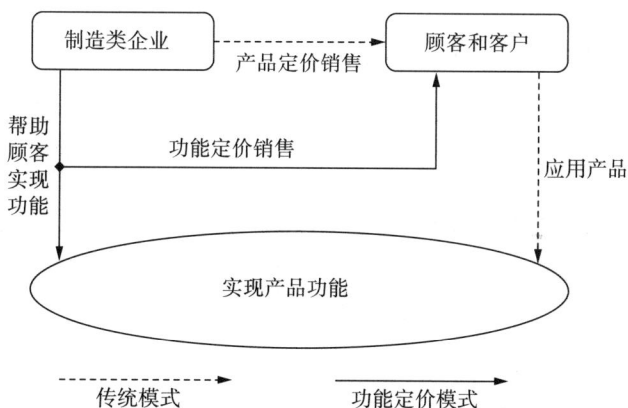

图 6-4 功能定价类服务传递机制

6.4.4 合同能源管理服务

产品金融服务模式在与能源相关的制造类行业中出现了特定的表现形式——合同能源管理。合同能源管理简称 EMC（Energy Management Contract），也可称为 EPC（Energy Performance Contracting），是一种以节省的能源费用来支付节能项目全部成本的节能投资方式。提供 EMC 服务的企业与用能单位以合同形式约定节能项目的节能目标，EMC 服务企业为实现节能目标向用能单位提供必要的服务，用能单位以节能效益支付节能服务公司的投入及其合理利润。这种节能投资方式允许用户使用未来的节能收益为工厂和设备升级，降低目前的运行成本，提高能源的利用效率。图 6-6 所

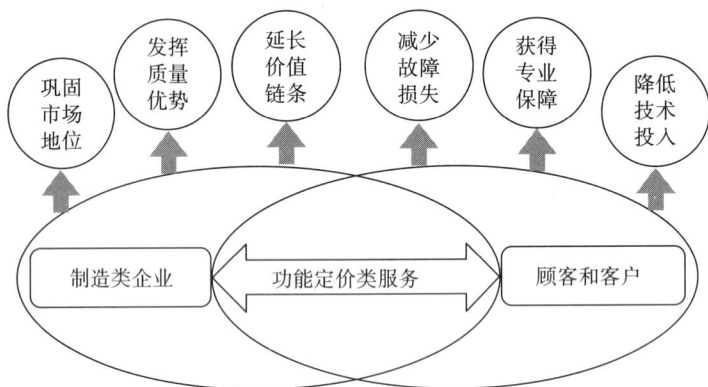

图 6-5 功能定价类服务价值创造机制

示为 EMC 模式的服务传递机制。EMC 广泛应用于以下八个重点高耗能行业，包括钢铁、水泥、冶金、焦炭、电石、煤炭、玻璃、电力行业。

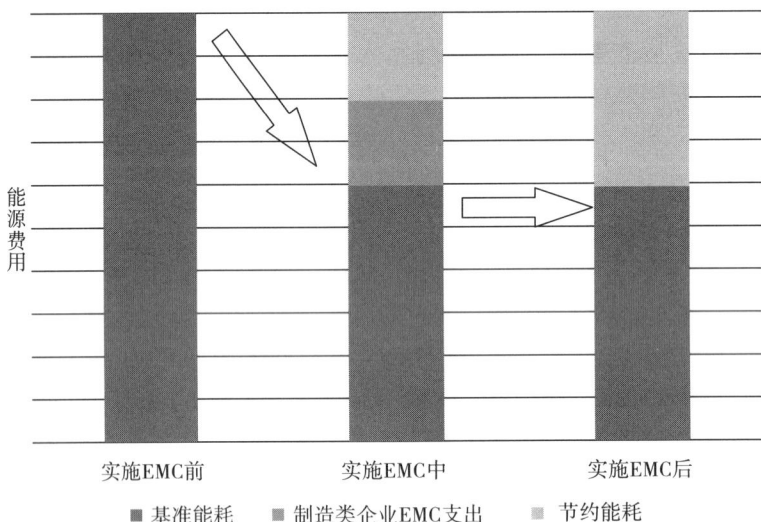

图 6-6 EMC 模式的服务传递机制

产品金融服务中的 EMC 不需要用能单位客户承担节能项目实施的资金、技术风险，并在项目实施过程中降低能源使用成本的同时，获得实施节能带来的收益。EMC 还能改善客户现金流，客户借助 EMC 实施节能服务，可以改善现金流量，把有限的资金投放在其他更优先的投资领域。EMC 可以使客户管理更科学，客户借助 EMC 实施节能服务，可以获得专业节能资讯和能源管理经验，提升管理人员素质，促进内部管理科学化，从而提升客户竞争力，帮助客户在实施节能改进的过程中，减少用能成本；同时还因为节约了能源，改善了环境品质，为客户建立了绿色企业形象，从而增强市场竞争优势。对提供 EMC 服务的节能服务企业来说，EMC 项目节能效率高，能够为客户提供更专业、更系统的节能技术和解决方案，并且可以向客户承诺节能量，保证客户可以在项目实施后即刻实现能源利用成本的下降。产生节能效益后，提供 EMC 服务的节能企业能与客户一起分享节能成果，从而取得双赢的效果。

6.4.5 特许经营权服务

在公共服务、基础设施建设和自然资源开发等领域，产品金融服务的具体表现类型为"特许经营权服务"或"特许权服务"，在国际融资领域一般称为"建设—经营—转让"（Build-Operate-Transfer，BOT）。BOT 是制造类企业参与基础设施建设，向社会提供公共服务的一种服务方式，具体是指政府部门就某个基础设施项目与私人企业或项目公司签订特许权协议，授予签约方的私人企业来承担该项目的投资、融资、建设和维护，在协议规定的特许期限内，许可其融资建设和经营特定的公用基础设施，并准许其通过向用户收取费用或出售产品以清偿贷款，回收投资并赚取利润。政府对这一基础设施有监督权、调控权，特许期满后签约方的私人企业将项目内的基础设施无偿或有偿移交给政府部门。图 6-7 所示为 BOT 项目服务传递过程和价值创造机制。

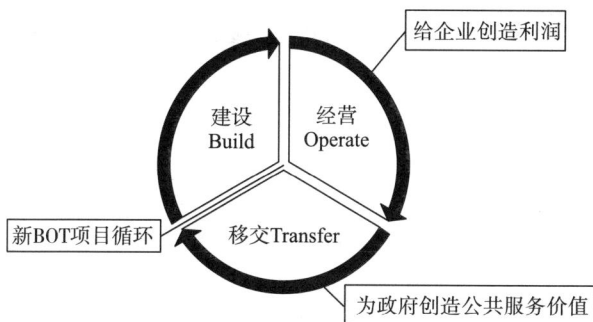

图 6-7 BOT 项目服务传递过程和价值创造机制

BOT 是最基本的模式，在模式的实际操作中，由于时间、地点、外部条件、政府要求及有关规定的不同，其派生演变出不少模式：①"建设—

拥有—经营—移交"模式（Build-Own-Operate-Transfer，BOOT），与 BOT 的区别在于 BOT 在项目建成后，特许权经营者只拥有项目的经营权而无所有权，而 BOOT 特许权经营者在特许权期内既有所有权也有经营权，因此采用的特许权期一般比 BOT 长；②"建设—拥有—经营"模式（Build-Own-Operate，BOO），该模式是特许权经营者建设并经营某基础设施，但特许权期满后无须移交给政府，可以继续经营；③"建设—移交"模式（Build-Transfer，BT），该模式是承建商在项目建成后以一定价格将项目资产转让给政府，由政府负责项目的经营和管理；④"建设—租赁—移交"模式（Build-Lease-Transfer，BLT），该模式是指承建商在项目建成后不直接经营，而是以一定的租金出租给政府，由政府经营，期满后将项目资产转让给政府；⑤"移交—经营—移交"模式（Transfer-Operate-Transfer，TOT），该模式是指政府将项目移交给特许经营者管理和经营，协议期满后经营者再把项目资产移交给政府。

BOT 融资模式的负债比例很高，一般为七成至八成，与此相对应的是，企业作为建设者的出资比例不高，一般为二成至三成。在这种情况下，通过产品金融服务模式的 BOT 类型就可以使企业节省投资，实现"小投入、大项目、高回报"的格局，并把节省下来的资金进行其他行业或者其他项目的投资。除了降低企业投资之外，BOT 类型还能使企业形成建造到运营的连续性和连贯性，便于企业进行管理和维护，为公众创造更稳定、更专业的公共服务体验。

6.5　相关案例

6.5.1　通用电气

通用电气（GE）是一家多元化的科技、媒体和金融服务公司，致力于为客户解决世界上最棘手的问题。该公司的产品和服务范围广阔，从飞机发动机、发电设备、水处理和安全技术，到医疗成像、商务和消费者金融、媒体内容和工业产品，客户遍及全球 100 多个国家和地区，在全球雇用了超过 32.7 万名员工。

作为一家传统的制造企业，通用电气早年的产品主要是工业产品，在经济萧条的冲击下，制造业的利润日益微薄，而当时作为产品附加的售后服务却有着惊人的利润率。时任 CEO 的韦尔奇看到这一趋势，推出了服务战略，确立了服务远景："21 世纪，通用既是一个销售高质量产品的公司，还是一个提供全球化服务的公司。"

通用服务战略最为漂亮的布局，当属通用的金融业务。

当初，通用电气涉足金融业更多是为了主营业务的市场销售而进行的业务创新，似乎有一定的偶然性。在 1929~1930 年的危机时期，随着投资者和消费者支出减少和失业增多，制造业的销售额和利润大幅下降，通用公司的状况也不例外。毋庸置疑，这种情况下，采用分期付款的赊销办法可以增加耐用消费品的销售额。于是，为了解决家用电器的销售问题，通用电气开始走上了这条道路，于 1932 年成立了通用信用公司（通用电气 CC）。通用电气信用公司刚开始的主要业务是为购置通用大型家电产品的消费者提供分期付款业务。这是通用电气从 20 世纪 30 年代到 50 年代的主要业务。

20 世纪 60 年代后期，由于银行及独立的财务公司也加入到分期付款等消费者信用市场，通用信用在巨大的生存压力下不得不努力开通新的金融市场。于是通用信用开始为机械设备提供经费，同时开始租赁设备，为贷款、租约、信用卡提供经费等。

20 世纪 80 年代，通用金融业务下的通用资本开始承做杠杆租赁、杠杆收购等业务，在美国国内排名靠前。通用资本公司涉足的通常不是全新的、独立的金融服务领域，而是通用原有产业的衍生领域。通用资本与通用其他制造业务的关系非常密切，通用资本提供制造业财务的咨询、融资租赁服务，为通用电气旗下其他子公司的客户（如航空公司、电力公司和自动化设备公司）提供大量贷款，以帮助这些子公司，为其与客户签订大宗合同铺平道路，同时也获得许多宝贵的产业资讯，以帮助母公司拓展业务。

随后，通用金融业务覆盖了从信用卡、计算机程序设计到卫星发射等多个领域，同时还是目前全球最大的设备出租公司，拥有 900 架飞机、188000 辆列车、759000 辆小汽车、12000 辆卡车和 11 颗卫星，它还拥有美国第三大保险公司。在金融管制大放松的背景下，金融部门利润占比从 1978~1997 年的 13% 增长到 1998~2007 年的 30%，资产占比也由 1980 年的 55% 迅速攀升到 2000 年的 95%。

然而在 2008 年全球性金融危机的冲击下，世界经济出现"大停滞"。

考虑到 GE 的金融业务被纳入 "系统重要性金融机构" 将面临更为严厉的金融监管及其对非金融产业（如航空和医疗）等可能造成的消极影响，2013年通用电气 CEO 伊梅尔特宣布考虑剥离金融业务，并最终于 2015 年 4 月决定退出绝大部分金融业务，仅保留与产品直接相关的飞机租赁和能源等金融业务，并提出在 2018 年将金融业务提供的利润从 2014 年的 42% 降低到10%，产业部门利润则由 58% 提升至 90%，并旨在通过简单化和高价值业务使其成为全球最好的基础设施和技术公司。

6.5.2 福田雷沃重工

福田雷沃重工金融业务是福田雷沃重工为促进工程机械、农业装备产品销售，实现公司战略发展目标而推出的一项以解决相关企业或个人融资难等问题为主要内容的金融服务，其业务重点在于解决代理商和终端客户在经营、购买福田雷沃重工实体产品过程中的融资需求，在整个实体业务销售中渗透率近 60%（2013 年），收入近 2 亿元，成为公司新的利润增长点。目前金融业务搭建了以汇银担保公司、汇银融资租赁公司为主体的金融业务平台，实现了福田雷沃金融业务的有效运营。汇银融资租赁公司创新经营，成为行业第一家战略性开展农业装备融资租赁业务的示范性单位，2011 年先后获得 "企业管理现代化创新成果" "中国融资租赁新生力量" 等荣誉称号。

福田雷沃重工自 2005 年开始进入金融业务领域，金融业务历经业务导入、业务提升、业务调整等阶段，已形成多元化的金融支持平台，搭建了完善的金融业务体系，满足了终端市场需求，有效地规避了宏观金融政策调整对业务的影响。目前，金融业务主要包括个贷业务、商贷业务、担保业务、中间业务、资产管理业务五大模块，涵盖按揭、融资租赁、库存融资、保险、担保等业务。2013 年公司将进一步加大金融资源开发力度，逐渐拓宽福田雷沃重工金融业务融资渠道，保障金融业务健康快速发展。

公司金融业务结合市场终端客户需求，本着精简、高效、实用的原则搭建了完善的金融产品体系，设计了个贷融、商贷融、信贷融、保贷融、资贷融五大类、50 余款金融产品，覆盖公司装载机、挖掘机、重型装备、农业装备等实体产品领域，搭建了光大银行、华夏银行、卓越租赁、招银租赁及汇银租赁等多元化的金融服务平台，并根据不同实体产品对金融产品进行差异化设计，以更好地促进实体产品销售。

据了解，购机用户在支付全车款的 20%~30% 后，可通过重工的融资租赁公司以远低于市场融资成本的利率对剩余车款进行筹款，将产品开回家使用，然后通过农机作业赚钱进行还款。另外，季度还息、年度还本的灵活还款方式是雷沃"租赁通"业务根据农业生产实际情况而做出的"特殊"政策，该政策充分考虑了农业生产过程中农机手资金流动快、回收集中的特点，让其在作业旺季资金流动大的情况下以较低的额度还息，在全年作业完毕资金回收的时候还本，这样一来就充分缓解了农机手的资金压力。

此外，福田雷沃重工针对雷沃工程机械特殊用户需求推出了"一对一"解决方案，如休眠还租、售后回租等金融产品，满足北方冬季地区和法人用户的特殊需求。还推出以旧换新金融产品，积极响应国家节能减排和建设低碳循环经济的号召。此类金融服务业务的推出，既提高了用户对福田雷沃重工的认可度，也极大满足了代理商和终端用户对金融服务的需求，提升了实体产品的竞争力。

多赢模式的金融业务不仅能让广大农机用户花小钱办大事，降低了投资门槛，对于企业来说，资金周转能力也得到了有效的保障，这样一来，企业也有了充足的精力和财力投入到产品研发上，优质的产品与系统的服务也就得以不断推出和完善。

6.5.3 卡特彼勒

如同汽车销售网络一样，卡特彼勒在全球的销售都是依靠当地的代理商网络，代理商对卡特彼勒的销售发挥着重大作用，卡特彼勒的全球化销售在逐渐完善的代理商网络下得以实现。

这种商业模式决定了代理商网络的建设情况将直接决定卡特彼勒公司的未来。20 世纪 80 年代，随着美国金融服务业的兴盛，分期付款的提前消费理念成为了美国潮流。同时，代理商急需一种应对措施来帮助客户解决购买大型机械设备时资金不足的问题。为了帮助代理商扩大销售规模，卡特彼勒公司于 1981 年成立了卡特彼勒金融服务公司，通过与代理商合作，向客户推出了以金融融资服务为基础的"一站式服务"的销售支持方案。所谓"一站式服务"，就是以方便客户为宗旨，承诺客户可以在任何一家卡特彼勒代理商的销售网点享受选购机器设备、融资、设备维护及提供原厂零备件支持等一系列的专业服务，实现一地解决。这种以产品为基础的金融服务对客户的吸引力很大。一方面，金融服务解决了一部分客户的资金压力问题；另一方面，融资解决方案服务减少的客户一次购买设备的大笔资金投入，转化为非固定资产形式的租金，有助于帮助客户改善财务报表。

在卡特彼勒全球销售实现过程中，卡特彼勒金融服务公司发挥了巨大的促销作用。1989~2004 年，卡特彼勒金融服务交货额占卡特彼勒集团设备销售收入的比重（即金融服务渗透率）逐年上升，从 1989 年的 16%稳步攀升至 2003 年的 85%，2004 年略降至 79%，目前基本维持在 80%上下。换言之，卡特彼勒集团全球设备销售中，有接近 80%的销售是通过卡特彼勒金融服务公司实现的。由此可以得出结论：卡特彼勒全球销售持续增长，很大程度上得益于卡特彼勒金融服务公司的巨大促销作用。

基于产品销售的金融服务模式实现了卡特彼勒与代理商的业务契合与利益共享。代理商不仅获得了来自卡特彼勒集团制造单元优异的产品供应，还通过卡特彼勒在代理商网点直接提供的融资解决方案服务促进了产品销售。随着卡特彼勒融资解决方案服务不断加深，代理商销售网络迅速扩张，推动了卡特彼勒全球化进一步深入。

6.5.4 陕鼓

陕西鼓风机（集团）有限公司（以下简称陕鼓）是中国设计制造的以透平机械为核心的大型成套装备的集团企业。陕鼓主要向石油、冶金、石化、军工等行业提供透平机械的问题解决方案和系统服务，目前的主要产品分为六类，包括传统产品中的轴流压缩机、能量回收透平装置、离心鼓和压缩机、通风机、汽轮机、通风机，同时陕鼓还将服务业务作为其主要产品之一。在重组西安仪表厂与西安锅炉厂之后，产品范围扩展到仪表、锅炉、特种车辆，这些产品广泛应用于石油、冶金、化工、空气分离、电力、化肥、城建、环保、制药、国防等领域。其主导产品轴流压缩机和能量回收透平装置属高效节能环保产品，曾三次荣获国家科学技术进步奖，并在 2004 年和 2005 年相继荣获"中国名牌"。

近年来，陕鼓调整其经营战略，通过创新商业运行模式，转变经济增长方式，市场份额不断扩大，取得了显著的经济效益。经过几年的高速发展，陕鼓的资金充裕，资信状况良好，拥有很高的资信评价（现已有中国银行、中国工商银行等 13 家银行给陕鼓综合授信达 200 多亿元）。同时，陕鼓在实践中发现，有些下游客户项目很好，却苦于短期内缺乏资金。陕鼓于是开始探寻一种将产业资源与金融资源系统整合的路径，希望形成共赢的合作模式与运作机制。考虑到用户企业不仅需要陕鼓的产品，更需要各种形式的融资服务，于是陕鼓提出了"金融企业+核心企业+客户企业"的三位一体的融资服务模式。三位一体的融资模式是指由核心企业（制造业产品及各种配套服务的生产者）与客户企业（制造业产品及各种配套服务的购买者）建立市场联系，引入金融企业（即商业银行）向客户企业提供贷款，配以核心企业向客户企业的回购机制，降低核心企业和金融企业的共同风险。考虑到客户的个性化需求，陕鼓针对不同客户提供不同形式的金融服务，包括"卖方信贷买方付息"融资模式、"陕鼓+配套企业+金融企业"委托贷款融资、"预付款+分期付款+应收账款保理"融资、网上信用证融资、法人按揭贷款融资、金融企业部分融资等 11 种融资模式。

这种模式的优点在于：对于金融企业来讲，通过取得总行批准的专项授信，扩展了金融产品范围，实现了在融资服务方面的业务创新；对于生产大宗装备制造产品的核心企业来讲，这一举措扩展了其产品市场，提升了企业的竞争力；对于用户企业来讲，则突破了原有的资金瓶颈，保证了创利项目的顺利实施，从而使金融企业、核心企业和客户企业实现三方共赢。

但是，不可回避的是相应的金融风险。陕鼓通过事先的风险评估机制来评判客户企业的信用状况和还款能力，并通过设备回购机制来实现风险应急。问题是，如果遇到客户赖账，贬值的设备又能挽回多少损失？设备回购是否能够有效实现？申请金融服务的客户一般是项目比较好、资金短期短缺的情况，所以陕鼓与客户签订的融资还款时间一般是 1~3 年，而设备的生命周期一般是 10 年。设备作为风险保底，只要客户尚未付完全款，其产权就属于陕鼓。一旦遇到客户无法还款的情况，由于融资都是分阶段还款，尚未归还的部分，陕鼓会把设备分拆送回去作为补偿。由于设备的生命周期远大于融资的还款时间，因此设备的剩余价值比已经使用的价值要大得多，检修后可以重新再利用，损失并不会很大。近年来，陕鼓累计为 10 家客户的 14 个项目提供了融资服务，实现订货 10.16 亿元。这既扩大了陕鼓的产值规模，提高了其主导产品的市场占有率；同时延伸了陕鼓的产品内涵，拓展了市场，强化了供应链的经营能力。产品金融服务也成了陕鼓新的利润增长点。

参考文献

［1］Basu P., Nair S. K. Supply Chain Finance Enabled Early Pay: Unlocking Trapped Value in B2B Logistics ［J］. International Journal of Logistics Systems and Management, 2012 (3).

［2］安筱鹏. 制造业服务化的路线图 ［J］. 中国信息界, 2010 (5): 18-21.

［3］陈广垒. 产融结合迷思之一: 通用电气为什么要剥离金融业务 ［EB/OL］. http://finance.sina.com.cn/zl/bank/2016-09-20/zl-ifxvyqwa3539218.shtml, 2016.

［4］黄林. GE 之路: 通用电气的服务战略 ［J］. 销售与市场 (管理版), 2010 (4): 88-91.

［5］李毅学, 汪寿阳, 冯耕中. 一个新的学科方向——物流金融的实践发展与理论综述 ［J］. 系统工程理论与实践, 2010, 30 (1): 1-13.

［6］姚晶. 供应链金融与融资租赁研究综述 ［J］. 合作经济与科技, 2017 (2s): 57-59.

7 产品运营服务

(赵美娜　黑龙江大学经济与工商管理学院；

王　晶　北京航空航天大学经济管理学院)

在全球化压力、环境压力、资源压力、高技术压力和客户个性化需求等的驱动下，一些制造企业逐渐剥离并外包一些非核心业务以降低生产成本，并通过将产品服务附加到物理产品上销售给用户以提升产品附加值，制造业呈现服务化趋势。同时，一些服务企业越来越倾向于向工业界渗透，为产品设计制造过程、产品流通和使用过程提供专业化与个性化服务，提升了产品制造和产品服务过程的专业化程度。制造业和服务业这两大产业体系逐渐呈现交叉化的融合趋势，在这一过程中产品运营服务应运而生。

7.1 产品功能分析与产品概念的扩展

7.1.1 产品功能分析

在经济新形势下，随着市场需求的转变和信息技术的快速发展，制造和服务有机结合为企业的发展带来了新机遇。在传统制造业中，企业的主要业务是生产和销售有形产品，服务业务只占很小的比重。随着经济的发展，大规模生产带来的规模效应越来越弱，产品之间的差距在不断缩小，如何在有形产品同质化现象越来越明显的市场环境中体现差异化是每个制造业企业需要考虑的问题。为此，GE 和 IBM 等一批制造业企业开始重视服务业务的开发，将服务业务融合到其有形产品中，不断提高服务业务的比重，形成差异化竞争，这种新的发展模式为企业带来了新的增长点。在此过程中，制造业企业产品的概念从原来的有形产品逐步扩展为面向客户的一系列服务，主要包括远程诊断服务、专业维修服务、备品备件管理服务、金融租赁服务与工程成套服务（见图7-1）。制造业企业在提供有形产品的同时，根据产品的特点和客户的需求提供不同服务，从而实现差异化竞争。

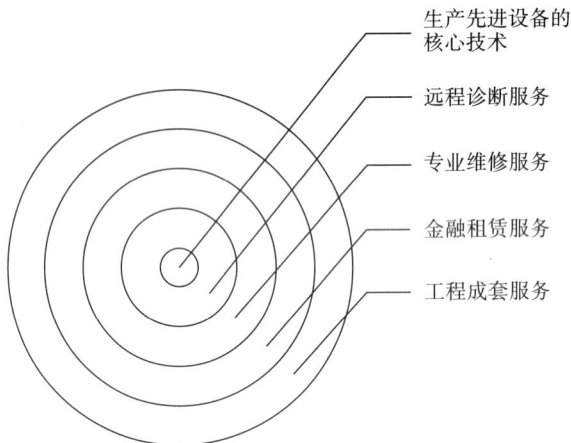

图中标注（从外到内引出）：
- 生产先进设备的核心技术
- 远程诊断服务
- 专业维修服务
- 金融租赁服务
- 工程成套服务

图 7-1　产品功能分析

（1）远程诊断服务。企业运用先进科技，如互联网、物联网、云计算、远程控制等，实现远程诊断服务。制造企业通过成立远程在线检测及故障诊断中心，对其所有运转中的设备进行实时监测，从而能够不断地获取设备的运行参数，并通过与专家系统建立联系，对数据进行分析，及时掌握设备的运行状况，对可能出现的故障进行预警，更为科学地对产品进行改进，从而使产品的性能更为优异，最大限度地避免突然使用中断。

（2）专业维修服务。随着专业化分工越来越细，客户企业原来自行组建维修、改造队伍的方式已经不能满足其自身发展的需要，对于制造企业来说，由它们来提供专业的维修服务有利于行业整体效率的提高。虽然不同的客户企业所面临的维修、改造问题各有不同，但是对于制造企业来说，由于面向的客户群体众多，所面临的问题就会有或多或少的共性，这就是协力。

（3）备品备件管理服务。其是指制造企业的业务从制造环节向交易环节拓展，具有天然条件和内在需求。因为工业产品交付需要专业知识来销售、配送、安装和维护，倘若由制造企业来提供这些产品和服务，有助于提升产品交易的便捷性，同时也有利于提高制造企业的竞争力。备品备件服务是指由制造企业专门成立备品备件库，一旦顾客企业的机组出现问题，可以马上为其提供备品备件。

（4）金融租赁服务。资金支持对大型装备制造企业的持续发展有重要意义，较高的投资门槛成为制约企业投资规模、生产能力和技术水平的主要障碍，金融租赁服务应运而生。制造企业通过开拓一条整合产业资源与金融资源系统的途径，和客户企业形成共赢的合作模式与运作机制，以共同满足市场、拓展市场、引领市场。

（5）工程成套服务。随着产业竞争形态的变化，客户企业需要的不仅仅是工业产品，而是基于一系列产品的功能整合，是一个能够创造价值的产品系统。在这一背景下，总集成、总承包、总服务成为装备制造业的重要发展方向，工程成套服务（又称工程总承包服务）就是其中一类重要举措。制造企业从市场调研开始，在产品开发改进、生产制造、安装调试、售后服务各个方面给顾客企业提供包括方案设计、系统成套供货、设备状态管理及备件零库存等在内的系统服务。

制造业向价值链两端的服务领域延伸，服务转型趋势日益明显，而转型的根本支撑便是制造企业生产各种先进设备的核心技术，转型必须建立在核心技术与产品之上，以此为圆心，将服务转型的"同心圆"不断放大。

7.1.2　产品概念的扩展

伴随着制造业服务化的深入开展，以及生产性服务业的兴起，企业间围绕服务型制造的合作深入开展，促使当代产品概念在产品全生命周期的视角下不断延伸和扩展。消费者最终获得的产品包含产品规划、研发、设计、制造、装配、销售、运行等一系列发展过程，这需要制造业与一系列生产性服务业共同合作完成，产品概念的扩展如图7-2所示。制造企业的生产性服务阶段是物理产品的规划、设计及形成的阶段，也包括产品运输流通阶段。从企业的角度分析，这个阶段的制造服务包括企业面向其他企业提供的生产性服务和企业接受其他企业或个人的生产性服务。企业发展生产性服务的目的是降低生产成本，同时，企业也可以提供对外的生产性服务，从而提高企业利润率。在产品服务阶段，企业向用户提供产品服务以提高服务品质，拉长利润链，最终目的是提高产品的价值增值能力和核心竞争力。企业通过向客户提供并完善基本服务，达到提高客户满意度、提高企业产品核心竞争力的目的。企业通过向客户实施转型升级服务，可加快企业发展战略的转型升级，提高服务在整个业务收入中的利润率。

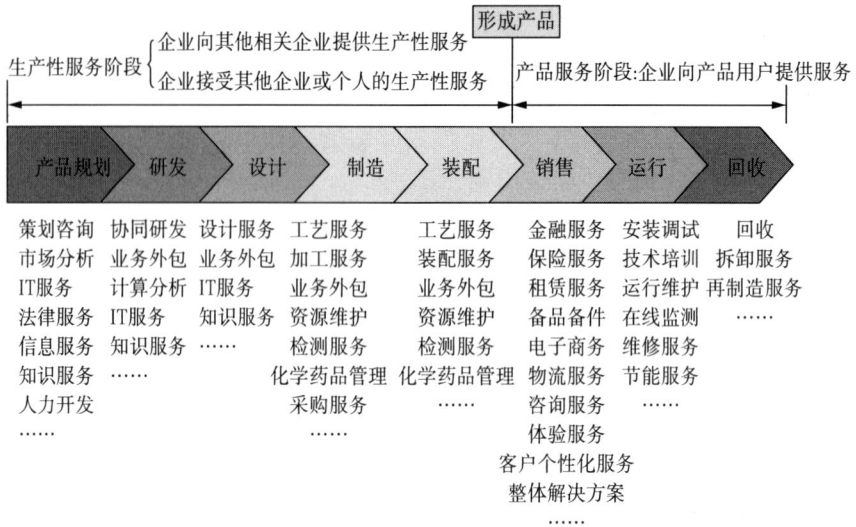

图 7-2 产品概念的形成

7.2 产品运营服务的发展与相关研究进展

7.2.1 产品运营服务的发展

Oliva 和 Kallenberg 基于产品制造商向服务提供商转型的过程，从企业与客户的互动及客户价值诉求视角，将服务分为四类：产品相关服务，如产品的售后服务等，保证产品运行；基于关系的服务，如维修合同服务，提升企业与客户的关系强度；基于过程的服务，如整体解决方案服务，提高客户产品整个使用过程的效用；运营服务，如合同能源管理服务，企业接管客户的运营活动。这种划分进一步拓展了运营服务这种新服务类型，而且首次从客户价值诉求角度进行划分。Gebauer 从生产阶段角度将服务分为三类：研发服务，指集成供应商产品及整体产品研发设计交付过程服务，包括交付过程的咨询、培训等；售后服务，指保障产品正常运行的服务；运营服务，指介入客户业务过程提供的服务。

随着制造业利润率的下滑及顾客对产品要求的提高，为了创造利润并提高顾客满意度，世界上越来越多的制造业企业不再仅仅专注于实物产品生产，而是开始探索除了销售产品外的一系列面向顾客的服务。服务环节在制造业价值链中的作用越来越大，为制造业企业创造了新的利润源，制造业服务化已经成为当今世界制造业的发展趋势之一。制造商产品运营的发展大体可以分为三个阶段：初级服务化模式——产品独立，服务为附带业务；中等服务化模式——服务有重要功能，服务与产品相互依赖；高度服务化模式——产品为辅助工具，服务独立。

在初级服务化模式中，产品为企业的主要盈利点，企业服务化的必要程度不高。例如，食品加工制造业的仓储服务、纺织业的物流配送服务、电视机附带的有线电视服务等，这些服务完全可以由其他专业机构提供，对于企业的盈利帮助不大。

在中等服务化模式中，服务能够提高产品的差异化与附加值，增加产品的销售量，企业的盈利点在于有形产品与无形服务的结合。例如，一些设备制造业为刺激消费者购买商品，除了销售产品外，还提供相关的技术咨询、技术支持和售后服务，以及向消费者提供分期付款、贷款、租赁服务等。

在高度服务化模式中，制造企业生产的产品仅仅是作为服务可选择的辅助工具，其盈利点主要在于服务产品，甚至有些制造企业不生产产品，只提供服务，其盈利点仅在于无形的服务利润。例如，很多电子游戏公司免费销售游戏，靠游戏里面的道具服务赚钱；苹果公司、耐克公司将产品制造业务外包给第三方，自己则专注于产品设计，其中苹果的应用商店服务、音乐服务贡献了公司大量的利润。

7.2.2　产品运营服务的相关研究进展

7.2.2.1　生产性服务业

Fritz（1962）提出了生产性服务业的概念，他认为生产性服务业是知识产出的行业。Greenfield 等（1966）提出，生产性服务是可用于商品和服务的进一步生产的非最终消费服务。Browning 等（1975）认为，生产性服务业主要包括金融、保险、法律、会计、管理咨询、研究开发、市场营销等知识密集和为客户提供专门性服务的行业。中国国家统计局将生产性服务业分为交通运输、房地产服务、商务服务、金融服务、信息服务和科研六个行业。上述定义的共同点是认为生产性服务是一种面向多个行业的生产过程的服务。生产性服务业的发展是从产业学的角度来分析的，是面向生产过程和流通过程的生产辅助服务。单纯地销售物理产品的利润率越来越低，只有提高产品的附加值，通过向用户提供更多的消费型服务，企业才能获得更多利润。

现代制造服务强调客户的个性化需求、交互与体验，企业采用现代计算机通信技术、信息技术、多媒体技术等，对产品全生命周期的生产活动进行辅助性服务，以提高产品质量，降低产品成本，提高产品附加价值，满足客户的个性化服务需求，从而提高产品和企业的核心竞争力。现代制造服务是面向制造业的产品生命周期服务，包括产品生命周期全过程中面向生产者及生产过程的服务和面向消费者及消费过程的服务。前者称为面向制造业的生产性服务，后者称为面向制造业的产品服务。

若干学者针对国内的制造服务业现状，提出了一系列发展模式与策略。他们指出，应从提高对现代制造服务业的认识、发展新型的网络服务模式、建设专业化技术服务队伍、搭建社会化技术服务平台和建立健全技术服务标准体系等方面推动现代制造服务业发展，分析了现代制造服务的三种典型运营模式——服务外包、制造商与服务商合作服务和制造商自营服务，提出从政府、服务企业、制造企业、高等院校或科研院所四个方面促进现代制造服务业的发展。也有学者指出，我国生产性服务业的发展应该选择重点产业与优势地域，引导生产性服务产业集群发展，鼓励创新，推进生产性服务业的内部结构升级，积极参与生产性服务业的国际市场竞争。

生产服务提供商模式是一种业务对象分布分散、服务集中的模式，其优势是能打破地域限制，企业通过生产性服务提供商提供的平台可较容易发现所需的资源，也可降低服务采购成本，快速完成企业的特定生产性服务需求。因此，制造企业可将非核心的业务外包给生产服务提供商，降低制造过程的成本，提高生产效率。生产服务提供商的商业模式表现有软件平台和实体平台：软件平台，如公共服务平台、应用服务提供商、软件即服务、云制造服务平台等；实体平台，如专业的科研院所、高等院校、专业的服务提供企业，如专业性的原材料采购服务企业、产品设计企业、制造企业、物流企业、化学药品管理企业等。

7.2.2.2 产品服务化供应链

Ren 和 Gregory（2007）提出，服务化就是制造企业以服务为导向，开发更多、更好的服务，从而满足客户需要，获取竞争优势并促进企业绩效改革。Mark Johnson 等（2008）首次提出了产品服务化供应链的概念，认为产品服务化供应链是产品供应链和服务供应链的混合模式，既包括产品流又包括服务流。黄群慧（2014）提出从"场所"或交易关系的角度来解释制造业服务化，可以划分为企业内部与外部的服务化，即服务在制造企业内部的功效被强化，有利于实现范围经济，在制造企业外部被分离出来，有利于获取规模经济，巩固制造业在产业结构中的主导地位。制造业服务化概念最早由 Vandermerwe 和 Rada（1988）提出，他们认为制造业服务化是制造企业开始以顾客为中心，所提供的产品从物品或物品与附加服务变为"产品—服务包"（物品+服务+支持+知识+自我服务）的一种转变，其中，服务居于核心地位，为产品增值、竞争优势的主要来源。

姜铸和李宁（2015））结合西安地区制造企业的 181 份样本数据，实证研究发现，服务创新与制造企业服务化程度对企业绩效有显著的正向影响，服务创新对制造业服务化有显著的正向影响。Andy Neely（2007）通过对 10827 家全球制造上市公司的主营业务进行统计，根据所提供的服务业务种类及数量来测度服务化水平，发现全球 23 个国家的制造企业中，中国仅有 1% 的制造企业具备其所列示的 12 种服务模式，远低于美国的 58%、德国的 35%。闵连星等（2015）利用经营范围分析法，根据 2013 年我国沪深两市 A 股上市制造企业数据，分析了我国制造业服务化的现状和特点，结果表明我国制造业上市公司整体服务化导入率很高，但不同企业提供的服务类型、所属的制造行业、注册地所在的区域、上市年限和上市板块不同，服务化程度也不同。Crozet 和 Milet（2015）通过对 1997~2017 年法国制造业数据的分析发现，大部分法国企业在销售产品的同时也会销售服务，服务化占企业业绩的比重逐步上升，但是速度在下降。刘斌等（2016）运用投入产出表、中国工业企业数据和海关进出口企业数据等合并数据，研究发现运输服务化、金融服务化、分销服务化的价值链提升效应作用明显，而电信服务化的价值链升级效应并不显著，并且制造业服务化通过垂直效应（产品质量）和水平效应（产品技术复杂度）提升了企业出口产品品质，资产专用性越高的行业，制造业服务化对企业产品升级影响越大。Xing 等（2016）以中国企业并购一些德国企业为例，探讨了新兴经济体的企业并购发达经济体的企业时服务化起到的影响和作用。李静雯（2016）系统总结了我国近年来制造业服务化的发展趋势及影响因素，指出我国的制造业服务化水平普遍不高，但装备制造业投入服务化程度有上升趋势，并且东部地区的服务化相对于中西部趋势更为明显。Mastrogiacomo 等（2017）研究了意大利企业制造业服务化的转型过程，并总结了这些企业服务化的比例与服务化的方法。

周大鹏（2013）借鉴生态位理论，构建了传统制造行业与服务化制造行业在一个经济系统内演化发展的数理模型，并用数值模拟法分析了制造业服务化演化机理及发展趋势。蔡三发和李珊珊（2016）从企业战略、投入服务化和产出服务化三个维度构建制造业服务化水平评估体系，应用改进的灰色关联分析方法确定指标权重和模糊评价矩阵，选取计算机及外围设备制造行业 25 家中美上市公司的 2014 年数据发现，中国样本制造企业服务化水平低于美国企业，产出服务化指标对服务化水平贡献最大。廖梦洁等（2016）基于服务化制造业集群知识共享过程中关系、利益与知识共享能力三方面的知识流并生风险，构建了基于 EBP（熵值法和 BP 神经网络法）的服务化制造业集群知识共享风险组合评价模型。冯庆华等（2017）将顾客作为供应链的决策参与者，根据自身效用最大化来选择是否购买服务，建立了以制造商为主导的 Stackelberg 博弈模型，将服务提供商单独提供服务和制造商与服务提供商共同提供两种情况下的最优决策进行比较，分析了制造商的服务模式决策。

7.3　产品运营服务对顾客的意义与价值

7.3.1　产品运营服务对顾客的意义

运营服务是指复杂产品集成商基于已有的产业优势，依托与客户长期合作积累的业务运营经验，介入到客户的业务运营过程所提供的各类服务的总称。能提供运营服务的集成商一方面具备了专业的业务运营知识，另一方面也与客户建立了长期合作关系，客户需要的已不是单纯的产品与服务，而更注重的是集成商提供的功能，更加聚焦效用。运营服务主要表现为运营解决方案，如陕鼓提供节能项目合同能源管理服务、能源基础设施运营服务。运营服务与集成服务不同，集成服务更偏重于硬件产品集成，且基于集成商或者其上游供应商的产品进行集成，而运营服务更偏重于在硬件产品基础上提供运营服务，其硬件产品可能是集成商提供，也可能由其他集成商提供。复杂产品集成商在传统的制造领域与相关的企业竞争激烈，为了增强竞争优势、提高获利能力，在提供复杂产品的基础上，积极拓展运营服务，使运营服务成为企业新的业务增长点。

许多制造企业在不断地探索服务化转型的模式，其本质上就是在不断挖掘其产品的"使用价值"。而"产品+运营服务"就是制造业服务化转型的模式之一，这种模式对于顾客企业的意义和价值不容小觑。根据产品运营服务的各种类型，它们对顾客的意义和价值也有所不同。其中，当为用户提供设备远程诊断服务时，通过享受制造企业提供的全过程、全天候的远程监测服务，客户企业所购买的设备一旦运行出现问题，便可以接收到诊断服务专家提供的及时、有效的诊断服务，降低诊断维护投入，以享受诊断服务专家提供的更加优质的产品和售后服务，有助于与同行之间加强沟通和交流，实现知识和经验的共享。

装备制造企业制造的产品通常是顾客企业生产过程中的重要组成部分，同时，此类产品大多属于大型的高端技术产品，维修过程复杂，在运行过程中一旦出现故障造成停机，就会对顾客企业造成巨大损失。因此，许多顾客企业为避免这类现象发生，通常需要雇用大规模的维修队伍，导致了大量的成本。如果由生产企业提供专业化维修队伍，客户企业则不再需要长期雇用专业的维修人员，从而降低了人力成本。并且制造商提供的维修队伍专业化程度高，维修经验丰富，维修速度快，提高了设备维修的效率，降低了故障带来的损失，因此满足了客户需求并提高了顾客满意度。

对于顾客企业来说，最需要避免的就是由于设备故障而造成的停机，因此备品备件管理服务至关重要。顾客企业一般需要储备一些易损的部件作为备品备件，以便出现问题及时更换，但这就导致客户企业资金占用量大、备品备件不易保管等问题。制造企业提供专门的备品备件库，实际上是对用户的资源进行了优化整合。对客户而言，降低了客户企业备品备件的库存成本，减少了资金占用和保管费用，还能够随时得到需要的备件，保证了客户企业生产的连续性。

制造企业根据不同客户企业的融资需求，为其订制不同方式的融资服务。对于制造企业来讲，提供融资服务能够扩展其产品市场，提升竞争力，而对于客户企业来讲，合适的融资模式能够突破原有的资金瓶颈，保证创利项目的顺利实施。而对于不同客户的信用状况，制造企业会事先引进风险评估机制和设备回购机制来应对风险。

大型设备的安装是一项复杂工程，顾客企业在购买设备之前，通常要先选择合适的厂址，规划并修建基础设施，然后才能购买。对于一些经验不足的顾客企业来说，这个过程耗时耗力，且不一定能取得满意效果。制造企业和客户企业不同，制造企业拥有丰富的制造与安装经验，若由它们提供系统的产品解决方案，即"工程成套服务"，对于客户企业而言，好处之一是不需要进行专门的项目管理，管理由产品制造企业提供的专业化管理队伍完成，协调量大大减小；好处之二是可以控制项目投资和投资周期，因系统不配套、实施经验不足而造成的成本上升和周期难以控制等问题能够得到有效解决。

7.3.2 产品运营服务中的顾客价值形成过程

运营服务的特征表现为以购买产品为基础，是针对产品运营提供的服务，因此只有购买了产品的客户才会成为运营服务的潜在客户。提供运营服务的可以是原产品提供商，也可以是第三方的提供商，客户不使用原产品提供商提供的运营服务，转而使用第三方的运营服务时，需要支付转移成本。客户分别从不同集成商采购产品与运营服务比从一家集成商采购产品与运营服务会花费更多的关系维系成本和管理成本。客户是复杂产品交付的对象，是市场的主体，其参与产品的研发、设计、生产、交付过程的重要性已越来越受到重视。越来越多的企业都鼓励客户参与企业的生产过程，以提高竞争能力与绩效。复杂产品具有定制性，针对客户提供的产品都具有一定的创新性，在产品的生产与交付过程中需要更多的客户参与。

产品与服务的交付是服务提供者与客户的互动过程，客户参与推动了这个互动的过程。客户参与能缩短新产品与服务的生产与交付周期。客户参与能提高企业的竞争优势，客户参与对产品的配送、质量、生产效率、客户服务都会产生积极影响。客户参与企业的技术创新能提高企业的创新绩效。客户参与能够提高产品技术质量，提高创新速度，提高销售绩效与竞争优势，带来合作收益。客户参与能更好地满足客户的多样化需求，共同创造新的价值，建立更好的合作关系。

交付过程是企业与客户知识交互的过程，双方知识的差异性能够提高知识的利用率；知识吸收能力能有效促进知识的获取与转化，真正地推动产品创新，提升创效效率，创造更高的创新绩效。企业与客户的创新合作有利于提升知识获取能力，帮助企业更有效地获取外部知识，提升知识获取能力，提高开放式创新绩效。企业与客户的合作创新会带来更高的创新绩效，进一步提升各自的知识转化能力，同时也将根据各自知识水平获得差异化的创新收益。复杂产品集成商在传统的制造领域与相关的企业竞争激烈，为了增强竞争优势、提升获利能力，在提供复杂产品的基础上，积极拓展运营服务，使运营服务成为企业新的业务增长点。

7.4 产品运营服务的服务传递和价值创造机制

7.4.1 产品运营服务的服务传递机制

产品运营服务模式是一种制造商、用户和服务商合作服务的模式，是制造商自营与制造服务提供商相互结合共同完成制造服务的模式。模式基于特定的目标和利益，建立在信任与合作机制基础上，通常是为了降低成本、增强信息共享、改善相互间的交流、保持彼此间合作的一贯性等，以产生更大的竞争优势。通过多主体的合作服务，可以实现企业与服务提供商资源、技术、能力方面的整合与管理，利用资源技能库的互补优势为制造商提供更加优质的服务。面对制造企业生产中的多种生产性服务需求，采用集成运营模式，制造商的合作网络关系会变得庞大而复杂，因此要求制造企业具有较高的管理水平。另外，该模式的运营对建立信任与合作机制要求比较高，机制健全是实现合作服务的重要保障。所以，采用该模式的制造企业必须要加强企业的信任与合作运营机制建设。

服务传递过程是指将后台的无形资源和有形资源通过特定的处理加工，输出成前台的无形服务和有形产品交到顾客的手中。服务传递模式是一个体系，它包含了前台服务和后台服务两个部分。该体系描绘的对象是服务过程。它要求企业能够确认自身的生产经营状况和所应用的资源情况，从而为企业提供有别于竞争对手的服务战略。服务传递的核心是将服务从提供方有效地交付给接收方（见图7-3）。

对于实施服务化转型的制造企业而言，其服务传递机制与传统服务企业的服务传递机制并不完全相同，总结来说具有以下几点原则：

在生产运作方面，制造企业的服务传递模型在传递过程中不仅仅关注于如何提高顾客价值，而是着眼于如何实现从产品生产、产品交付到产品维保等产品全生命周期中各个环节上的价值，实现顾客价值与企业价值的双赢。

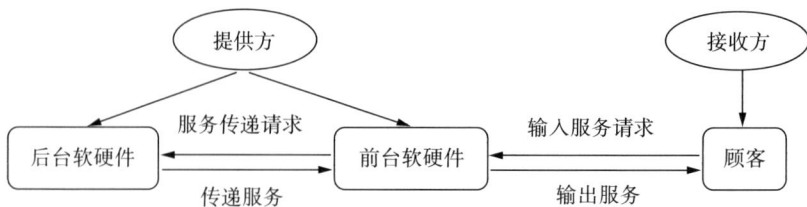

图7-3 服务传递模式

按照顾客需求准确识别服务要素。制造企业要实施服务战略转型，就要在产品全生命周期中识别顾客所需的服务要素，以此为前提来开发不同的服务能力，构建制造服务能力知识库，确保各个服务能力协作接口的规范化，进而使各模块实现即插即用的能力，同时各能力模块要根据顾客的需求实现快速的配置、重构和运作。

注重信息反馈与修正。整个服务传递的运作过程不仅仅是由制造企业到顾客企业的单向传递，顾客企业作为服务的接受者，享有评价该服务的权利，形成顾客企业到制造企业的反馈渠道，如此循环往复，形成动态的服务传递过程。根据上文所述的产品运营服务的关键服务类型，以及服务传递模型构建原则，构建出制造企业提供产品运营服务的服务传递模型，如图7-4所示。

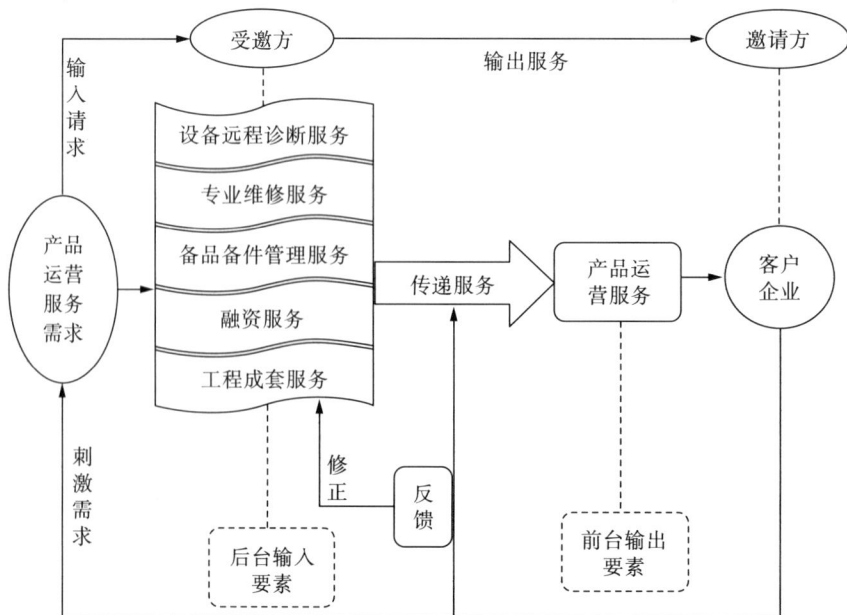

图7-4 产品运营服务的服务传递模型

7.4.2 产品运营服务的价值创造机制

传统制造企业通过实施产品运营服务，摆脱了原有的将市场需求作为外生变量、被动应对市场变化的生产运作模式，顾客可以参与到产品系统的构建过程之中，充分整合分散的制造和服务资源，促进制造企业提供符合顾客需求的、覆盖产品全生命周期的系统解决方案，从而实现企业价值和顾客价值的双重提升。产品运营服务主要通过基于产品效能提升的增值服务、基于交易便捷化的增值服务和基于产品整合的增值服务来创造价值，其价值创造机制主要体现在信息实时获取并共享，优化整合用户资源，产业与金融资源系统有机整合，以及提供专业化系统解决方案。

7.4.2.1 信息实时获取并共享

在信息化时代，掌握及时、海量的有效数据对一个企业来说至关重要。制造企业构建远程监控平台，可以作为与顾客企业信息交流与共享的平台。制度企业可以通过该平台对产品的运行状态进行实时检测，掌握设备运行情况的第一手信息，从而能够及时、全面地了解出厂设备的使用及运行情况，根据运行情况的不同给客户企业提供不同的售后服务，由此提高其售后服务能力，增加制造企业的经济效益。

7.4.2.2 优化整合用户资源

制造企业提供的备品备件管理服务实际上是对用户的资源进行了优化整合。由于产品的系列化程度高，零件差异性小，所以制造企业只需要储备通用备件即可。即使个别备件未储备，也可以利用远程监控诊断平台提供的诊断信息提前准备。所以，制造企业的备品备件库只会占用少量库存，同时还能够通过销售或出租备品备件获得更大的收益，从而抵消库存成本和资金占用。而且，制造企业提供备品备件可以有效解决顾客企业资金占用和库存成本高的问题，制造企业可以借此稳定客户资源。

7.4.2.3 产业与金融资源系统有机整合

融资服务的价值创造机制在于，对于制造企业而言，这一举措可以扩展其产品市场，扩大其产值规模，延伸其产品内涵，提高其主导产品的市场占有率，强化其供应链的经营能力，提升企业的竞争力。维修服务市场是一个利润丰厚，且在设备使用期间肯定会存在的高端市场，有时所获利润甚至高于生产、销售一台新设备的利润。制造企业提供专业化维修改造服务，这一举措实现了制造企业与顾客企业的双赢局面。顾客企业不需聘用维修人员，降低了人力成本，而制造企业的维修团队面向的顾客企业众多，可以从中找到顾客企业所遇问题之间的共性，对同一性质的问题一起击破，与顾客企业间形成协力，有利于行业整体效率的提高。同时，制造企业也可以选择将部分低端维修服务业务外包，根据附加值及顾客企业的实际情况来做市场最需要、自己最擅长的部分，满足了顾客企业的需求，并提高了顾客满意度，从而创造出更大的价值。

7.4.2.4　提供专业化系统解决方案

在当前整个工业流程完整项目的建设中，客户的关注点不再是单个设备的好坏，而是整体项目最终功能的实现，专业化系统服务也已成为新的消费趋势。能够充分整合社会资源、为客户提供专业化系统解决方案的制造企业，势必能够抢占市场先机，提高市场竞争力，这有利于制造企业增强获得订单的能力，扩大其供货范围，从而获得更大的收益。

7.5　产品运营服务模式案例

7.5.1　同方节能

同方节能工程技术有限公司（以下简称同方节能）是同方股份有限公司（SH600100）旗下全资子公司。同方节能是中国致力于热泵空调产业发展的引航者，在 20 年内实施热泵项目超过 2.43 亿平方米，现已成为国内一流的建筑节能方案提供商、产品供应商及能源投资运营与节能综合服务商，业务涵盖工业生产及建筑环境等诸多节能领域。同方节能拥有 30 多项专利技术，根据这些技术，同方公司开发出吸收式热泵、蓄能热泵与水地源热泵。吸收式热泵是基于余热热泵技术研制开发出的一系列产品，主要应用于工业生产及工业余热转化为民用领域。通过消耗少量的高品位热源从低品位的余热中吸收热量提升到可以应用的中品位热能。蓄能热泵是由同方节能公司与清华大学空调教研组合作开发的，同方节能依靠蓄能空调成套技术的优势，以及蓄能设备的传热机理研究，在国内率先开发出金属盘管和组合式蓄冰槽。水地源热泵是一种利用地下浅层地热资源（也称地能，包括地下水、土壤或地表水等）的既可供热又可制冷的高效节能的空调系统。同方公司设计的水地源热泵结合中国实际国情设计，设计采用独立的模块化思想，可靠性高，为用户最大限度节省宝贵的水资源，降低了运行费用。

7.5.1.1　产品运营服务的表现形式

同方节能在项目实施方面采用国际上最先进的商务模式（EMC & BOT），为客户提供一站式、全过程、多元化的综合节能减排解决方案，体现了其产品运营服务的实施与开展。

第一，EMC 模式。EMC 也可以称作 EPC（Energy Performance Contracting）。具体来说，EMC 是一种以减少能源费用来支付节能项目全部成本的节能投资方式，这种节能投资方式的用户使用未来的节能收益进行节能改造和设备升级，以降低目前的运行成本。节能服务合同在实施节能项目的业主（用户）与专门的节能服务公司（Energy Service Corporation，ESCo）之间签订。节能服务公司根据用户的需求，为用户提供节能方案，包括设计、材料设备采购、节能改造施工和能效运行监测等一系列服务。当节能服务公司为用户提供节能改造的全过程服务成功后，节能服务公司与用户双方分享节能改造节约的成本或带来的收益。EMC 模式执行的一般步骤如图 7-5 所示。

第二，BOT 模式。BOT 是英文"Build Operate Transfer"的缩写，中文译作"建设—经营—移交"。该模式中，地方政府通过特许权协议授予同方节能一定期限的特许经营权，许可其融资建设和经营特定的城市公用基础设施，并准许其通过向用户收取费用或出售产品以清偿贷款、回收投资并赚取利润；特许权期限届满时，该基础设施无偿移交给政府。同方节能BOT 模式的一般操作流程如图 7-6 所示。

7.5.1.2　价值链与利润创造分析

对于 EMC 模式，节能改造工程的全部投入和风险由同方节能承担，经双方共同确认节能率后，在项目合同期内，双方按比例分享节能效益。对于同方节能公司来讲，利润来源主要是节能效益的分成。EMC 项目的收益模式一般如图 7-7 所示。

对于 BOT 模式，工程的各项成本与风险由同方节能公司承担，公司的利润来自项目运行过程中产生的利润。BOT 项目的收益模式如图 7-8 所示。

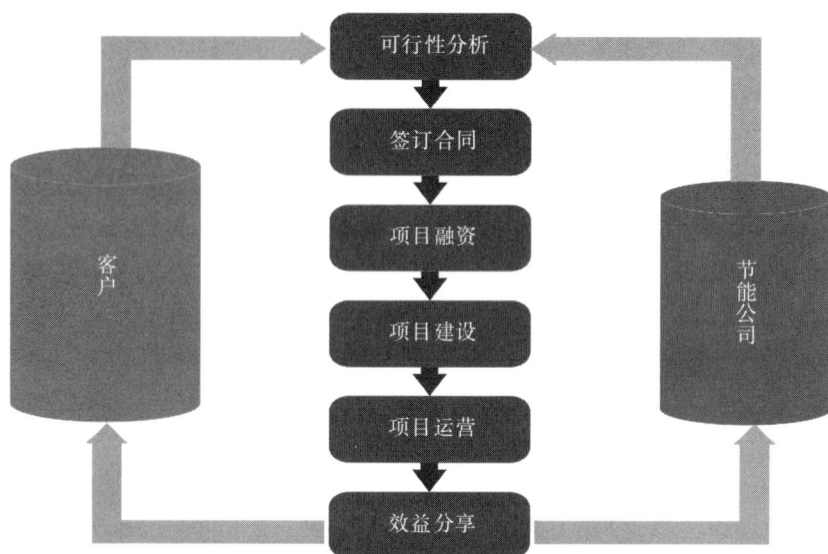

图 7-5　EMC 模式执行步骤

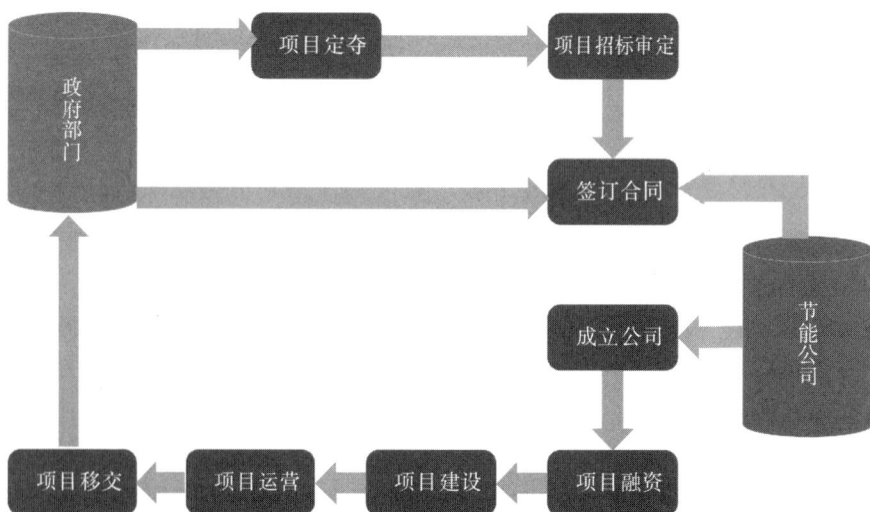

图 7-6　同方节能 BOT 模式

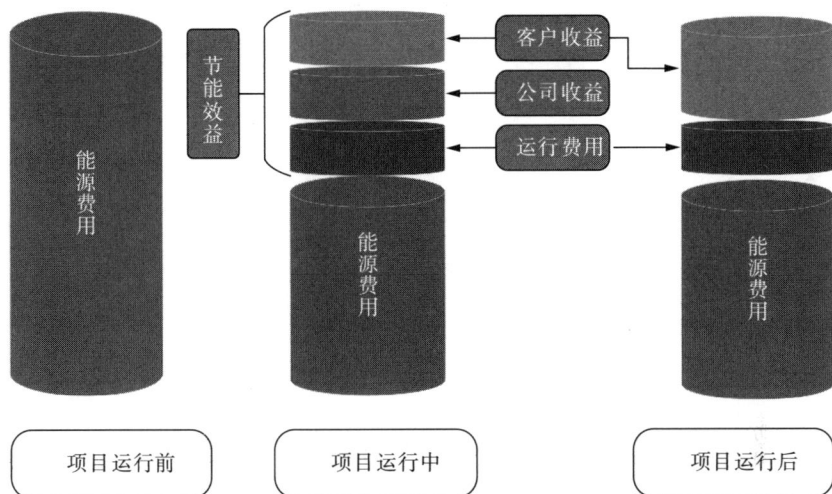

图 7-7　EMC 收益模式

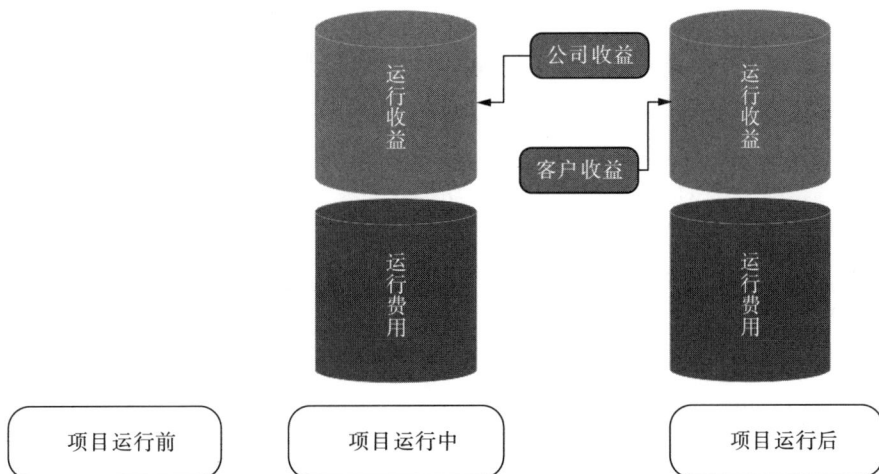

图 7-8　BOT 收益模式

7.5.2　中钢邢机

中钢集团邢台机械轧辊有限公司（以下简称中钢邢机）始建于 1958 年 8 月 16 日，是中国政府投资兴建的国内第一家专业轧辊生产企业。目前中钢邢机产出规模位居全球第一，拥有全球最丰富的产品生产线，产品范围覆盖了棒材、线材、管材、带材、板材、型材等所有黑色金属和铝材、铜材等有色金属轧制生产线，拥有世界上最完整的铸钢、铸铁、锻钢三大系列的热轧板带、冷轧板带、大型型钢、线棒材、异型材等九条现代化轧辊生产线。

7.5.2.1 中钢邢机的产品运营服务模式

中钢邢机的产品运营服务模式表现为其所实施的功能定价、全线总包模式。功能定价、全线总包模式的具体实施过程是轧辊的所有权归中钢邢机所有，中钢邢机的技术和营销人员到钢铁企业依据企业的实际需求进行全线的配辊，按照生产过程中轧辊的消耗量收取费用，同时技术人员提供全程的检测和跟踪服务。"功能定价，全线总包"的终极目标是将钢铁企业车间全线承包，租赁使用钢铁企业设备，弱化钢铁企业的作用，实现对轧辊市场的占领和垄断。中钢邢机能够生产所有的轧辊，并且配套更合理，可以全线跟踪指导，具备了实现"功能定价、全线总包"的基本条件。中钢邢机推出的"功能定价，全线总包"的新模式是建立在雄厚的企业实力基础上的，是企业技术优势、产品优势、管理优势和人才优势的集中体现。轧辊如何使用与使用效果存在直接关系，因此钢厂需要技术服务，通过专门的设备和技术进行技术测量。目前也有专门修复轧辊的企业，但由于技术能力有限，主要针对中小企业。而中钢邢机的功能计价、全线总包的细分市场定位为国内大型高端企业。"功能定价，全线总包"要根据用户的实际需求进行轧辊的设计和配置，需要企业具备强大的综合实力。同时，钢铁企业将整条轧线进行外包，钢铁企业也将面临较大的风险。这也需要提供全线总包服务的企业具有强大的实力和良好的声誉。中钢邢机具备生产轧辊最全面和最完整的生产线和最先进的技术，拥有全球最领先的设备和检测仪器，以及多年积淀的技术和研发人员丰富的经验，这是实现"功能定价，全线总包"的必要前提。功能定价的新模式和旧模式对比如图7-9所示。

"功能定价，全线总包"是中钢邢机应对市场竞争的一种新型的竞争模式和营销手段。中钢邢机销售轧辊原来是按吨计价，例如2009年轧辊的价格是每吨1万元。钢铁企业购买轧辊是用于轧钢，功能定价是将钢铁企业生产每吨钢消耗的轧辊统计量转化为价格，例如轧钢线产出一吨钢需要使用48个轧辊，根据这48个轧辊的消耗量计算成本，即如每吨钢消耗轧辊0.8千克，折算为成本是12元。钢铁企业生产一吨钢需要消耗12元的轧辊，因此轧辊为生产一吨钢贡献了 12 元的功能，这种按照统计轧辊提供功能的计价方式称为功能定价。功能定价外在表现为计价方式的改变，但实质上是企业由提供产品到提供服务的转变，是中钢邢机由专业化提供轧辊转向为钢铁企业提供配套服务。过去轧辊按吨卖，在价格战的形势下，中钢邢机轧辊质量好的优势无法体现，若转化为按功能卖，则能够体现中钢邢机的技术优势和质量优势。

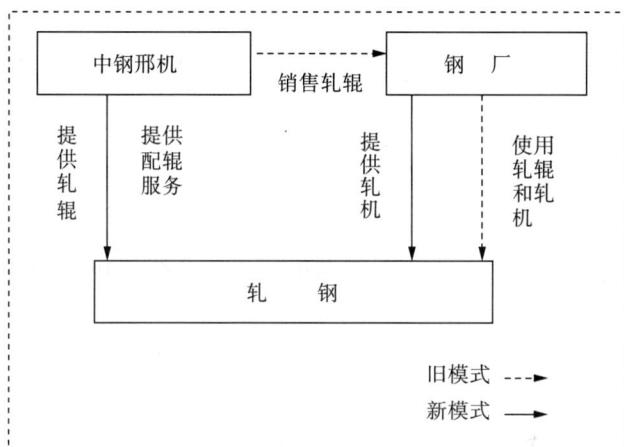

图 7-9 旧模式和新模式的区别

7.5.2.2 中钢邢机产品运营的经济效益

第一，减少成本和资源投入。中钢邢机以功能定价为标志的服务化转型实现了企业从以产品为导向的产品服务系统向以使用为导向的服务系统的过渡，这将为企业带来减少资源消耗和降低成本等经济效应。Neely（2007）提出了服务化的四种选择，分别是整合导向的 PSS、产品导向的 PSS、服务导向的 PSS 和结果导向的 PSS。中钢邢机长期以来是在向钢厂销售轧辊的基础上提供附加服务，如安装和维修等，这属于产品导向的产品服务系统，即中钢邢机提供产品附加服务，产品仍然是主要的收益来源。功能定价的模式实施后，中钢邢机使用自己的轧辊为钢厂轧钢，提供服务的同时也提供轧辊，但本质上是提供一种为钢厂轧钢的服务，服务已经处于主导地位，因此是一种面向使用的产品服务系统。在中钢邢机向钢厂提供服务时实现了与钢厂的资源共享，中钢邢机负责轧辊的安装和使用，钢厂提供轧机。

中钢邢机的这种面向使用的服务化战略减少了资源的消耗，降低了生产成本。由于轧辊属于消耗品，工作层很薄，需要及时地磨削和更换。钢厂的轧钢线产出一吨钢一般需要使用48个轧辊，可见轧辊在轧钢过程中使用量很大。中钢邢机在功能定价的这种模式中，保留轧辊的所有权，实现了轧辊的重复利用，并且能够有效地利用废辊，节省轧辊的生产成本。同时，由于轧辊生产也是高能耗、高投入的生产方式，中钢邢机由以销售轧辊产品为主向以利用轧辊提供轧钢服务为主进行转变，企业在生产方式上发生了重大变化，投入的能源和原材料将会大幅度减少，这对于传统的制造业转型意义重大。

制造业服务化主要的内部因素之一是提高企业利润。服务能够为企业带来高额利润和稳定的收入。制造企业增加值的绝大部分都由以知识为基础的服务产生。Oliva（2003）指出，制造业企业把服务整合到其核心产品提供物中的经济理由是企业相当多的收益来自于产品整个生命周期的顾客，服务通常比物品能产生更高的利润，服务提供了更为稳定的收益来源。因此，制造业可以将服务化作为提高企业利润的重要途径。

第二，提升竞争优势。中钢邢机的服务化转型能够提升企业的竞争优势，实现差异化，促进传统制造业竞争格局的转变。由于中钢邢机的"功能定价，全线总包"模式需要企业具备特定的组织结构和技术人员等核心能力，因此这将对其他企业的进入和模仿形成壁垒。根据迈克尔·波特的价值链理论，价值链是由基本活动和辅助活动构成的，基本活动一般易于模仿。中钢邢机作为一家专业化生产轧辊的企业，企业的基本活动就是制造轧辊，而这种加工制造环节容易掌握，目前国内存在若干家生产轧辊的中小型企业，这也导致长期以来轧辊行业一直是以价格竞争为主。企业的辅助活动在制造业中将表现为在制造基础上提供的相关服务，包括设计、研发和售后服务等，不易模仿，因此将为企业带来差异化竞争优势。Oliva（2003）认为服务具有难以模仿的特点，因而是竞争优势的持续来源。

中钢邢机的功能定价模式实现了由提供产品到提供服务的过渡，依据顾客的需求进行配辊，并且逐步向依据客户的需求设计和生产轧辊方向发展，这可以使企业与竞争对手进行区分，通过服务增强企业的竞争优势。目前，中钢邢机的功能定价模式正处于发展的初级阶段，存在极大的发展空间。中钢邢机通过提供功能定价这一模式，改变了轧辊行业的以价格竞争为主的格局，中钢邢机将通过提供差异化的服务锁定客户，保持与客户长期的合作关系，提高收益。

第三，创新效应。中钢邢机的服务化转型有利于企业创新，促使企业进入良性的发展循环。熊彼特（1912）的创新理论指出，创新是不同要素的组合，即生产要素的重新组合，而创新也是企业获得利润的源泉。中钢邢机的功能定价模式本身就是一种创新，中钢邢机与钢厂的合作是一种生产要素的全新组合，在这种模式下中钢邢机将投入更多的技术和人力资本。中钢邢机根据顾客需求进行轧辊的安装和使用，同时技术人员现场跟踪监测，在这个过程中中钢邢机能够及时发现轧辊使用中的问题，了解客户需求，同时为新产品的设计和开发提供方向，促进企业的产品创新和服务创新，进而为客户创造更多的价值。传统的制造业往往关注如何降低成本，而忽视了客户的需求。中钢邢机提供的功能定价模式属于以客户使用为导向的产品服务系统，根据客户的需求进行产品的设计和改良，通过客户的需求不断促进企业创新，增强企业的核心竞争力。

创新是保证企业具备动态能力的关键，中钢邢机通过功能定价实现的服务化转型能够促进企业不断创新，进而增强企业的动态能力。动态能力是企业整合、构建和重新配置企业内外能力，以适应快速变化的市场环境的能力。优势市场环境和顾客的需求是复杂多变的，因此企业要想在竞争中长期处于不败之地，不仅需要具备企业在长期的经营过程中累积的知识等核心能力，关键是需要不断随外部环境的变化进行资源、组织和功能的整合，形成一种动态的能力。在没有实行功能定价模式的情况下，中钢邢机与钢厂只是签署单纯的轧辊销售合同，旨在实现轧辊的所有权转移，双方谈判的焦点仍然是价格。关于轧辊的选择和如何为轧机配辊主要由钢厂决定，中钢邢机不参与钢厂的产品生产和制造，虽然能够提供安装等基本的附加服务，但是中钢邢机的技术人员并不了解轧辊在轧钢过程中的状态和变化。通过功能定价的模式，中钢邢机将与钢厂建立长期的合作关系，负责钢厂整条轧钢线的轧辊供应，其中涉及轧辊选择和合理配置，以及轧辊的磨削等具体工作，中钢邢机了解不同类型轧辊的特点和性能，能够解决买卖双方信息不对称的问题，并且有专业的技术人员全程跟踪指导。中钢邢机与钢厂由原来的买卖关系转变为一种合作关系，在轧钢设备的使用上体现了共享的形式。

第四，外部效应。中钢邢机是中国轧辊行业的领军企业，由于其强大的生产能力和较高的市场占有率，在中国轧辊市场中具有举足轻重的地位。中钢邢机通过功能定价模式进行的服务化转型将在国内制造业中起到良好的示范效应，引领轧辊行业生产方式的变革。中钢邢机功能定价模式具有显著的外部效应，具体表现为环境效应、就业效应和产业升级效应等。长期以来，中国制造业以高投入、高能耗、低产出为特点的粗放型生产方式一直制约着中国制造业的长足发展，目前中国制造业已经进入转型的关键时期，目标是实现由制造大国向制造强国的转变。中钢邢机通过功能定价实现了由原来卖"产品"到卖"功能"的转变，中钢邢机的轧辊生产量能够得到有效控制，完全根据用户需求进行生产，同时也避免了钢厂为保证生产持有大量库存的现象，使轧辊的需求和供给能够实现信息对称。在这种情况下，中钢邢机生产轧辊的数量得到了控制，必然会节约资源和能源投入。

目前，中钢邢机的功能定价正处于发展阶段，由于这种模式与传统的销售轧辊存在很大区别，中钢邢机除生产轧辊外还需要一批具有一定经验的技术人员在现场跟踪和指导，因此这也将产生一定的就业效应。目前成功实施的只有六条轧钢线，中钢邢机的组织结构目前仍在不断调整和完善，进而保证功能定价模式的有序运行。中钢邢机的功能定价也能够促进产业结构升级产业结构升级需要经历一定的演化进程，表现为不断提高服务业在国内生产总值中所占的比例。中钢邢机目前处于服务化的发展阶段，尽管企业性质属于制造业，但是随着服务化的深入开展，制造业与服务业的界限将变得模糊，中钢邢机也将不断提升服务创造的价值在企业收入中的比重。制造业服务化的最高阶段即实现由制造商向服务商的转变，因此中钢邢机的服务化转型将为我国的产业结构升级发挥一定作用。

同时，中钢邢机的服务化转型也将带动国内相关行业的发展，如知识密集型服务业等。国内其他的生产轧辊的中小型企业不具备中钢邢机的技术优势和管理优势，只是单纯地进行轧辊的生产和销售。当中钢邢机逐步在全国范围内实施功能定价后，这些企业将面临新的挑战。因此，如果这些中小型企业希望获得一定的市场份额，可能会求助于知识密集型服务业，为其企业的发展献计献策。同时，中钢邢机为钢厂进行全线总包，这种合同类型已经转化为技术贸易或者服务贸易合同，其中将会涉及与以往不同的法律条款，关于索赔和纠纷都将与以往的有所不同。因此，这也将带动咨询公司和律师事务所等相关行业的发展。

7.5.3　远景能源

远景能源科技公司（以下简称远景能源）是目前国内装机规模最大和

业绩时间最长的智能风电设备提供商,累计装机超过 240 万千瓦,2013 年位居中国前四,致力于成为全球最具竞争力的智慧能源企业。目前集团国际员工占 20%,硕士和博士超过 60%,研发及技术人员达到 80%。远景能源对于自己的定位是全球化智慧型企业,目前已陆续完成在丹麦、美国、墨西哥、日本、中国无锡、上海、北京、南京等地的全球战略布局,研发能力和技术水平处于全球领先地位。其中,远景丹麦全球创新中心是中国风电企业在丹麦最大规模的研发机构。

7.5.3.1 产品运营服务的实施

远景能源认为智能化是未来风机性能与可靠性提升的核心抓手,企业针对特定细分市场及特殊客户需求,提供量身定制的风电解决方案,为客户定制高性能风机。远景能源通过将产品和技术分离的异步开发模式,建立了包括载荷控制设计平台、有限元分析平台等相关的核心技术平台,并且在这些坚实的技术平台支撑下,可以在很短的开发周期内,完成满足特殊定制需求的产品。基于此,远景能源已成功推出包括 1.5MW、2.3MW 和 3.6MW 在内的,适用于不同风区和客户化定制需求的风力发电机组产品系列,并获得了市场的广泛认可。近年来,远景能源的技术使风机发电效率提升了 15%~20%。

远景风机不仅有先进的硬件传感器,更有大量的软件传感器和在航空航天及汽车行业成功应用的先进控制算法,可以个性化地满足各种风资源的要求,通过提供定制化解决方案实现了业主的投资收益的最大化。远景能源的智能控制技术与先进的激光雷达测风技术相辅相成,可使机组准确地感知自身的状态和外部环境条件,通过优化调整控制策略和运行方式,始终运行在最佳工况点。智能风机的控制系统由传统的基于"点风"的控制升级为基于"面风"的智能控制,这不仅能在空间上识别多变的风,还能预测风在未来时间上的变化趋势,加快机组的响应速度。对于桨距角和偏航角的积累误差,智能风机能够自动补偿和寻优,还可以不受瞬时风速波动的影响,使电能的转化贴合风能的实际变化,即便遭遇高风速的载荷波动冲击也可以自行将其卸载,而且做到高风速持续运行发电。

由于风电场业主往往不具备相应的运营维护能力,其需要将具专业性与复杂性的服务业务外包,这些庞大的服务需求是远景能源服务化转型的主要动因。通过分析风电的全产业链,远景能源发现,在风电项目每个阶段都可以进行服务化渗透,在产品的整个生命周期内满足服务需求所产生的利润要远远高于销售风电设备本身带来的利润。于是远景能源提出"全生命周期服务模式",从硬件到软件,为客户提供全生命周期一揽子的智慧能源管理解决方案:首先致力于研发高质量的智能风机设备;其次推出基于云平台的 Wind OSTM 智慧风场管理软件,为客户的风机提供实时的在线监控;现在它们还推出了基于云平台的风电场设计优化和投资风险管理的"格林威治"平台。

向产业链下游延伸,远景能源研发的 Wind OSTM 智慧风场软件能够实时对风电机组进行远程状态监测与故障诊断,实现对机组数据的监测、查询、调用及相应报表的生成。通过该系统,一方面,客户可实时了解机组运行状况;另一方面,远景能源也可以对项目现场每台机组进行远程实时监控,对一些不安全因素提前做出判断,以便对客户的需求做出快速响应。

向产业链上游延伸,远景能源研发的"格林威治"平台可以从风资源勘探时就介入整个风电产业,基于与国家高性能计算资源的强强联手,将超过千万亿次的高性能计算资源引入风力发电行业实现高精度流体仿真和气象模式,并且基于大数据架构和云服务模式使之分享到整个行业,帮助风电投资商实现全过程把控项目投资风险、可靠优化资产投资的方案。

从产出的角度看,远景能源服务化的过程就是向风电场提供最终产品中有形风机部分的比重逐渐减少,无形服务部分的比重逐渐增加,直至为它们提供基于全风电产业链的整体解决方案。可以用图 7-10 来表示这个过程。从产品和服务提供方式上看,远景能源服务化的过程是作为制造企业向客户主动提供相关服务的过程。它要求远景能源要深入研究客户需求,现有的风电场主不具备相应的服务能力,因此他们希望风机提供商可以提供全面的管理服务,甚至是将整个风电场全面托管给远景,即与远景签订长期的服务合同,为客户带来更大的效用,减少有形风机的消耗。这不仅帮助风电场主节约了成本,也带来更多的环保效益。从投入的角度来看,风机生产所需的服务要素往往具有知识密集、技术密集的特征。投入上从以资本、劳动为核心转向以提供全产业管理知识为中心,通过搭建的智慧风场平台和"格林威治"平台来组织资本、劳动、原材料等其他生产要素。在产业链上下游关系上,远景作为牵头单位将这条产业链上下游的企业转变为网络化的对等结构,通过提供"格林威治"平台实现整个产业链的同平台协作共存,并实现风电产业链资源的优化配置。

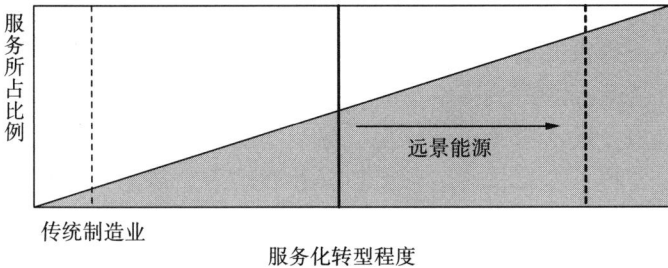

图 7-10 服务化转型比例

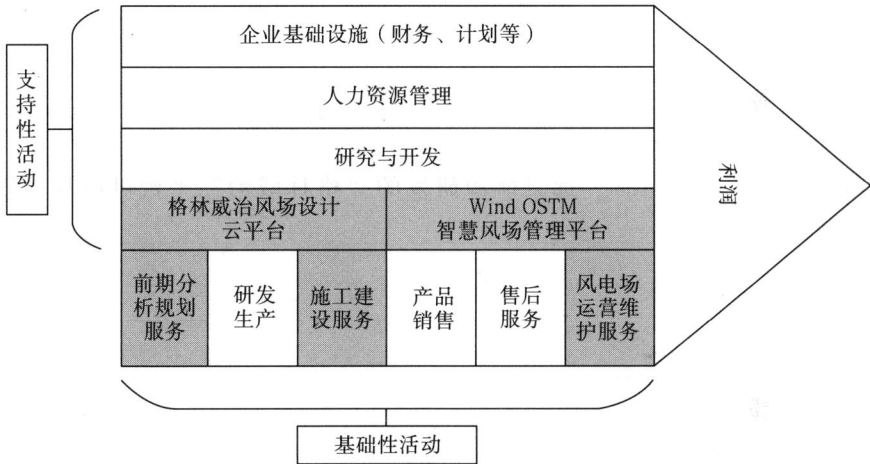

图 7-11 远景能源的价值链

7.5.3.2 价值链与利润创造分析

远景能源的价值链如图 7-11 所示。远景能源原有的基础性活动主要包括:研发生产、产品销售及售后服务。这时企业主要的利润来源于风机设备的销售。在进行服务化转型之后,远景能源通过对风机产业链的各个阶段进行深入的考虑,在销售风机设备的同时提供贯穿整个项目周期的服务,这时企业的基础性活动在原有的基础上又增加了前期分析规划服务、施工建设服务及风电场运营维护服务。在新的经营模式下,远景能源从硬件到软件,为客户提供全生命周期一揽子的智慧能源管理解决方案,其中就包括基于"格林威治风场设计云平台"的风电场设计优化和投资风险管理服务(前期分析规划服务)和基于"Wind OSTM 智慧风场管理平台"的风电场运营维护服务。在新模式下,企业的主要利润来源于为风场分析规划、建设施工和运营维护所提供的服务。这种新的服务化产品具有三个优点：①远景能源所提供的服务有助于充分挖掘风机产品的性能，使其风机产品具有差异化优势；②由于风电场业主普遍缺乏相应的服务能力，其需要将具专业性与复杂性的服务业务外包，这些问题的存在使远景能源的专业能力得以充分发挥；③长久的运营维护服务有助于了解和解决客户所面临的问题，增加客户的黏性。

风电机组能否正常运行关系到风电场的运营发展问题。风电机组属于大型复杂的装备，具有造价高、构造复杂、使用寿命长等特点。当风电机组出现故障，由于这些故障具有一定的专业性和复杂性，对其维修维护需要经过系统培训的专业技术人员使用专业工具才能有效地解决相应的故障问题。并且随着风电机组运行时间的增加，维修维护的次数也将更多，维修维护的工作量也更大，维修维护的成本也会增加。风电场业主一般缺乏专业知识，由风电场业主自己培训专业的维修维护人才并不合理，所以风电场业主往往不具备相应的维修维护能力，因此需要将具专业性与复杂性的服务业务外包，这些庞大的服务需求为风电设备制造商提供了新的利润来源。远景能源根据客户的需要和自身的优势，通过"格林威治风场设计云平台"和"Wind OSTM 智慧风场管理平台"提供一揽子服务，将其专业能力发挥到极致，为客户解决问题的同时，也为企业带来了新的利润增长点。风场业主在分析规划、施工建设和运营维护阶段存在的难题和需求，通过远景能源提供的服务得以解决，而远景能源也因此得以充分发挥专业能力，获得新的利润来源。

参考文献

［1］ Crozet M. , Milet E. Should Everybody Be in Services? The Effect of Servitization on Manufacturing Firm Performance ［J］. Journal of Economics & Management Strategy, 2015（3）.

［2］ Mark Johnson, Carlos Mena. Supply Chain Management for Servitised Products: A Multi-industry Case Study ［J］. International Journal of Production Economics, 2008, 114（1）: 27–39.

［3］ Mastrogiacomo L. , Barravecchia F. , Franceschini F. A General Overview of Manufacturing Servitization in Italy ［J］. Procedia CIRP, 2017（64）: 121–126.

　［4］　Neely A. The Servitization of Manufacturing：An Analysis of Global Trends ［J］. European Operations Management Association，2007（12）：8.

　［5］　Oliva R.，Kallenberg R. Managing the Transition from Products to Services ［J］. International Journal of Service Industry Management，2003：14（2）：160-172.

　［6］　Ren G.，Gregory M. Servitization in Manufacturing Companies：A Conceptualization，Critical Review，and Research Agenda ［J］. Journal of the Japan Welding Society，2007，66（12）：151-155.

　［7］　Vandermerwe S.，Rada J. Servitization of Business：Adding Value by Adding Services ［J］. European Management Journal，1988，6（4）：314-324.

　［8］　Xing Y.，Liu Y.，Tarba S.，et al. Servitization in Mergers and Acquisitions：Manufacturing Firms Venturing from Emerging Markets into Advanced Economies ［J］. International Journal of Production Economics，2017，192（10）：9-18.

　［9］　蔡三发，李珊珊. 基于灰色关联分析的制造业服务化水平评估体系研究 ［J］. 工业工程与管理，2016，21（6）：1-9.

　［10］　冯庆华，陈菊红，刘通. 产品服务化供应链核心企业的服务模式决策研究 ［J］. 运筹与管理，2017，26（1）：190-199.

　［11］　黄群慧. "新常态"、工业化后期与工业增长新动力 ［J］. 中国工业经济，2014（10）：5-19.

　［12］　姜铸，李宁. 服务创新、制造业服务化对企业绩效的影响 ［J］. 科研管理，2015，36（5）：29-37.

　［13］　李婧雯. 中国制造业服务化发展趋势及影响因素研究 ［D］. 湘潭大学硕士学位论文，2016.

　［14］　廖梦洁，张健，何琼. 基于EBP模型的服务化制造业集群知识共享风险评价 ［J］. 工业工程，2016，19（5）：128-137.

　［15］　刘斌，魏倩，吕越，祝坤福. 制造业服务化与价值链升级 ［J］. 经济研究，2016，51（3）：151-162.

　［16］　闵连星，刘人怀，王建琼. 中国制造企业服务化现状与特点分析 ［J］. 科技管理研究，2015（12）：106-110.

　［17］　周大鹏. 制造业服务化演化机理及发展趋势研究 ［J］. 商业研究，2013（1）：12-21.